U1021432

东吴哲学文丛
丛书主编 李兰芬 邢冬梅

吴忠伟◎著

结盟之心

——"己"与早期中国哲学

寻绎周秦子学形态之演化
希冀庄孔结盟理念之重光

苏州大学出版社

图书在版编目(CIP)数据

结盟之心："己"与早期中国哲学 / 吴忠伟著. —苏州：苏州大学出版社，2014.6
(东吴哲学文丛)
ISBN 978-7-5672-0849-0

Ⅰ.①结… Ⅱ.①吴… Ⅲ.①自我—哲学理论—中国 Ⅳ.①B017.9

中国版本图书馆CIP数据核字(2014)第114933号

书　　名	结盟之心——"己"与早期中国哲学
著　　者	吴忠伟
责任编辑	施　放
出版发行	苏州大学出版社
	(苏州市十梓街1号　215006)
印　　刷	苏州工业园区美柯乐制版印务有限责任公司
开　　本	700 mm×1 000 mm　1/16
印　　张	13
字　　数	234千
版　　次	2014年6月第1版
	2014年6月第1次印刷
书　　号	ISBN 978-7-5672-0849-0
定　　价	32.00元

苏州大学版图书若有印装错误，本社负责调换
苏州大学出版社营销部　电话：0512-65225020
苏州大学出版社网址　http://www.sudapress.com

总　序

出版“东吴哲学文丛”，不只是为了展示既有研究成果，更是为了表达一种哲学探究的愿望和谋划。恰似苏州大学的校训：“养天地正气，法古今完人。”“东吴哲学文丛”关注的不是某一个具体的哲学问题的研究，也不是某一哲学领域、某一哲学流派、某一哲学时代的探讨，“东吴哲学文丛”意图呈现东吴哲学一种多元并存的哲学视野、一种“凸显问题意义、淡化学科分野”的思维路向、一种哲学共同体的学人情怀。

当今世界是一个高度复杂与多元重叠的世界。我们进入了相较以往更突出的东西文化冲突且交融、共生且纷争的时代。身处其中的中国哲学人，获得了相对于以往更开阔的全球性视野来回溯和前瞻、反思和建构与人类历史、与现实密切相关的理论主题。“东吴哲学文丛”就是在这样一个语境中产生的。

“东吴哲学文丛”的作者以苏州大学哲学一级学科的学者为基础，开放性吸纳秉承东吴哲学研究理念的其他学者的著述加入；“东吴哲学文丛”的论著主题和内容基本涵盖所有哲学层面的论题讨论和反思，开放性吸纳新锐以及其他学科论题的哲学辨析；“东吴哲学文丛”的未来关注走向会更明显地凸显全球性视野下的中国问题和中国思考，开放性地将中国思考建设性植入世界的现实文化。

从东吴大学算起，苏州大学已经走过 110 多年的历程；苏州大学的东吴哲学在时代蹉跎与变迁中，在与社会的政治、经济、文化环境的碰撞、纠结、融合中，努力实现超越。“东吴哲学文丛”是苏州大学哲学学科和哲学研究的多面走向的一个出口，也是寻求哲学交流、哲学合作、哲学发展的一个路径。

经过几代人的努力，苏州大学哲学学科形成了“一体两翼”的研究格局、“兼容并蓄”的地域特色和学术风格以及“多元互动”的跨学科发展路径。在新的起点和平台上，哲学学科全体同仁携手耕耘教坛、学苑，谱写哲学发展新篇章。“东吴哲学文丛”将努力成为这种发展路径和平台的一种指征。

李兰芬　邢冬梅

纪　念
吾父吾母

目　录

Contents

附 录

导论　具“身份”之知

早期中国(春秋战国汉初)哲学学派的形态学问题是现代学界一个有所论及但仍有待澄清的议题。晚清民国学界曾有关于“先秦诸子”思想来源问题的讨论,学人或从汉人旧说而主“先秦诸子出于王官”,或持“诸子不出于王官”论[1],虽然见解不同,其实都在藉探讨“诸子”之学的思想来源而处理诸子的“身份”归属问题,其中“儒家”实为讨论的中心。先有章太炎先生《原儒》一文对“儒”作达名、类名、私名之分,指出“儒之名于古通为术士,于今专为师氏之守”[2],即如胡适之所云“从一个广义的,包括一切方术之士的‘儒’,后来竟缩小到那‘祖述尧舜,宪章文武,宗师仲尼’的狭义的‘儒’”[3],从而揭示了“儒”之题号“由古今异”之事实。至于胡适先生本人,则针对章氏之说而作长文《说儒》,亦有所谓的“广义”、“狭义”之“儒”说。其以为:“儒是殷民族的礼教的教士”[4],儒之本职为“治丧相礼”,此为“广义”之“儒”;“狭义”之“儒”则为孔子改造之新儒教:“从一个亡国民族的教士阶级,变到调和三代文化师儒;用‘吾从周’的博大精神,担起了‘仁以为己任’的绝大使命。”[5]虽然章胡二氏对“儒”义之演化存有不同理解,然都指示了“儒”学实有一身份职能之背景支持,而非一纯发飘渺之思的“一己之学”。傅斯年先生在对章胡二氏之说作评价后亦特别指出,“百家之说皆由于才智之士在一个特殊的地域当一个特殊的时代凭藉一种特殊的职业而生”[6]。近年李零先生基于丰富的古文字材料,更从“自由学术”分离于职业知识中的角度分析了先秦诸子学背后的方术“知识系统”,对“诸子出于王官”说作了一实证性的修正。[7]凡此种种皆说明,

〔1〕 章太炎先生持“诸子出于王官”说,见氏著:《诸子学略说》,姜玢编选:《革故鼎新的哲理——章太炎文选》,上海:上海远东出版社,1996年。胡适先生据学说进化论之立场,持“诸子不出于王官”论,以为“古者学在王官是一事,诸子之学是否出于王官又是一事”,故“其学皆应世而生,与王官无涉”。见氏著:《诸子不出于王官论》,姜义华主编:《胡适学术文集·中国哲学史(上)》,第595—596页,北京:中华书局,1991年。

〔2〕 章太炎:《国故论衡》,第89页,上海:上海古籍出版社,2006年。

〔3〕 胡适:《说儒》,姜义华主编:《胡适学术文集·中国哲学史(下)》,第615页,北京:中华书局,1991年。

〔4〕 胡适:《说儒》,姜义华主编:《胡适学术文集·中国哲学史(下)》,第641页。

〔5〕 胡适:《说儒》,姜义华主编:《胡适学术文集·中国哲学史(下)》,第659页。

〔6〕 见傅斯年:《战国子家叙论》,《民族与古代中国史》,第191页,石家庄:河北教育出版社,2002年。

〔7〕 参见李零:《中国方术考》(修订本),北京:东方出版社,2000年。

“子学”背后实有一“身份职能”背景，然此点不惟是考虑诸子学起源的前提，且当用于通观“子学”之形态演化，以帮助我们处理“子学”的广义、狭义之称的问题。

作为一个体的“思想家”，诸子之学仅代表诸子个人之见解，实为“一己之学”，此一“狭义”之“子学”可谓是“名至实归”；然同时，我们一般并不将“子学”限于“一己之学”之范围，且以之指代先秦秦汉某一“学派”，换言之将“子学”同于“家学”，此为一“广义”之“子学”。对此，我们需要联系汉人的“诸子”概念，对“子”与“家”之关系作一说明。《汉书·艺文志》之《诸子略》列“儒家”等十家，除“杂家”外，其余诸家（“九流”）名下各有“子学”诸篇相属，乃是以“家”统摄“子”，此表明“家”是指“类”，为一个“集合”概念〔1〕，而“子”则是属于同一“类”的“分子”事物，即归于某一“集合”下的“元素”。〔2〕具体来说，“家”（十家）既是出于“王官”之守，故其学有专一之“职能”领域，“家”与“家”各为独立，不相通融，而“子”则为“守”某一“家”学之个人“表说”。可见，“子”与“家”乃是位居不同层次，二者不可齐同。然在现代学术中，我们向有先秦“诸子百家”之通称，似有将“子”与“家”齐同之意思，这看似是对先秦学术以“子”为“家”用法的沿袭，可视为一“方便”之策，而实表明现代学术之“子”、“家”用法既不同于汉代，也有异于先秦。在现代语境下，“子”与“家”概念既非汉代“元素”与“集合”、个人“表说”与宗旨“职能”的关系，也非先秦之视“子”为“学派”（家）之代表〔3〕，而是“个体”与“集体”、一己之知与学派之关系，故由“子”到“家”即是由“个体”到“集体”，这不只是一个“量”上的“垒加”，更是“质”上的扩展，其中包含着一个所谓的“集体化”过程。藉此，归属于一“个体”之“知”也就普遍化地扩展为一“集体”之“知”。进言之，由于一己之知上升为一学派，故《汉书·艺文志》那里的“家”对“子”的摄属关系转为“子”对“家”地位的获得。就此而言，无论是“个体”之“知”，还是“集体”之“知”，其均具有一身份系属性，所谓“具身份性”〔4〕，即为一广义的“属己”之“知”，此不

〔1〕 王葆玹先生以“儒分为八，墨离为三”而将此分化出之学派等同于“百家”之“家”，而“儒家”、“墨家”则为学派的集合。见氏著：《黄老与老庄》，第 13 页，北京：中国人民大学出版社，2012 年。

〔2〕 李锐先生对“六家”、“九流十家”与“百家”之“家”概念予以辨析，以为司马谈《六家要旨》之“六家”乃是就“学术宗旨”而论“家”，不同于先秦诸子之学术师承之“家”，至于刘歆之说，“‘九流十家’之‘流’和‘家’的意义等同于‘种’，应该看作‘百家’上面一层的纲目名称”。见氏著：《战国秦汉时期的学派问题研究》，第 21 页，北京：北京师范大学出版社，2011 年。

〔3〕 参见李锐：《战国秦汉时期的学派问题研究》，第 10 页。

〔4〕 “知”之“具身份性”不同于“知”之“具身性”（Embodied）。学界尤其是认知科学界近来特别强调知识的“具身性”，如 F. 瓦雷拉等指出，“知识”依赖在世之存在（being in a world），“这种在世存在与我们的身体、我们的语言和我们的社会历史——简言之，与我们的具身性不可分离”。见 F. 瓦雷拉、E. 汤普森、E. 罗施著，李恒威、李恒熙、王球、于霞译：《具身心智：认知科学和人类经验》，120 页，杭州：浙江大学出版社，2010 年。本书所云之“具身份性”则强调“知识”与认知主体之“身份”（角色）以及与此角色对应之“职能”密切关联。

同于前诸子时代“知”的“属官”性。如此，早期中国哲学“学派”的形成可看成是不同“集体”之“知”间的竞争、博弈之结果。职是之故，本书即在藉思考“知”之从“子”到“家”之“集体化”，探讨早期中国哲学学派形态的生成、演化之心智机制，进而反思早期中国知识与权力的紧张博弈关系。

一　政/教关系与三重职能结构

欲对早期中国哲学的“知”之“身份性”有所探讨，必当先处理前诸子时代“知”之特性，而这就牵涉到上古中国的政/教关系问题。因为前诸子时代之“知”即“巫史”之“知”，实对应于作为“意识形态”的“教”，理解了上古“教”与“政”之关系，也就能确定其时“知”之特性。

学界在论及上古中国社会之政/教关系时，往往笼而统之地以“政教一致”之语概括之，以为彼时之政治与宗教（意识形态）乃是重合的，都统一于“王”这一角色中，换言之，上古之政治领袖“王”同时即是宗教领袖“大巫”（祭司），此所谓一身二任也。对此“政教一致”论，其实还需作一辨析，尤其必须区分角色之重合与职能之分化两个层面。诚然，在上古社会，确有王与巫角色重合之事实，不过这并不意味着“政”与“教”之职能重合，王与巫角色之重合只是表明在某一特定历史时期王以一己之身同时承担了两种职能，但此并非否定两种职能的分化。实际上，在上古社会，政与教作为不同之职能都有其相对之独立性，这是社会职能分化之必然结果，只是在那一时期“教”未发展成后世诸子更纯粹性的抽象理论之学，而是直接服务于“政”，故谈上古之“政教一致”，当依清代史家章学诚之所云“六经皆史也。古人不著书，古人未尝离事而言理，六经皆先王之政典也”[1]。由此可云，章氏“政教一致”说强调的只是“教”非“空谈虚言”，然未尝否定“教”之职能的独立性，对上古中国社会政/教关系切不可作单一图式化的理解，为此我们引入“三重职能结构”的概念以系统说明之。所谓三重职能结构指涉由印欧神话所展现的“印欧意识形态”，按照法国印欧比较神话学家乔治·杜梅齐尔（Georges Dumézil，又译为乔治·迪缪塞尔）的理论，印欧神话特别蕴涵了一指示三重职能结构的意识形态[2]，其表现在印欧神话叙述总是将社会确立为由僧侣（祭司）、武士（国王）、平民三个职能阶层构成，而其所谓的“职能”（Function）非是一般社会学意义上的（所谓印欧语社会的三个阶层完成的职能），而是强调印欧观念意识

〔1〕 章学诚：《文史通义·易教上》。

〔2〕 杜梅齐尔所云之意识形态概念类似于新制度经济学家诺思（Douglass C. North）的理解，后者将意识形态视为同道德习俗一样的“非正式制度”，所谓“意识形态可以定义为关于世界的一套信念”，故其不等同于阶级意识，“是一定社群中全体成员共有的认识、思想、信仰、价值等”。参见邹东涛：《邹东涛讲诺思》，北京：北京大学出版社，2011年。

(意识形态)的重要性,“迪缪塞尔认为这个观念意识是三个基本分类原则之概括,这三个原则是:权力〔1〕、力量、供养,每个原则在数学意义上都是另外两个的职能,它们共同形成一个综合体、一个‘含蓄或明了的体系’,这个体系已由迪缪塞尔将之限制在几个印欧传统之中。迪缪塞尔使用的‘职能’这个术语,归根结底指的既不是社会阶层及其成员的行为,也不是他们的神的形象。其实,它指的是给这些现象下定义的原则。把它们称为‘第一’、‘第二’、‘第三’指的是这些原则通常借以得到体现的等级次序”〔2〕。杜梅齐尔坚持,这样一种“意识形态”(世界观)乃是印欧社会独有的,而非是普遍存在于世界各地,为此其还特别区别“某种程度上的生理事实”和“关于此一事实的思考”,如其云:“是的,为了生活和延续,一切社会都需要思考、武力和繁衍。换言之,都需要对该社会所面临的所有关于神和人的问题作出决定,都需要有效地自卫,最后,都需要生产食物和繁荣。但若此乃天性,那么,很少有什么民族,他们当中那些被我们自负地称作知识分子的人会在这一自然需求,这种功能的等级组成的范围内进行思考。”〔3〕显然,杜梅齐尔的所谓三重职能结构说意在构拟一印欧的“共同的意识形态”,乃是要将欧洲文化的独特性进一步由近代追溯到史前时代人类文化的分殊演化,其“欧洲中心”之立场是显然的。自然,杜梅齐尔的“印欧意识形态”的结构还是有一静止、孤立化之局限,且其并未正面处理上古中国的文献材料,故其结论是否适用于中国颇可怀疑。虽然如此,杜梅齐尔视野之开阔、研究之系统性取向仍有可取之处,其理论对我们梳理上古中国社会中政教关系与“知”之传统尤有启发性,只是在藉用此一理论时,我们必须有所“改装”,即不将“三重职能结构”视为固有不变,而是视之为在心智之动态演化过程中心智运作不同朝向之博弈而成,这样“三重职能结构”同样存在于上古中国社会,只是其有一“样式”之“形变”。基于此,我们来探讨一下上古中国社会巫与王之关系。

如前所述,在上古时代,“知”只是与巫史祭司集团有关,此可谓“狭义”之“知”,而广义之“知”则不限于巫史集团,亦关联于其他职能集团。广义之“知”具有一“无意识”的“社会分工”性,因为每一种“知”均是“部门”性的“专业”之知,而在此层次“知”之外,并无有一更高层次上的“普遍”之“知”。换言之,其时并无有一抽象、独立之“道”学,而只有具体之“知”。“知”的这种专业分工性关联两个方面:一是“知”总是一“族姓”之“知”,是与某一“家族”、“官

〔1〕 杜梅齐尔此处所云之“权力”非关联“武士“阶层,对应的乃是僧侣阶层的“职能”,其作为最重要或第一个职能是与维持神秘宗教和法律统治或制度有关。

〔2〕 S.列特尔顿:《迪缪塞尔教授与新比较神话学》,叶舒宪编选:《结构主义神话学》,第297—298页,西安:陕西师范大学出版社,1988年。

〔3〕 [法]迪迪耶·埃里邦著,孟华译:《神话与史诗——乔治·杜梅齐尔传》,第87页,北京:北京大学出版社,2005年。

守”相系属的。“家族”之有“名”，即在于其“官”（掌管）某一类之“知”，所谓“物有其官”。二是，“知”总是与某类“物/事”相应，所谓“知”，实即体现在对此类“物/事”予以命名、分类，进而能在仪式活动中相应地以之“履行”某种功能。[1]若此，尽管不同之“知”具有一差异之分，但这种差异未可化约为普遍之知/具体之知的二元对举。易言之，无论何种之“知”，均是具体的专门之“知”，知之贵/贱之分并不影响此点。虽然如此，我们也必须承认，由于“社会分工”的存在，精神生产领域与具体的物质生产领域之间还是存有一“权力”的控属关系，故有“评价”性话语的给出与“知”之贵/贱之分，此似乎也相应于所谓的“国之大事，在祀与戎”。“祀”者，宗教祭祀也；“戎”者，兵事征伐也。祀与戎实即教与政、巫与王，二者作为上古人类社会的两个主导性职能，而与纯“生产”（劳动）领域之“生物”（杜梅齐尔所云的“供养”）职能共同构成一种三重职能结构。在此三重职能结构中，惟“巫”（巫史）之“知”与沟通神人有关，“王”之“知”则与“政事”（尤其是兵事）相联，至于“民”（平民）之“知”则关系“生物”。比较三者之“知”，不难看出，“巫史”之知为“通神”，“王”之知实为“治人”，而“民”之知则为“生物”，故巫/王/民之知相应于神/人/物。巫/王/民之知三者之关系主要表现为：一是巫之知对王之知、民之知具有一意识形态的维护性，故将后二者纳入其统属范围。二是王之知、民之知对巫之知的意识形态地位有一反动，尤其是在王获得一更大之自主性后，其意欲将巫之知的意识形态地位削弱，而突出“王”之主导性。就前者而言，巫史的宗教祭祀之知，特别在于其对“物”之“生”的“确保”，故而只有通过“祭祀”而得“德”，与“物”之“生殖”有关的具体专业之“知”方有效用，即以“德”之“知”来使具体部门之“知”生效。但矛盾之处也正在于此：相对于“王”之“知”与“民”之“知”，巫者的祭祀之“知”虽具有一优越性，仍然是一“具体”之“知”，而非一抽象的普遍之“知”，若“巫者”不能对此种“知”予以反思性批判，则此“知”自身亦会陷入到一“意识形态化”状态，从而表现为“巫者”会竭力维护其“知”之合法性，确保“巫者”集团的特权利益。若此，在“王”之地位突出后，巫之知与王之知实有一冲突，其对王、民二知的意识形态维护功能即难以维持。

事实上，如前所述在上古时代，虽然有巫/王之角色重合，巫集团之职能与王（武士）集团之职能实有分化，故两个集团存有一博弈与合作之关系，而这一关系在上古的不同阶段亦有不同的体现。在上古早期（文明之初），王乃是

---

[1] Chris Franser（方克涛）对早期中国思想中“行为”（action）与“角色”（agency）概念的分析说明，相对于西方哲学的“Belief—desire”（信念—意欲）行为模式，先秦哲学的行为模式乃是“Performance”（施行），重在由对事物“bian”（辩）而知“类”，以定行事之是非。见氏著：Action and Agency in Early Chinese Thoughts，刘笑敢主编：《中国哲学与文化》第五辑（“六经注我”还是“我注六经”），桂林：广西师范大学出版社，2009 年。早期中国哲学的这一“施行”性其实体现了“知”的“具身份”性，与前诸子时代“知”的“仪式”性有承继关系。

隶属于“巫者”集团而同时肩负行政之职，故有一身二任之“职能”，似可理解为是王之行政集团与巫者之宗教集团的调停、妥协的结果，其表现为：王实为“大巫”。关于此点，我们可以藉助《国语·楚语》中“观射父论绝地天通”一篇来作一说明。文云：“古者民神不杂，民之精爽不携贰者，而又能齐肃衷正，其智能上下比义，其圣能光远宣朗，其明能光照之，其聪能听彻之。如是，则明神降之，在男曰觋，在女曰巫。……及少皞之衰也，九黎乱德，民神杂糅，不可方物。夫人作享，家为巫史，无有要质，民匮于祀而不知其福，烝享无度。民神同位，民渎齐盟，无有严威，神狎民则，不蠲其为，嘉生不降，无物以享，祸灾存臻，莫尽其气。颛顼受之，乃命南正重司天以属神，命火正黎司地以属民，使复旧常，无相侵渎，是谓绝天地通。”[1]关于该篇的主题，学界实已有相当丰富的讨论，本书以为，所谓“重、黎之绝地天通”之实质是关于权力与职官/知识之分化问题[2]。对于此点，考古人类学家张光直先生已有所论及：“古代，任何人都可借助巫的帮助与天相通。自天地交通断绝之后，只有控制着沟通手段的人，才握有统治的知识，即权力。于是，巫便成了每个宫廷中必不可少的成员。事实上，研究古代中国的学者都认为：帝王自己就是众巫的首领。”[3]张氏指出此则神话背后隐含的知识/权力之关系，这是颇具洞察力的，不过其未从“职业分化”角度考虑“巫”，故犹有余蕴未发。依学界普遍的观点，观射父所云之古者“民神不杂”实非前古之事实，早期状况应是“民神相杂”[4]，但即便如此，我们以为这并不意味着交通天/人之“知”为“民”所普遍拥有，而应是“专门”地为少数“巫者”所垄断，因为要成为“巫者”，对其人之天赋之聪明智能有相当之要求，所谓“民之精爽不携贰者”，故“巫”作为一“专门”之“职业”，乃是一部落集团内部自然分工演化之产物，虽然中间再经所谓“家为巫史”之转折，“巫”职之自然演化性并未被否定[5]。而至颛顼命重、黎各司天、地以绝天地通，则“巫”作为一“职业”失去其部落集团内部的自然演化性，成为一固定建制化之职能。事实上，这一神话表现了伴随着部落集团兼并竞争之国家形成过程，被兼并“部落集团”(地方)之“巫”的知识失去

〔1〕《国语·楚语下》。

〔2〕李零先生以为此一故事的主题是讲职官的起源，特别是史官的起源。见氏著：《中国方术考》，第13页。

〔3〕张光直：《美术、神话与祭祀》，第29页，沈阳：辽宁教育出版社，2002年。

〔4〕参见劳思光：《新编中国哲学史》(一卷)，第26页，桂林：广西师范大学出版社，2005年。

〔5〕童恩正先生即依莱斯利·怀特(Leslie White)意见指出“巫术”作为社会职业分工首先是“社会性的”，其次才是“技术性的”，故“巫虽然是原始宗教中不可缺少的人物，但并非任何人都可以成为巫。所谓‘家为巫史’，仅仅是说当时人人都可以执行仪式，即个人祭祀盛行，取代了一部分巫师职能，但并不意味着与常人无别”。见氏著：《中国古代的巫、巫术、巫术崇拜及其相关问题》，《童恩正学术文集·人类与文化》，第317页，重庆：重庆出版社，2004年。

自主性[1]，被纳入到一更大之知识系统中，成为“大巫”之附庸，颛顼即此类“大巫”也。据《大戴礼记·五帝德》，颛顼为五帝之一，其为黄帝之后，实属中原华夏部落。《左传·昭公八年》亦云：“陈，颛顼之族也。”则颛顼为“陈”之祖先[2]。而另据《国语·郑语》，黎为楚祖。然至晚周，颛顼为楚祖似成通说，此中经历了重黎成为颛顼臣僚之转折。据丁山先生考证，“黎”即吴回，为楚人之祖，“窃尝疑楚祖重黎者，宗周前楚人旧说也；因重黎尝为颛顼火正，春秋以后，列国史记，乃误重黎为颛顼氏子，遂有楚国颛顼说”[3]。可见，“绝地天通”神话实反映了早期中国文明国家形成过程中王权之集中与“巫”系统内部的层次整合密切相关，颛顼的独特性在于血统力量超过了巫统力量，真正开启了帝的时代。[4]上古三代王朝之创始人如夏禹、商汤、后稷，“他们的所有行为都带有巫术和超自然的色彩”[5]，然由于他们以氏族首领兼任了巫师的身份，其与原有的民间之巫产生了区别，由此发展出新的集团，童恩正先生称之为“巫—祭司集团”以有别于“巫”[6]。及至上古社会中期，随着“军政”事务的日渐复杂化，“王”之权力得以突出，“王”逐渐从“巫—祭司集团”中独立出来，专司“行政”之“职”，而不再一身二任，由此表现出王/巫职能的专业分化，故张光直先生云，“可能商代专职的巫才称巫，而王室官吏虽有巫的本事却不称巫”[7]。此时王与“巫—祭司集团”的关系即转为博弈性竞争关系：王要藉助巫者的意识形态支撑功能，但要将之限制在隶从王权之范围，由此“巫者”之“知”的有效范围受到限制。如果说在殷商之朝，“殷人尚鬼”，“巫”集团尚表现相当之自主性的化，那么至西周，“巫”集团的“行政化”色彩趋浓，进而演变成为“史”。西周之行政机构复杂，职官繁复，尤其是西周中期“册命”仪式的制度化[8]体现了周朝以“王”权为中心而展开的制度施设，其中“史官”

[1] 劳思光先生亦指出：“倘更进一步追问此一宗教改革之历史意义，则当知颛顼此举实表示部落‘图腾崇拜’阶段之结束，及超部落之共同信仰之开始成立。”见氏著：《新编中国哲学史》(一卷)，第28页。

[2] 参见顾颉刚：《顾颉刚读书笔记》(卷二)，第367页，北京：中华书局，2011年。

[3] 丁山：《吴回考——论荆楚文化所受印度之影响》，《古代神话与民族》，第342页，北京：商务印书馆，2005年。涂又光先生则对之予以调停，以为“颛顼说”与“祝融说”(主黎说)没有矛盾关系，而是衔接关系，其以为“据《史记·楚世家》说，第一任祝融是重黎，重黎是颛顼的曾孙。颛顼曾孙的后代，当然也是颛顼的后代”。见氏著：《楚国哲学史》，第38页，武汉：湖北教育出版社，1995年。

[4] 陶磊：《巫统、血统之辨与〈山海经〉的古帝传说》，《巫统、血统与古帝传说》，杭州：浙江古籍出版社，2010年。

[5] 张光直：《美术、神话与祭祀》，第29页。

[6] 童恩正：《中国古代的巫、巫术、巫术崇拜及其相关问题》，《童恩正学术文集·人类与文化》，第325页。

[7] 张光直：《商代的巫与巫术》，《中国青铜时代》，第257页，北京：三联书店，1999年。

[8] 参见李峰：《西周的政体：中国早期的官僚制度和国家》，北京：三联书店，2010年。

之职于兹最盛。史者,“掌书之官”[1],由于西周“册命”仪式的频繁与制度化,周之史官的常见任务乃是参与赐命之礼并作记录与传达命令[2],故即如李泽厚所云,“即将‘史’视作继‘巫’之后进行卜筮祭祀活动以服务于王的总职称”[3],史乃是巫的理性化。虽然如此,史是当时的“知识”阶层,此是其独掌之“职能”,故如刘师培先生所云,“由是而观,周代之学术,即史官之学也,亦即官守师儒合一之学也”[4],“而为史官者,大抵以世袭之职官,位特殊之阶级”,“故卿士有学,庶民无学”。若司天事、司人事一掌技艺,一掌道术,均为史官之学,则“学”为“史官”所控制、垄断,而“王”则但主军政之务。此显示“王”但为广义之“官”之一,其虽有特别之权威,而并不凌驾整个“职官”系统之上,此与周代“封建”体制下“礼”的意识形态地位是一致的[5]。就此而言,不独“民”无狭义之“知”,“王”亦无狭义之“知”,其但掌军政之务,狭义之“知”但为“史官”控制。刘师培先生对西周史官之学的垄断况之于印度上古,“盖当时之学术,专归全国之一部分,犹印度学术之归婆罗门一也”[6],其云中国古代祝史之职守殆同于婆罗门。就此而言,“知”意味着“官”物之“知”。而至宗周后期,随着地方王权之崛起,王对封建时代“礼”之意识形态地位有一冲击,故对巫史集团有更进一步排挤、扁压,观射父之对答楚王,不仅是以“追述”形式演绎了上古早期“巫”之形态演化的实际历程,而且藉此“神话”对其所处历史语境之知识体系格局予以一种象征性刻画,即作为一种“知识人”形象,“巫”乃是隶属于“圣”。观射父虽未用“圣”直接指称“颛顼”,而后者在人格类型上已是“圣”。“圣”是对“巫”的打击,因为“圣”之给出乃是配合于春秋时代“王”之崛起,可理解为“王”之行政集团似要完全凌驾于巫史集团之上,不欲达成王/巫的妥协,故而给出一更高层次的“知识人”类型“圣”,从而将“巫者”之职能降级——权限化。这样,巫/王关系也就转向圣/王关系。

从“知识人”类型来讲,“圣”与“巫”区别何在呢?实际上,圣之身份本源于巫,实为大巫,只是后来脱逸巫而升格为巫之上者。“圣”,许慎《说文》训为“通也,从耳”。段玉裁注:“凡一事情通亦得谓之圣。”何谓“通”?实际上,“通”正对比于“官”。《说文》云:“官,吏事君也,从宀,自犹众也。此与师同

[1] 王国维:《释史》,《观堂集林》(一),第269页,北京:中华书局,1999年。
[2] 许倬云:《西周史》,第218—219页,北京:三联书店,1994年。
[3] 李泽厚:《说巫史传统》,《己卯五说》,第48页,北京:中国电影出版社,1999年。
[4] 刘师培:《古学出于史官论》,《刘师培史学论著选集》,第13页,上海:上海古籍出版社,2006年。
[5] 如姚中秋先生以为,“在封建时代,调节人际关系的规范是礼,礼是对不同层级的君、臣的权利—义务之整合、规范,并提供了主张权利的救济。所有人都被纳入到这样的君臣关系网络中,因而也就受礼的管理”。见氏著:《封建》(上册)“序论”,第7页,海口:海南出版社,2012年。
[6] 刘师培:《补古学出于史官论》,《刘师培史学论著选集》,第16页。

意。”段玉裁注：“不训众而可联之训众，以宀覆之，则治众之意也。”以“官”为“吏事君也”或“治众之意也”，应非“官”字古训，如杨树达即驳许慎之说，以为官指“地处”，即官舍、臣吏所居，非指“人”。[1]不过“官”之训事君、治众也透露一点线索，即“官”与治物事有关，其不由“命名”之职能，因为命名要求“圣”之“通”。“圣”本义指“聪明睿知”，故“圣人”原是指一知识人之形态，“非不可企及之超人”[2]。而“巫”，亦是“知”意义上的“灵”也，则“圣”乃来源于“巫”，只是后来从“巫”中分化出来，成为一在“巫”之“灵”知之上的“知”。对此一由“巫”到“圣”之分殊演化轨辙，我们可以作一疏解。关于“圣”之“生而神灵”，裘锡圭先生有云：“圣王、贤佐生而知之的能力，还表现在能够命名万物上。比较原始的民族往往把名称看得很神秘。他们认为名称跟事物之间有神秘的内在联系，似乎某种事物天生就有某种名称。我国先民也不例外。避讳就是名的神秘性的一种表现。前辈学者如郑振铎等，对此已有很好的论述，这里不再重复……古人认为只有大禹、黄帝等人才能为万物命名，这显然也是由于他们认为这些人具有生而知万物的能力。”[3]禹之被称为“圣”，与其能“名物”有关，然正如前面所云，禹实亦“巫”也，其之圣/巫双重身份如何调停呢？事实上，“禹”在春秋晚期以降之文献中被刻画为“圣”，而在相关之神话文本叙述中其行事能力更像“巫”，其之由“巫”身份转为“圣”，实与春秋晚期以来“巫”之地位的下降有关，禹之治水神话正象征性地将“圣”对“巫”之排挤展示出来。“圣”之“知”既在“命名”万物，那么“巫”之“知”呢？据裘锡圭，上古文献中另有“德能生物”之说，如“叔父其茂昭明德，物将自至”[4]，裘氏的理解是：“德能致物的思想，也应该源于生而知之者与物的关系。生而知之者既然能知物、名物，当然也应该能致物。”[5]不过从裘氏所引之文献可见，所谓“德能致物”，实际是以某一特殊性知识、方法如音乐来致物，这就与某一专门之知有关，所谓“官宿其业，其物乃至”。能以“术”致物，此知实即巫之知，“物官”实“巫”也。就此而言，“名”(命)物与“致”(来)物之知是两个层次上的，前者为“圣人”之“知”，后者为“巫”(物官)之所为，并不混同。至于后来“王”通过“和”而使得“万物嘉生”，则使得“王”具有一更广泛之来物之知，则显示了“王”对其知之权限的扩展。经由以上论述可见：“圣”是一“单一”之人格，其“职能”有一“全局”性，非是应对具体物事，而“巫”则为一职能集团，其

---

〔1〕 杨树达：《积微居小学金石论丛》“释官”条，李学勤、刘国忠、王志平编校：《中国现代学术经典·余嘉锡 杨树达卷》，石家庄：河北教育出版社，1996年。

〔2〕 见顾颉刚：“蒋超伯说圣人”条，《顾颉刚读书笔记》卷十三，第111页。

〔3〕 裘锡圭：《说“格物”——以先秦认识论的发展过程为背景》，《文史丛稿：上古思想、民俗与古文字学史》，上海远东出版社，1996年。

〔4〕《国语·周语中》。

〔5〕 裘锡圭：《说“格物”——以先秦认识论的发展过程为背景》，第8页。

内部又有种种职能之差异；故就“知”之性质而言，巫者之知乃是一“专门”之部门之“知”，而“圣”作为一种“知”，似有某种普遍性。进言之，“圣”之为“知”，乃在其有“德”（能力），故能“命名”（主）诸物，此即有别于一般之“物官”之但是职掌某一物事之知。故此“知”即有一分化：圣之知与一般具体之巫（物官）之知。换言之，“圣”即在于其为一“命名”之“知”。

如此，我们即在“名”物之知与“致”物之知间设置了一层级关系。既以“圣”之为“通”，有命名万物之权限，则可理解为是对巫史之知的贬抑，此正对应于“王权”之崛起，即由王/巫（史）/民之三种职能平衡，转为以“王”为中心，通过王与民的结合，将巫（史）置于对“王”之依附。由此，“知”即不被“巫史”所垄断，毋宁说，“巫史”之“知”被贬抑（较低评价），相反，“圣”之“知”给出。此“圣”知即体现为，其将命名万物与以德致物两种“知”结合起来，从而获得一更大之权限。如此，围绕“知”的思考，即由有知（官）与无知（民）之对举，转向圣知与民知之对比，再进而更发展为后来荀子完备之知与有蔽之知的对比。由此，“知”之高下即不在有知/无知之别，而在命名之知与具体专业之知。“知”之分类，体现了随着“知”的专业分化，对此分化又有一“整合”之“知”的给出，故如刘师培所云，“盖古代学崇实际，知远取于物，不知近取诸身。唐虞以降，学术由实趋虚，穷理之学遂与实验之学并崇。此学术进化之次第也”[1]。

二 子曰与宗旨

在思考早期中国哲学起源时，学界非常重视“学术下移”与“士人”集团兴起的意义，以为：前者打破了“学在官府”、“政教一致”之格局，使得“学术”具有了“私学”性，获得一相对独立的发展空间；而后者则培育了一个以求“道”为己任的知识主体，其开始摆脱对“特殊性”之“族性归属”的依从，而自觉地思考超越性的普遍原则问题。这样一种理解在大的方面自然是没有问题的，但若往细处考虑的话，还是有模棱两可之处，因为这仍是涉及如何理解早期中国哲学的起源问题，具体而言即是，作为个体的思想家与作为“集体”的学派关系如何。从概念本身来说，对学派与个体思想家之关联的理解似乎不是一个问题，一般来说，学派作为一思想集团总归有一学派之创立者，学派谱系之追溯总是要将某一思想家确立为其祖师，就此而言，探讨学派之形成与探讨某一个体思想家之思想并非是没有干系的。然问题仍在于，我们需要辨析所谓早期中国哲学的起源是落实在什么层次上讲？是指所谓的作为精神“反思”形式的“哲学”，还是指作为“学派”的“哲学”，此二者有关，但并不等同。

[1] 刘师培：《古学起源论》，《刘师培史学论著选集》，第223页。

就前者而言，其是人类心智形式本身的自然演进，表现为从对“有效性”的思考进入到对“有限性”的思考，从对“特殊性”的归属转向对“普遍性”的依从，故有一批判性反思维度。就后者而言，一个明显的标志即是对某一“宗旨”持守，对自身身份归属的确认，较诸作为精神“反思”形式的“哲学”，作为“学派”的“哲学”实表现出一对“特殊性”身份的认同，似与前者对“普遍性”的追求相冲突。自然我们对此冲突可作出一圆通解释，但这一事实表明，我们在思考早期中国哲学起源时，不可简单地将作为精神“反思”形式的哲学等同于作为“学派”的哲学。事实上，“反思”是相对于流俗的“民间”心理，而“学派”则相对于另一旨趣的学派，二者不惟是不同层次的问题，其实也呈现出一发展的前后次第：总是先有“反思”形式之产生，后有“学派”形态之形成。这清楚地说明，二者有别，不可混淆。依此，我们再来处理学派与个体思想家的关系问题也就容易了。

我们认为，作为“反思”形式的哲学，其出现不是抽象的，而是有所依托与具体表现，此即那些早期的个体思想家及其格言警句。早期的个体思想家及其格言警句与后来兴起的“学派”有关，但这一关系其实并非是存在于“学派”内部的，而是建立于外部。就此而言，探讨早期个体思想家的思想与探讨学派之形成其实不是一回事，前者是要处理“反思”形式对“民间”心理的突破，而后者则要探讨某一学派如何由一“个体”思想扩展为一“集体”思想。对此，我们可以用两个标志性的“语词”揭示此点：早期个体思想家之“反思”的文本表现形式是“子曰”，故为“子学”；学派之文本表现形式则是“论辩”与“判释”，统而言之即为“宗旨”。就二者关系来说，“子曰”是在学派形成前相对于“民间语言”而给出的，而在“学派”形成后，则成为“学派”的“对象语言”；至于“宗旨”则是作为高阶之学派语言，相对于“子曰”，其实为“元语言”。“子曰”出现于邦邑共同体[1]的晚期，而“宗旨”则形成于城邑共同体瓦解以及帝国的酝酿期，后者特别要处理不同“子曰”相遇之后的问题。故从“子曰”到“宗旨”，这不是一个直线型的谱系发展过程，而是有一思想“形态学”上的转化。

首先来看“子曰”。“子曰”最典型的代表无疑是《论语》，其作为儒家元典之地位自然是确定无疑的，不过其作为儒家思想经典地位之确立其实还是有一逐渐形成之过程。汉代崇经学，先设五经博士，并无《论语》一门，后虽增列，地位并不突出，《论语》之重要地位是要到宋代，随着儒家“四书”学运动之兴起而显赫起来的。显然，《论语》与“孔子”之紧密关系是一回事，其与“儒

〔1〕“邦邑”即指“城邦”。邦者，国也，春秋时代“国”乃指“都城”，“凡邑有宗庙先君之主曰都，无曰邑。邑曰筑，都曰城”（《左传·庄公二十八年》），故以邦邑连用，通称春秋时期的城邦国家形式。而“邦邑”共同体（Community）实指以“邦政”为纽带，“邦邑”成员的共契而在。关于古代中国的城邦国家形态，参见日知：《中西古典学引论》，天津：天津教育出版社，2006年。

家"之重要关联又是另外一回事。就前者,《论语》主要是孔子及其弟子乃至后学之言论集,其主体部分是围绕孔子言论展开的,故名之为"子曰"是恰当的。"子曰"的意义何在呢?相对于当时流俗之"民间"心理,孔子之言给出了新的价值观念及精神反思形式,我们现在口诵而不觉的格言警句在当时其实是一种"新"的时尚之言,不过其只是被少数人所使用,而并未普及到大众层面。故作为"子曰"的《论语》,其乃是在"民间"心理之基础上"突现"出来,是对"传统习俗"的突破,由此我们不能脱离鲁国"地方史",超出孔子所处的"共同体"之政治语境来理解"子曰"。孔子生于鲁国也逝于鲁国,其在中年虽曾周游诸国而求售其道,然其与鲁国政治之关系始终是紧密的,这不仅体现在其本人曾任鲁国之中都宰与大司寇,进行了三年新政,试图恢复封建礼乐秩序,还体现在其众多弟子担任鲁国重职[1],可以说,其一生之努力乃在于,面对邦邑共同体之瓦解危机,重建邦邑共同体维持的道德心智基础,鲁虽旧"邦",其"命"惟新。作为邦邑共同体的鲁国,其根本的危机在于"心智秩序"的失序,自然这是伴随着人类心智演化而出现的情形,孔子的根本对策即是"正名"。

如前已述,在前诸子的周代封建体制下,"礼"为整个社会的主导性意识形态,其表现为通过对人/物之"名分"之规定、分配,对"人"之行为作一规约,"君"(王)亦不可豁免其外。此之名分,确切而言即是"名位",是君臣"策名委质"之"名",其由君授予臣,确定了每个人在封建体系中特定的地位。[2]在此前诸子时代的制度社会中,得"策名"不是徒有虚名,"口惠而实不至",而是有实际意义的。"名"对应于"位",从而相应于"物"[3],据有某一"名位",即有相应之"物",所谓"赐民赐疆土"。由于"礼"之规定作用乃是以"集体无意识"的形式呈现的,故"礼"之成为"俗"也,亦可云,前诸子时代乃是一缺乏反思意识的"制度"社会,个体乃是依名(名位)而立,从俗而为。及至春秋晚期,个体自我意识得以突出,其由对"类"/族的身份认同转向对"己"的身份认同,需要正面处理基于"自我"(己)而演化发展出的复杂的概念/意义世界,由此,既有礼俗之"制度"难以规范人心,要求对之作一处置,此即是孔子"正名"之给出。

[1] 王健文先生特别指出孔子晚年其弟子在鲁国政坛上地位上的重要性,"孔子最后归鲁的关键,应当是子贡、冉有等弟子在鲁国屡建功勋,获得季康之的信赖"。然由于"理想"与"事功"的悖论,晚年孔子的"行道"与其先进弟子"行动策略"之间的矛盾昭然若揭。见氏著:《流浪的君子——孔子最后的二十年》,北京:三联书店,2008年。又,钱穆先生以为"孔门之多为家臣",见氏著:《孔子弟子通考》,《先秦诸子系年》,北京:商务印书馆,2001年。

[2] 姚中秋:《封建》》(下册),第533页,海口:海南出版社,2012年。

[3] 由名/位关系而连接名/物关系,此已是对神话思维的转折,如徐复观先生所云:在神话时代,"某物之名不是认作某物的符号,而是认作某物的实体。把握到某物之名,即认为把握到某物之实体"。见氏著:《先秦名学与名家》,载于《中国思想史论集续编》,第208页,上海:上海书店出版社,2004年。

孔子之正名，即将名/位对应关系转为名/义对应关系，此如徐复观先生所云“是经过一段相当长时期对名的自觉而始能出现的。所谓‘对名的自觉’，是不认为名的自身即有其神秘性的意义，而必另外赋予某种义，使某种意义成为某种名之实，某种名乃代表某种实的符号。于是名的价值并不在其自身，而系在由它所代表的某种意义”[1]。徐氏之“对名的自觉”的说法很好，不过不是直接针对神话时代之名/物对应关系，而是前诸子时代的名/位对应关系，自然，这样的名/义关系并非是纯粹符号指称意义上的，其所谓的“意义”乃是指“义”，即一相应之价值原则，正名即是根据“名”之相应之“义”来确定“名”之“所指”，而非就“名”自身确定其“所指”，这就将传统的名/位对应关系安立为名/义关系所管控下的名/位关系。对名/义与名/位的区分颇可对比于弗雷格(Gottlob Frege)对意义与意谓的区别[2]，不过后者是纯粹的符号逻辑学的兴趣，而前者则在于“语用学”之考虑，即如何通过“正名”而“为政”。

名与政关系大矣，“正名”即是为“制度”确定一更本源的价值基础。《论语》中有两段文字特别涉及“名”与“政”之关系。一是，“齐景公问政于孔子，孔子对曰：君君、臣臣、父父、子子。公曰：善哉！信如君不君、臣不臣、父不父、子不子，虽有粟，吾得而食诸？”[3]对此，刘宝楠的解释是：“言君当思所以为君……乃深察名号之大者。”[4]所谓“君君”之语词形式即指示“名位”(身份/角色)与相应此名位/角色之“义”/旨的结合关系，前之“君”为“名位”、“角色”，后之“君”指作为身份角色的“君”当依此角色相应之“义”(何谓君?)而行事，臣臣、父父、子子亦然。二是子路问政，“卫君待子而为政，子将奚先?”孔子回答“必也正名乎”，然后引出“名不正则言不顺，言不顺则事不成，事不成则礼乐不兴，礼乐不兴则刑罚不中，刑罚不中则民无错(措)手足”[5]这一大段的论述。显然，从“正名”到“民无错(措)手足”有一因果顺承关系，显示了名对生活世界的参与性，但较诸前诸子时代，名之参与世界已有一“间接”性，而非“直接”。在前诸子时代，“命名”是由“礼”规定的，主要围绕“名位”的“赐予”而展开对“物”的分配，故可以说“名位”乃是指向“物”的，对人之策名即是对物的使用；孔子时代，“名”相对摆脱了对“物”的指向性，而体现其“独立性”，故“正名”乃是要反思“名”(制度)之合法性，为其确立一更本源的价值基础，实是要将作为“礼俗”的“制度”奠定于“义”(价值原则)的基础上，以此确保“制度”对邦邑共同体的有效维持。

[1]《中国思想史论集续编》，第208—209页。

[2] 弗雷格(Gottlob Frege)：《论意义和意谓》，王路译，王炳文校：《弗雷格哲学论著选辑》，北京：商务印书馆，2001年。

[3]《论语·颜渊》。

[4] 刘宝楠：《论语正义》，第271页，上海：上海书店，1992年。

[5]《论语·子路》。

夫子“正名”之举旨在“正人心”，以确立邦邑共同体的道德心智基础，故“子曰”可以看成是由邦邑共同体这一系统演化而出的一个对邦邑命运的“自觉反思”，其不能脱离这一系统本身。也正因为如此，我们虽不否认作为“子曰”的《论语》之儒家元典的地位，但也未尝不可以将其视作是“邦邑”政治的新型“意识形态经典”之作。因此，“子曰”批评的只是作为“民间”心理的邦邑之传统“意识形态”，其并没有正面应对其他思想学派之考虑，如傅斯年先生以诸子出于春秋战国之际，而尤指出“儒”（孔子）之特殊性，以为儒为诸子之前驱，故孔子于诸子无所论列，且“《论语》所记他仍是春秋时人的风气，思想全是些对世间务的思想，全不是战国诸子的放言高论。即以孟荀和他比，孟子之道统观，论性说，荀子的治本论，正儒说，都已是系统的思想；而孔丘乃是‘毋意’，‘毋必’，‘毋故’，‘毋我’的‘学愿’。所以孔丘虽以其‘教’教出好些学生来，散布到四方，各自去教，而开诸子的风气，自己仍是一个春秋时代的殿军而已”[1]，此傅氏以“战国诸子”题名其书之故也。就此而言，我们认为《论语》作为“子曰”尚非是自觉的“学派”之说，早期中国哲学“学派”之形成是在战国。事实上，人类心智形式的演化并非是均衡、匀速的，而是有一空间分布上的不均衡性与时间上的跳跃性。于早期中国，我们不难看到这样一种心智演化之逻辑，从反映前诸子时代“言论”之《国语》中特别丰富的“晋语”，到《论语》作为鲁国邦邑共同体的新型“意识形态”，再到战国中期齐国“稷下学宫”，我们看到“心智”演化其实是跳跃性地在不同“地区”展开，心智不同形式之间无有地域上的连续性。故相对于鲁国的“子曰”，齐国“稷下学宫”特别展现了学派的“宗旨”。从政治哲学角度看，“宗旨”与“子曰”的根本区别在于，“子曰”仍是“邦邑”之“意识形态”，“宗旨”则是知识主体提供的不同“意见”。可以说，“子曰”特别与一邦邑共同体有关，尽管孔子忧虑“道”之施行与否，“不行”则乘桴浮于海，但其对“道”是坚信的，故问题只在于“现实”之“政治”而不在于“政治”本身，因而其对政教一致这一模式是确认无疑的。至于“宗旨”，其已区别政教之域，确认了政/教分离之事实，故关键问题乃是要处理“教”之差异性，也就是如何理解不同之“道”，实即“意见”。不妨说，“子曰”要处理的是同一“共同体”内部成员的“行为原则”：是否“惟义是从”；而“宗旨”要处理的是不同“集团”（学派）之间的“意见”之争：“道”之所在？从孟子到庄子再到荀子，我们看到了对不同“道论”（意见/己见）的调停、判释方式，由此我们不妨以孟子作为早期中国哲学“学派”的初期代表，而后来荀子对“思孟”之学的批判似乎也显示孟子之学的“学派”特征。

学者谈论孟子，多言其道德主体性的张扬，尤其是现代新儒学特别突出

[1] 傅斯年：《战国诸子叙论》，《民族与古代中国史》，第202页，石家庄：河北教育出版社，2002年。

了孟学的道德心性学的义涵，然言作为个体思想家之孟子者虽多，而谈其学之“学派”性者则少矣。事实上，孟子之挺立士人之道德人格与“士人”群体遭遇的制度性生存危机关系大焉，正是在面对极大的“权力”压力下，孟子要特别将“士”之主体性突出，以内在的道德力量来制衡外在权力之侵逼。就此，孟子之学就有一特别之立场与方向选择，其学派的身份意识而非邦邑共同体成员的身份意识也就在此过程得以强化。在王权滋长的春秋晚期，“士”作为“无恒产”者已遭遇了“穷”而不达之境遇，然由于贵族势力尤在，上古礼俗制度尚存，故颜子虽“屡空”而犹可自咏其歌，为仁自守而“不改其乐”。而到了“恶”愈发凸显的战国中期，士人显然不能单以这种伦理境界消解屡空之无助，其必须要有大力量、强有力的精神支柱才能对付日渐“实在”的外在世界。孟子的“恒产”说以心物关系的平衡为士人的自我安顿提供了可能，从而也揭示了境遇之“空”的扩展。孟子倡言性善，这是路人皆知的事实。但孟子为何能坚持性善呢？这自然是有其先验的四端说作为依据，不过这还只能说明性善之涵养、成长，尚不足以充分解释士人何以能够立于世。事实上，孟子是以“恒心”来安身立命的，由有恒心，自我方可不为外物所役而独立于物，葆有士人的独立品格，故恒心恒产说不是实证科学意义上的经济理论。孟子以为士与民是两种不同的存在状态，士是“无恒产而有恒心”者，而民则是“有恒产则有恒心”之人。按照孟子的解释，这里的恒产非指家财万贯，而是指维系一个家庭所需的基本物资，即所谓“五亩之宅”、“百亩之田”等。由此，民上可赡老，下可哺幼，乐岁终身饱，然后知礼。士人之所以无须恒产不在于其视玉帛如粪土，而在于其是独立于具体生产领域之人，即所谓游士。战国时代，社会分化剧烈，由此逐渐形成一个独立的士阶层〔1〕，其以一技之能奔走于宫室权贵之门，以售其智，以见其用，其境遇虽有富贵显达、贫贱弃用之殊，然以“交换”方式而自立则是显然的。从这个意义上讲，士人非依恒产自守，乃以交换在世，此点与战国商人是一致的，区别仅在二者之通货（交换物）不同。因此，士之无恒产而有恒心决非一单纯的主体性向度，而是有一定的社会机制作为支撑。强调此点非是要贬抑战国士人的精神独立性，乃是要进一步说明作为儒者的“士”，其如何特别演化而出。

显然，在夫子所处的春秋晚期，政教关系已显示出一分离倾向，“王权”试图脱逸于“教”而表现其自在性，夫子之“正名”正在以“道”匡“政”。故就其个人对政治的参与而言，夫子乃是依乎“道”之原则，所谓“邦有道”则“仕”，“邦无道”则不仕，其坚持的其实还是政教一致的合法性。正因为如此，对于孔子来说，“独善其身”是可能且是允许的，从这个意义上讲，孔子之学仍具有相当

〔1〕 余英时：《士与中国文化》，上海：上海人民出版社，1987 年。

之“个体”意愿性，而儒家之“学派”维度并未特别展开，换言之，个体的学派意识还是被其邦邑共同体成员意识所笼罩。及至战国时代，政教分离已成一事实，士与王权政治之间的紧张博弈使得士人处于一种极大的压力状态下，相对颜子的屡空之境，这种压力具有一种强烈的“逼迫性”，正如孟子在那篇传诵千古的文字中所写道：“故天将降大任于斯人也，必先苦其心志，劳其筋骨，恶其体肤，空乏其身，行拂乱其所为，然后动心忍性，增益其所不能。”[1]这里的“空乏其身”已不止于颜子的“屡空”，而将“士”之制度性生存危机揭示出来，也凸显出作为“他者”的“王”之存在，士与王的博弈要求孟子给出“富贵不能淫，贫贱不能移，威武不能屈”之大丈夫精神，其极至之境即是“舍生取义”，生死以之。显然，在政教制度性分离、王权独大之现实下，孟子已不可能“独善其身”，其必须处理“教”自身的“维系”与“士”之集团的存在合法性问题。这样，“教”就非直接关联于“政”，而是要与某一“士”之群体之特殊性“心智”朝向联系起来，以此“迂回”地联系于“政”。由此我们也就不难理解，孟子实将圣王区别，王之职能所在仅是接受圣人之“劝喻”，推其“不忍人之心”，以行“仁政”。正是在此新的政教关系机制之作用下，作为“学派”的“儒家”得以演化而出。自然，孟子一系只是“儒家”学派之一，但确实是通过孟子对孔子地位申张，“儒者”之学派身份意识自觉化。如孟子特别对比了孔子及其弟子与上古其他之贤圣，以为孔子乃是智仁兼备、参与政治而进退有据之圣人，赞誉其“圣人之于民，亦类也。出于其类，拔乎其萃，自生民以来，未有盛于孔子也”[2]。孟子对孔子人格形象的刻画显然超过了《论语》所展示的孔子，其抬高孔子实意在自认己之使命，为其儒者之“学派”化提供一谱系学的论证。而从后来荀子对“思孟”之学的批评看，所谓“案饰其辞而祗敬之曰：此真先君子之言也。子思唱之，孟轲和之，世俗之沟犹瞀儒，欢欢然不知其所非也，遂受而传之，以为仲尼、子游为兹厚于世，是则子思、孟轲之罪”[3]，正反映了荀子对思孟之学的斥责乃是着眼于其对孔子之学的“学派化”方向。

孟子之学开启了战国哲学的“学派”形态，而这同时意味着存在着与之并存而对立竞争的其他学派，孟子即宣称其时之学乃是不归于杨则归于墨，而告子更是孟子之学的主要论辩者。事实上，既然是“论辩”，也就意味着任何一学派都不具有自明的有效性，其必须诉诸“讲理”的形式来将其“立场”、“旨意”合法化，而这就涉及诸家对公度性前提的约定、认同。然也正是在这里，我们看到孟子对“学派”维持原则的否定，因为其强调“知言”。孟子与告子之间虽有往复回环之辩，而其坚持依据其所谓的“心志”来判定不同言说之合法

[1]《孟子·告子下》。
[2]《孟子·公孙丑上》。
[3]《荀子·非十二子》。

性。在其看来,“言说”即是“气”之表现,而“志,气之帅也”,故心志之状态决定了言说之偏正与否,所谓“诐辞知其所蔽,淫辞知其所陷,邪辞知其所离,遁辞知其所穷”[1]。孟子此处所谓之心志乃指内在之“义”的朝向及其持养状态,而心志状态之外在表现即是言说,故其乃是以内在道德之涵养程度来判定学说之是非所在,孟子自认具有这样一种“知言”能力。其实,孟子之所以具有“知言”能力,原因在于,其完全是以其所主张之立场作为判定不同言说之标准,故自认具有“知言”能力乃是赋予自身以“特权”,从而豁免其于论辩之外。对于此点,庄子实是反其道而行之。庄子在政教分离之事实基础上坚持“教”之独立性、自治性,为避免“教”之意识形态化,其拒绝持有任何一学派“立场”。庄子之主“无辩”乃是以“无正知”的形式否定了任何一个学派具有凌驾于其他学派之上的特权,故而消解论辩的“合法性”也就可在更高层次上恢复对任何一个学派的承认。至于荀子,则是要重建政/教一致之关系,故要统一圣/王,调停道/学,其之“解蔽”正在于指出任何学派的“蔽于一端”性,以此取消任何学说主张的“自在性”,从而将完备之知指派给“圣人”。通过赋予圣人以“知道”与“兼知”的特权,荀子将“学派”(官)纳入到“权力”(管)之管控下。显然,较诸上古之政/教一致模式对职能分化之接纳,荀子之重建政/教一致突出了“人格”高下之分化,实将职能分化隶从于人格分化。如此,具有制衡性的三种职能结构即转变为一带有浓郁管控意味的上下管/官职能结构,预示了战国晚期诸子学的黄昏。故荀子之后,“心志恬淡”论将圣人之特权进一步由“心知”之“完备”转为“心志”之“恬淡”,实际以“心术”取代“知识”,从而实现了圣人对“已知”之“论辩”的超脱与豁免。

[1]《孟子·公孙丑上》。

第一章 “为己”之学与邦邑共同体

第一节 为己之学

三代上古之世，学在“官府”，学既是即知即用，但取远物，不取诸身，其效验之用之性显然。故此种“学”，但为“格物”之“知”，其关乎“物”，而无关于“人”。东周以降，“学”之由“官”至“私”，史官之知下及乎平民，而“知”亦分化出“格物”之“知”与“为己”之“知”。因为“己”之凸显，“知”得以超出具体之社会性身份归属，而与一“抽象自我“之身份关联。

一、“己”之凸显

首先要澄清的是，本体论意义上的个体自我异于身份认同意义上的个体自我。前者毋须多言，自是始终存在；至于后者，关涉主体自我意识的自觉，故有一从社会性身份认同向一抽象自我提升的过程。这一过程，同语言学上人称代词的使用状况颇有对应关系，故我们的分析即主要围绕汉语史上第一人称代词的用法展开。

我们首先来看一下前诸子时代第一人称反身代词的使用。一般而言，吾、我、予等均为前诸子时代第一人称反身代词之用例，而“己”字少见。不过我们注意到，在商周甲金文等古文字材料中，第一人称反身代词之使用有两个特点：一是固定化为少数人之使用，如“余一人”；二是具有一“客观”性，即与某一特殊性身份关联，只有“王”才有说“余”之权限，他者但用其“职官”之名以自称。故对“我”之反身代词的使用——自指，体现了一种“权力”。而随着第一人称代词使用之“普及”，其与具体之社会性身份的关联产生松动，渐不具“身份”性。此点可在稍后的文献中看出。在此，第一人称代词使用之异主要表现为不同之指代词之“词格”之异，特别是“主位”（主格）与“领位”（属格）之关系。对此，顾颉刚先生有特别之说明，其在辨析吾/我二词时说：“《公孙丑下》篇引曾子语曰：‘彼以其富，我以吾仁，彼以其爵，我以吾义，吾何慊乎哉！’此‘吾’、‘我’字可注意。（‘我’为主位，‘吾’为领位。）”[1]又通过对《尧典》与《皋陶谟》之第一身代词之比较，顾氏指出，《尧典》与《皋陶谟》“予”、

---

〔1〕 顾颉刚：《读书笔记》卷二，第198页。

“我”通用，“由上表看来，朕字用于所有格者多，予字用于主格者多”[1]。据上引论，不难看出，第一人称代词之主、领格用例之异，其实与人称代词在抽象化过程中对“身份”依附的否定程度有关，这也反映在“尊词”与“谦词”的使用上。“尊词”与“谦词”源于“身份”之指，而抽象出一“敬”意，如在《尚书》中，根据对话语境，可有“寡”、“予一人”、“予小臣”、“予冲子”、“予小子”等用法，其中《召诰》中之“予小臣”，乃周公对话成王时之“自谦”之词，而非“贱职”也；至于“予冲子”、“予小子”则是周王（成王）对话周公时之谦词，于周公则称“公”，如“公称丕显德，以予小子扬文、武烈。奉答天命，和恒四方民居师”。尊词/谦词之用例，显示早期人称代词之抽象化过程中仍与“身份”、“职位”葆有一关联，换言之，尊词/谦词之用体现了一“身份”的“评价”性。而再进一步之演化，则在人称代词的尊词/谦词之外依“己”之主位、客位而给出的对己/对人之“第一人称”用例之别。如顾颉刚先生以“‘我’与‘予’为对人之第一身称，‘吾’与‘卬’为就己而言之第一身称”为条目，在引俞樾《茶香室丛钞》中一文后指出：“按赵、杨、俞三家分析甚是，‘我’与‘予’为对人之第一身称，‘吾’与‘卬’为就己之第一身称。北京话亦有之，‘咱们’，合称对方而言之者也……‘我们’，就己而言之，不含对方者也。”[2]关于此点，俞樾曾引元赵悳《四书笺义》云：“吾、我二字，学者多以为一义，殊不知就己而言则曰吾，因人而言则曰我。”[3]

第一人称指示代词的“就己”与“对人”之用的差别，实际上反映了人类“自我”意识的更深入的发展，即在人际交往中将他人视作客体，且可将这一对象化关系中的自身亦看作客体，实是突出了对象化关系中的自我概念。从语法角度讲，这体现为第一人称指示代词的主位/宾位之异。据何乐士先生对《左传》的研究，《左传》中的第一人称代词有吾、我、余、予、朕等之用例，其重点比较了“吾”与“我”二字，以为：“吾”字最常用于主位，其次是领位，宾位极少；反之，“我”字最常用于宾位，其次主位，再其次领位。[4]与之相应的则是“我”、“吾”之强调重点、语气不同，“‘我’表示对第一人称的强调和加重语气；‘吾’常用以表示礼貌、自谦的意味”[5]。故从语法看，“我”常与“彼”对言，形成“彼……我……”之语句形式，显示了“我”与他者的“对象化”关系；而“吾”既为“谦词”，则常见于较正式的“仪式”性场合，体现了在与他者的对待关系中，对自我之身份性的敏感。虽然“我”较诸“吾”之用法更展现了个

[1] 顾颉刚：《读书笔记》卷二，第145页。
[2] 顾颉刚：《读书笔记》卷十三，第265页。
[3] 见顾颉刚：《读书笔记》卷十三，第265页。
[4] 何乐士：《〈左传〉的人称代词》，《古汉语语法研究论文集》，北京：商务印书馆，2000年。
[5] 何乐士：《〈左传〉的人称代词》，《古汉语语法研究论文集》，第296页，北京：商务印书馆，2000年。

体自我的"主体性"，然其并非是"自我"意识发展之"极限"，相反，"自我"的主体性的进一步发展要求的是对"我"的反思。就汉语来说，此表现为"己"概念的突出。

二、"己"与"自耻"

《论语》作为儒家元典，虽有后世编纂之成分，然在相当程度上确乎保留了早期诸子学的思想材料，这是弥足珍贵的。即从语言学之角度言，《论语》同前诸子时代文献虽有一继承关系，但更多是一"创制"。从词汇学看，其表现为或是沿用旧语而赋予新义，或是"制作"新词而树立新说；而从语法学看，则主要体现在新的句式之给出，正配合着对"概念"的新诠释。以下，我们即以"己"与"自耻"关系为例说明之。

"己"字已见于前诸子时代文献，然相对于作为第一人称代词的"我"、"吾"之频繁使用，"己"字用例显然在少数，这一状况在《论语》中发生了一根本性变化。在《论语》中，"己"字作为第一人称代词不但大量使用，且成为孔子之学核心思想概念的必要构成。从语法看，《论语》中吾、我等第一人称代词仍在使用，但由于"己"字地位的突出，吾、我的使用范围更加明确并赋予了某种价值评价色彩。在前诸子时代，对己的褒扬与对他者（人）之贬抑是相应的，所谓"扬己抑人"。自然，在仪式性场合之下，有大量"谦词"之使用，表示着对自我的某种"贬低"。但很显然，此种"贬低"乃是"礼节"性的、"仪式"化的，其目的在于在既有"身份"框架体系下，避免对自我身份的逾越或对他者（尤其是尊者）身份的侵凌，故此种"谦词"乃是一"习语"、"套语"（类同金文中惯用的"子子孙孙永保用"），而非出于一种自觉。事实上，谦词之使用并非是面向所有人的，而只是少数人的特权，是少数位高者的一种主动"自贬"，于此更可显示出"谦词"的"仪式"性而缺乏道德自觉意涵。由于"自我"乃是系属一职守"身份"，而无有其独立性，故对"自我"的认同关键在于对此"身份"的确认。在此，我们要区分两个不同维度的事情：一是于"己"而言，对自身"身份"之权限的履行，这存在一个勤业或怠业的问题；二是对共同体内部"他者"之"身份"有无一确认、认同。前者属于一"职业"伦理，后者则为对作为"他者"之共同体成员身份的伦理态度，因为对他者的伦理态度正是通过对其"身份"的评价而落实的。辱/耻之发生即在于：给某人以较低之身份或未予与其身份相应之待遇。贬抑某人的身份，即意在贬抑其人本身。从西周至春秋中期，这样一种"贬抑"其实扮演了一社会"调节"机制之角色，指向的是共同体的维系，《左传》《国语》等文献中大量关于辱/耻之言行事例说明了此点。[1]然

〔1〕 马小虎先生专辟"羞耻感—荣誉感的道德自我监督机制"一节来分析西周至春秋中后期"羞耻感"的社会调节功能。见氏著：《魏晋以前个体"自我"的演变》，北京：中国人民大学出版社，2004年。

至春秋后期,"贬抑"的"社会"指向性削弱,个体"竞争"意味趋浓,通过贬抑他人之身份,相应地提高了自己的身份,此所谓"扬己抑人"。

扬己抑人之"辱他"得以发生,其运作机制在于:由于评价个体的凸显或普遍化,"评价"由一少数人之"特权"与局限于特定的仪式之域,转为多数人之行为权限与普遍之域。由此,"辱"即有从一"仪式"性谦词/敬语,转向一"评价"性贬抑,此相应于前文所言的人称代词之主/宾位之异,突出了对象化关系中"自我"的主体性。在此需要说明,辱人,意味着对他人身份的贬抑,隐含了伦理态度上的对他者身份的"不认同",故此辱人不是一般意义上的"轻视"他人,我们必须将"辱"与"傲"之义区别开。傲,即傲慢、倨傲,其义来源于"高",自高则轻薄,轻薄则轻人。[1]显然,自高轻人有"贬低"他者之意,但这不是在"身份"评价意义上作出的,而是在"才性"(能力)评价意义上给出的,"贬低"他人实即"轻视"他人"行事"之素质才能,故其重点强调的不是"位"(身份),而是"行"(事之履行能力)。若依此而思考,则"辱"与"傲"不通义,与"贱"倒有一语义上的相通处。[2]"贱"者,"卑"也,指地位低,亦即不贵,此针对实际之职业所作的分类。由此引申,便滋生"辱"义,即由职业分类之实事判断,递进到对"身份"高下、贵贱之价值评判。"辱"既是对他人"身份"之贬抑,"傲"则为对他人"能力"之贬抑,虽则均为"贬抑",然意旨不同。于"傲",通过"贬抑","意"在"显摆"、"炫耀"自我,此由个体之"争"心使然;而于"辱",通过"贬抑"则有排斥他者之嫌,故影响到"他者"之"身份"的确立。"傲人"之心理效应在于引发对方的"愤懑",从而造成个人间的"争斗",但其不根本影响到整个共同体内部的合作团结。"辱人"之心理效应在于引发对方的"耻"感,制造了雪"耻"之心理动机,从而威胁到共同体的维系。正是在此历史语境下,我们谈到《论语》之"己"与"自耻",实欲将孔子仁学的创设与共同体维系的道德心智基础问题联系起来。

"耻"与"辱"本同义,其用之异但相对不同施为主体而已。由"己"出发,对他人"身份"之"贬抑"为"辱",他人对此"贬抑"之"承受"为"耻"。显然,在此评价行为中,给出方(评价者)是认同、承认此一对他者的"贬抑"的;而"承受方"(被评价者)则是不接受、不承认这一对"己"的"贬抑"。故实际上,"辱"只是单方给出,并未通过双方达成"认同"。于孔子,其"自耻"概念给出之意义在于,以"承受方"之身份将"辱"予以"接受",从而达成有效之"贬抑"。在《论语》中我们看到大量的关于"耻"、"辱"之用例,其典型的语言学特征即在于,对辱/耻的义涵予以区别,以"辱"字表达原来之"耻"义,即来自于"他者"对"自我"的"贬抑",而将"耻"更多与"自我"之主动"承认"、"接受"联系起来,所

〔1〕 参见黄易青:《上古汉语同源词意义系统研究》,第630页,北京:商务印书馆,2007年。

〔2〕 参见黄易青:《上古汉语同源词意义系统研究》,第630页,北京:商务印书馆,2007年。

谓“自耻”。下面我们就先列举一些典型用例，再作归纳分析。

1.1　子曰：“道之以政，齐之以刑，民免而无耻；道之以德，齐之以礼，有耻且格。”（《为政》）

1.2　子游曰：“事君数，斯辱矣；朋友数，斯疏矣。”（《里仁》）

1.3　子贡问曰：“孔文子何以谓之文也？”子曰：“敏而好学，不耻下问，是以谓之文也。”（《公冶长》）

1.4　子曰：“巧言、令色、足恭，左丘明耻之，丘亦耻之。匿怨而友其人，左丘明耻之，丘亦耻之。”（《公冶长》）

1.5　子曰：“笃信好学，守死善道。危邦不入，乱邦不居。天下有道则见，无道则隐。邦有道，贫且贱焉，耻也；邦无道，富且贵焉，耻也。”（《泰伯》）

1.6　子曰：“衣敝缊袍，与衣狐貉者立而不耻者，其由也与？”（《子罕》）

1.7　子贡问友。子曰：“忠告而善道之，不可则止，毋自辱焉。”（《颜渊》）

1.8　子贡问曰：“何如斯可谓之士矣？”子曰：“行己有耻，使于四方，不辱君命，可谓士矣。”（《子路》）

1.9　宪问耻。子曰：“邦有道，谷；邦无道，谷，耻也。”（《宪问》）

1.10　子曰：“君子耻其言而过其行。”（《宪问》）

2.1　子张问仁于孔子。孔子曰：“能行五者于天下为仁矣。”“请问之。”曰：“恭、宽、信、敏、惠。恭则不侮，宽则得众，信则人任焉，敏则有功，惠则足以使人。”（《阳货》）

2.2　子曰：“不降其志，不辱其身，伯夷、叔齐与？”（《微子》）

在上列用例中，1.1、1.3、1.4、1.5、1.6、1.9、1.10 与“耻”有关，1.2、1.7、2.1、2.2 则与“辱”关联，至于 1.8 同时包含了“耻”与“辱”两种用法。显然我们看到，“辱”是特别与“身”联系，无论是“事君数，斯辱矣”，还是“毋自辱焉”，己之“受辱”都是“自我”在与“他者”之互动中“招致”的，因为对“君”过于“繁琐”（数），对“友”则不知“止”，故有此“辱”。很明显，自我的受“辱”是指向其“身”，此“身”不是指“身份”，而是指“人格”。自我在对他者的行为举措中总是要依托一“身份”，但此“身份”不同于前诸子时代作为“职守”的“身份”，而是作为行为履行主体的“身份”，故其身份指向的不是“物”，而是“人”，由此表现为君臣、朋友关系，所谓“辱身”，其实就是对其“人格”之“辱”。而需要特别指出的是，与“自耻”相应的是，此“辱”也有一“自辱”性，所谓“自取其辱”。毋须否认，“辱”既然乃是来自他者对“自我”的贬抑，则施行主体乃是他者，与己无关。但这种“无关”只是在相对意义上讲的，因为“辱”乃是在人际互动中产生的，则“辱”虽非由“己”做出，还是与自“己”之行为、态度有关，不可说完全与自我没有干系。夫子特别突出了“毋自辱”，实际上是将“辱”之行为机制的核心由“他人”转向“自我”，因为正是自我之行为招致了来自他者的“辱”，所谓“自取其辱”。

由此也就引出一个有趣的话题，为何在夫子那里，“自辱”成为一个重要议题呢？因为进入诸子时代，以“职守”（身份）为基础展开的履行职业活动，转向围绕以个“己”为中心展开的人际频繁互动，故“评价”也就由既往针对“身份”，转向对“行为”的评价，而且这种评价具有一当下之“即时”性。所以我们也可以看到，“自辱”之发生其实更多是关系密切之熟人之间譬如君臣、朋友，而非陌生人之间。因为频繁互动，故而熟悉，则评价的给出亦即轻易。被“辱”，其实质就是失“敬”，所以《论语》同时以“敬”表述了相似的思想，如，“子曰：晏平宗善与人交，久而敬之”〔1〕。“辱”既然与“己”有关，如何避免“受辱”呢？这就与“自耻”联系起来。所谓“自耻”，顾名思义，即是自己以之为耻，这个“以为”不是一被动接受，而是主动“承认”，故不同于前诸子时代的“耻”义。如前所述，前诸子时代的耻/辱同义，均为贬抑性评价，区别但在主动/被动之异。而此处之“自耻”其不同既往“辱”者在于，这是由自身对自己所作出的贬抑性评价，换言之，自我主动“认同”、“接受”对自己的贬抑性评价。实际上，若细加分析的话，“自耻”不是一个行为，乃是将“贬抑性评价”行为与“承受此评价”行为统一于一己之身，故实是两个行为的复合。说明此点是有必要的。因为如果针对自我的贬抑性评价来自他人，那么自我的反应其实有两种可能性：一是承认、认同此种“评价”，此可称为“自甘堕落”；一是不予承认，否认此种评价，即以之为“耻”。显然，“自甘堕落”的表现不同于“耻”，其虽是自我“认同”他人对自己的“贬抑”，但其实并非完全是“心甘情愿”地接受，因为此有一或明显或隐晦的“被胁迫”之语境。至于“自耻”，则是由自我主动给出的，无有“被胁迫”之语境。不过要确实理解“自耻”之义，我们还必须分析所谓的“自我主动给出的贬抑”。在此，我们可以将其与“自谦”作比较。“自谦”亦是自我“主动”给出的对自身之“贬抑”评价，但其只是“给出”，故有“形式”上的“谦逊”表示，而无有“真正”的认同，换言之，其自身并不认同对自身的“贬抑”。自然，我们亦不能说“自谦”乃是“虚伪”之举，因为“自谦”之贬抑自身是有“限度”的，正是以相当程度上之“认同”自身为前提。与之对比，“自耻”则是“实质”上的自我否认，正是自我认识到“自身”有所不及，未达其设定之“标准”，故而有“耻”。〔2〕

〔1〕《论语·公冶长》。

〔2〕丹尼斯·史密斯（Dennis Smith）对埃利亚斯（Norbert Smith）文明化理论分析时提到“羞耻”与“羞辱”之别，以为“两者之间的差别在于：羞耻产生了一种感觉：某人自己的努力不够充分；羞辱则灌输了一种感知：某人被别人以暴烈的方式击败甚至赶出局”。见氏著，李康译：《埃利亚斯与现代社会理论》，北京：北京大学出版社，2011年。埃利亚斯之“羞耻”约可当于孔子之“自耻”，都有自视离共同体之规范标准有不及处而生之“耻”感，然前者缺乏后者的道德“反省”机制，而是从“文明化”角度强调一外在的提醒机制，以为“羞耻心提醒”装置过头，即成“羞辱”装置。

自我主动贬抑自身，同时又真正接受、认同这一贬抑，此“自耻”有别于“自甘堕落”、“自谦”者，然此即足以范围、说明“自耻”吗？显然不能，因为还有“自惭形愧”或“自卑”之用例。“自惭形愧”乃是自我主动给出的对自身的贬抑评价，且自我认同此一评价，故其不同于“自甘堕落”，亦非是“自谦”，不过既然其名为“惭”(愧)，则不同于“耻”显矣。“惭”与“耻”为一相近之心理感受，然有微妙差异。“惭”即为“羞愧”，《说文》云：“惭，丑也。”因行事或言貌之“丑”，故有“羞”意之生，此为“惭”。“惭”义同于“怍”，《论语》有“其言之不怍，则为之也难”[1]。至于“耻”，则其义为“辱”，由对“身份”之贬抑，进达“人格”之贬抑。两相比较，“自惭”偏于具体的“行为”、“颜貌”之领域，“自耻”则更偏于抽象之“人格”方面。不宁惟是，“自惭”与“自耻”产生的“效应”不同，前者只是一“确认”，后者则有所谓“知耻而后勇”之生发。事实上，“自耻”虽然是由自我给出的对自身之贬抑性评价，其目的恰恰是要“免辱”，因为“辱”虽来自他者，究其源头则在“自取其辱”，而要在源头上解决这一问题，“自我”须得能“自耻”，即“自我”自觉地认识到对于自身的“辱”。按说“耻”感之生是显明的，一个具有正常知觉能力的人对于“凌于”其“身”之“辱”是能感知的，故会“以之为耻”，若不以为然，不“以之为耻”，则有两种可能性：一是虽然感知此辱，但出于种种“利益”上的考虑，其并不以此为“耻”，换言之，其有“辱”感，但无“耻”感，俗语所说的“恬不知耻”；二是不知此是对“己”之“辱”，故也就无“耻”感，也就是说，此“辱”超出了自我之感知范围。显然，由“耻”之或生或不生表明，“耻”虽然是一“直觉”，然并非是“显明”的，而是与“自我”之道德意识之自觉程度有关[2]，故“贬抑性评价”之给出还要依乎一道德评价体系。在此，我们可以就《论语》中两个典型例子加以说明。夫子同时提到了“自耻”与“不以之为耻”两种情况。后者的代表是上例 1.3 中有“敏而好学，不耻下问”(《公冶长》)，即不以屈尊向身份下者请教为耻辱。在前诸子时代之身份体系下，尊卑、上下有别，尊对卑、上对下有一屈尊之行乃是“丢份”之举，故被看作是有辱其身，故以之为“耻”。然夫子并不以屈尊就教为“耻”，因其关注的不是“身份”之“丢份”，而是“人格”之受损，其真正以之为“耻”的乃是自我人格的“受辱”。此典型者即是上例 1.5 之“邦有道，贫且贱，耻也；邦无道，富且贵焉，耻也”(《泰伯》)与 1.9 之“邦有道，谷；邦无道，谷，耻也”(《宪问》)。这里同样涉及对传统“身份”体系的处理问题。在既有身份体系下，评价一“有职”者的标准是视其履行职守之状况，“尽职”即善，“怠职”则否。此种评价只关注

[1]《论语·宪问》。

[2] 实验哲学家特别探讨了道德考量对人的直觉，譬如对他人行为意向性认定的影响。参见约书亚·诺布(Joshua Knobe)、肖恩·尼科尔斯(Shaun Nichols)编，厦门大学知识论与认知科学研究中心译：《实验哲学 Experimental Philosophy》，上海：上海译文出版社，2013 年。

“职守”履行之程序有效性，并不考虑“政治”本身之“价值”属性。而于夫子则不然，其以为“职守”履行之“职业伦理”当隶属于一更高之政“道”原则。故政治清明有道，“士人”当“履职”，尽其职守，享其俸禄；若政治黑暗无道，“士人”当“弃职”不履，所谓“危邦不入”、“乱邦不居”，如其不然，安守其位而享其待遇，则实为“耻辱”。夫子不以自我身份之不享为“耻”，而以人格之未“立”为“耻”。

事实上，孔子给出的“自耻”概念不单是将“耻”之所系由“身份”转向“人格”，突出了“自我”（己）之作为道德主体的自觉，且是以一“元评价”的形式将己/人之间因“贬抑评价”而造成的“不认同”予以调停转化，从而为新的社会认同机制提供了一道德心智基础。

第二节 “义”与邦邑共同体

夫子的“自耻”概念为“自我”在新的社会条件下的结盟提供一心智基础，这就将“义”与“共同体”的关系指示出来。在中国道德条目语汇库中，“义”是一个复杂而微妙的词，这很典型地反映在其用法之多样性上。试比较“仁义”与“义人”两种用例。“仁义”为一并列式复合词，其中“仁”与“义”作为词素乃是一并列关系，指示了“义”之为不同于“仁”之德目。虽然如此，“仁义”所制造的词义印象似是以“仁”为中心，以“仁”统“义”或纳“义”于“仁”中，这一倾向在现代汉语中表现得更为明显，譬如我们俗语中常指称某人“很仁义”。而“义人”（称义之人），则为一偏正式复合词，其中前一词素“义”乃是对后一词素“人”的修饰、限定，用以说明“人”之存在状态或人格类型，同于“义人”之用例的还很多，如“义田”、“义庄”、“义齿”，等等。显然，“义人”之“义”不同于“仁义”之“义”，后者一般被理解为一德目，乃是一内在之德性，而前者虽然也可理解一德目，但明显指向一外在施设之伦理价值，故“义人”实乃“称”（合乎、实现）此“义”（外在施设之伦理价值）而成为之人。从历史语言学的角度看，“仁义”与“义人”之启用自有其不同时段，然二者仍同时适用于现代汉语中或非偶然，表明此两种用例与“义”之不同“义项”或有关联。如果联系起早期中国哲学著名的“仁内义外”之争，则可以初步认定，“义”之内/外之争实与早期“义”概念的演化、分殊有关，即“义”由作为“德”的“义”，经由“德行”之“义”，再转化为作为“德性”的“义”。而“义”概念的演化又非是纯粹的逻辑演绎，实与早期中国“邦邑”共同体的维系状况相应，反映了早期中国思想政/教一致关系下德与政的相应性。

一、作为"德"的"义":义"益"邦政

"义"者,应当之则也。[1]然"义"之本义何谓也?许慎云:"义,己之威仪也。从我从羊。"[2]所谓"己之威仪",甚得古义,然需作一说明。古文字学家对此作了进一步的解释:"义字初文构形的主要部分'我'虽是兵器象形,但在殷代卜辞里的实际用例,皆假借为第一人称代词,即所谓'施身自谓'之词。由于兵器'我'假用为代词之'我',义字的本义也由插羽于我(兵器)上以为美饰之仪仗,引申为自我仪容之美,也即是许慎所说'己之威仪'的语义。"[3]可见,在其作为一德目之前,"义"更多具有一修饰仪容,以与己之身份匹配之义。迨至前诸子时代文献中,"义"字习见,其作为一德目的意思已是显然的,然其与"己之威仪"义仍有某种关系,而不同于后世之理解。此点正是我们要特别说明的,某一德目,其"名号"(能指)与"意义"(所指)之间并无一恒定之必然对应关系。尤其就汉语本身而言,其不同于西语之曲折词,"形"不变而"义"(意义)已变,故一"名"而多"义"(意义)现象是常见的。缘此,作为德目的"名",其在不同思想系统或不同时期的历史文献中,虽"能指"相同,而"所指"或有微妙之异。对语义之变的探讨自然可有不同学科之思路,而从道德哲学角度考虑,作者在此则特别关注作为德目"意义"与道德主体"身份"之关系。道德主体身份演进了,其虽沿用旧有德目之名,而其"意义"已变矣,所谓"言同而旨异"。对此,麦金太尔在其《德性之后》《谁之正义?何者合法性?》等论著中特别对古希腊由英雄社会转向城邦社会中德目意义之演化予以分析,已很清楚地说明了此点,其核心之旨便是:德目有一从"德"向"美德"(德性)之转。

试以"正义"(Dikē)德目为例。《荷马史诗》中的 Dikē 更多与行为主体对于某一宇宙秩序的认同、遵从关联,"要成为正义的(Dikaios),就是要按照这一秩序来规导自己的行动和事务"[4]。而依秩序而行,实即行为主体明其"身份"、"角色",依其角色之权限要求而行事。故依麦金太尔,在对《荷马史诗》中行为主体之心理动机之解释时,当重其角色意识,而非突出现代心理学意义上的个体自我的欲望。而至后荷马时代,"正义"概念产生分殊,有一按

[1] 这里以"义"作为"应当之则",是就"义"之作为一特殊性"德目"而言,而非取一般道德哲学从"义务论"角度对道德的理解,故本文将"义"分出"德"、"德行"、"德性"三个层次,乃从中国思想本身的理路演绎而出,而不同于一般伦理学形态之区别为义务伦理学与德行伦理学。关于伦理学形态,参见汤姆·L.彼彻姆著,雷克勤、郭夏娟、李兰芬、沈珏译:《哲学的伦理学——道德哲学引论》,第 222 页,北京:中国社会科学出版社,1990 年。

[2] 《说文解字》卷十二。

[3] 刘翔:《中国传统价值观诠释学》,第 112—113 页,上海:三联书店,1996 年。

[4] 阿拉斯戴尔·麦金太尔著,万俊人、吴海针、王今一译:《谁之正义?何种合理性?》,第 20 页,北京:当代中国出版社,1996 年。

"应得"(Desert)与"功绩"(Merit)之不同维度来界定的差异,正相应于所谓的"优秀善"与"有效善"之别,也正对应于"美德"与"德"之别。作为"美德"的"正义",其指向的是普遍性的"善",要求的是对"应得"、"应该"的归从,故不同于基于秩序框架下对"角色"的恪守、履行之"德"。"正义"的"美德"化,乃是与人类内在心灵中"努斯"(Nous)的分殊相应。在亚里士多德那里,"努斯"即人类理性,是心灵把握本原的能力。这正说明了"正义"实由一对外在秩序原则的遵从,转向主体内在心灵的秩序化。

依此,我们再来看前诸子时代的作为"德"的"义"。先试举《左传》《国语》等经典文献中"义"之典型用例,略作归类,再予分析。

1.1 初,范氏之臣王生恶张柳朔,言诸昭子,使为我柏人。昭子曰:"夫非而雠乎?"对曰:"私雠不及公,好不废过,恶不去善,义之经也,臣敢违之?"(《左传・哀公五年》)

1.2 夫国君者,将民之与处。民实脊矣,君安得肥?且夫私欲弘侈,则德义鲜少,德义不行,则迩者骚离,而远者距违。……若敛民利以成其私欲,使民蒿焉忘其安乐,而有远心,其为恶也甚矣,安用目观。(《国语・楚语上》)

1.3 晏子谓桓子:"必致诸公!让,德之主也。让之谓懿德。凡有血气,皆有争心,故利不可强,思义为愈。义,利之本也。蕴利生孽,姑使无蕴乎!可以滋长。"(《左传・昭公十年》)

1.4 仲尼闻之曰:"惜也,不如多与之邑。唯器与名,不可以假人,君子所司也。名以出信,信以守器,器以藏礼,礼以行义,义以生利,利以平民,政之大节也。"(《左传・成公二年》

1.5 故异德合姓,同德合义,义以道利,利以阜姓,姓利相更,成而不迁,乃能摄固,保其土房。(《国语・晋语》)

1.6 师服曰:"异哉,君之名子也!夫名以制义,义以出礼,礼以体政,政以正民。是以政成而民听,易则出乱。"(《左传・桓公二年》)

1.7 是以观其容而知其心矣。……目以处义,足以践德,口以庇信,耳以听名者也,故不可不慎也。(《国语・周语下》)

1.8 是故天子大采朝日……日中考政……日入监九御,使洁奉禘,郊之粢盛,而后即安。诸侯朝修天子之业命,昼考其国职,夕省其典刑……而后即安。(《国语・鲁语下》)

例1.1与例1.2牵涉到"义"与人之心理之"好恶"关系,例1.3、例1.4、例1.5、例1.6则给出了"义以生利"之命题表述,而例1.7、例1.8则落实到修德主体之身份与德目之关系。以下我们具体分析。

例1.1中臣王生与张柳朔私人有隙,然其不以己之好恶而有失荐人之过。例1.2中,则强调国君不当逞其私欲,夺民之利而"专利"。无论是所谓的"私雠不及公”，还是“私欲弘侈，则德义鲜少”，其实讲的都是：在公事之域，当行之以“义”之原则，“义”之为“公”，有别于个人情欲之“私”，故“不以私害公”。[1]在此需要指出的是，“好恶”虽属私情之域，其本身并非是绝对负面之价值，其“过”但在“逾度”，即将个人好恶由私情之域扩及到公事之域，若不僭越即为“义”，故文献中多以“节”关联“义”，如“义所以节也。……义节则度”（《周语上》）。“节”不是对私人“好恶"本身的节制、修饰，而是对其施用权限的规约。这自然牵涉到如何理解前诸子时代的私己之“好恶”的问题。我们不是说，前诸子对“好恶”没有价值评价，而是说相对于诸子时代，此处的价值评价是着眼于“好恶”的作用、施用范围，过其“度”，则为“淫”。而在此私己“好恶”之域外，前诸子另开拓出一公共价值领域，其相对于私情好恶之“偏向”取向，突出的是一“正直”原则，此即“德”也，“义”之隶从于“德”。“德”者何义？“德者，得也”，思想史学者喜依许慎《说文》之训，然此训诂传统起于战国[2]，故不足为据。溯“德”字之原初涵义，则“从造字取象及其联系看，‘德’的最初涵义应该就是《尚书》中反复出现的‘王道正直’、屈原所标举的‘正道直行’的意思；由此而有‘正直的行为’的规范义”[3]。

行为“正直”，即行为不偏不倚，正相对于私情好恶之有所“偏向”。这样，“德”之凸显，乃在对公事之域行为之规范，而未正面处理私情之域。可以说，前诸子时代公/私之对举（并非对立），具有一思想史的标志意义，正体现了西周政/教合一之政治格局向春秋晚期政/教分离之政治格局的转化，旨在“正直”之“德”观念的强化，显然有调停公/私之域的意涵。而公/私之争的关键在于“利”而已，若此，则前诸子之“义”不难理解为广义之“德”在处理“利”之问题上的原则落实，例 1.3 正指出了由于“争利”之事实，故需要以“让”德淡化此争利之心。然在前诸子那里，义/利是决然对立的吗？否也，相反我们看到的倒是“义以生利”之命题表述。例 1.3 有“义，利之本也”，例 1.4 有“义以生利”，例 1.5 有“义以道利”，虽表述或有差异，然决无诸子时代义/利冲突之义。对此，该作何解呢？其实原因也很简单，前诸子所说之“利”非指个人私己之利，实“邦邑”之“公利”，“义”作为“德”，自然与之不违。需要特别指出的是，“义”之所以有“生利”之性，实与“义”之可“实施”有关。作为德目，“义”实非一抽象原则，而是一可履行、可实施之“德能”，其主要功能即在“节度”个人（尤其是有僭越之心的君王）之私欲好恶，故通过“义”的“实施”，可以达致此

〔1〕郭齐勇先生指出：“春秋时期，公与私仍多指具体的人与事物。《左传》《国语》中所见‘公’、‘私’多指政治上的‘公家’与‘私门’仍是具体义。”见氏著：《先秦儒家论公私与正义》，《儒家文化研究》第二辑（“儒家政法思想与现代经学研究专号”），第 9 页，北京：三联书店，2008 年。

〔2〕郑开：《德礼之间——前诸子思想史》，第 59 页，北京：三联书店，2009 年。

〔3〕臧克和：《汉字单位观念史考述》，第 161 页，上海：学林出版社，1998 年。

结果。“义”作为德目,为何具有“实施”性呢?因为在前诸子时代,种种德目其实就是围绕“邦邑”之“治”而施设的一套“制度性”价值,不同德目之间乃是一顺承、配合关系,每一德目于其中承担一环节,履行一功能,而不能揽其全部。如例1.4中,虽“义以生利”,而“义”仍有其“由”,乃是“礼以行义”,至于“利”亦非根本,而是服务于“利以成民”,由此最终落实为“政成邦治”。而例1.6虽未有义与利关系的直接表述,而是示以“义以出礼”,然其落实处亦是“政成民听”之“邦治”。可见,“义以生利”中之“利”确切而言,实指由于“不专利”,故得庶物蕃生、财货丰富之利。至于“政成民听”,则为“邦邑”最大之“利”。“义”直接关联于前者之利,而以顺承参与的形式间接导引了后之大利,正揭示了前诸子时代“德”与“治”之关系:“邦”之“治”在于“德”之修,政治的基础就是道德,二者是一直接的顺承关系。

在前诸子时代治/德之直接顺承关系框架下,作为“修德”者的道德主体其实亦是“邦邑”之“共同体”的成员,是有“身份”者,所以其德目之持守与其身份、角色意识的确认是相应的。在前诸子时代的邦邑中,个体身份大致分两个层次,一是庶人以上的自士至卿大夫、诸侯(或天子),二是庶人以下。庶人以上是各有其“职”,但都是昼日勤于政事,夜间亦有修治,然后可以安寝。庶人以下,则是从事具体职业,亦是“明而动,晦而休,无日以怠”。无论何者,作为“邦邑”共同体之成员,其身份职责或有不同,均是以其所司之职、所行之业为中心展开“实践”,无有休怠闲暇,由此“恪守其职”,无有他心之生。所谓“民劳则思,思则善心生;逸则淫,淫则忘善,忘善则恶心生”虽然是治民之义,其实也是适用于庶人以上阶层。而要保证“恪守”与“不怠”,则“邦邑”成员必须修治其“身”,以使其日常生活之视听状态与身份要求吻合,通过修身而修心之互动循环,以达“身”治而“邦”治。

二、作为“德行”的“义”:惟义是从

作为德目之一的“义”既关联于前诸子时代“邦邑”共同体之成员,与其“身份”职责履行有关,则其“应当”之“义”乃是从“礼”中分化出来的,其从属于“礼”是显然的。《左传》中“礼以行义”与“义以出礼”之用语均说明此点。以此,我们可以认为,作为德目之一的“义”乃是一外在规范原则。相较于“礼义”并用之“义”,我们也很容易看到“义”的另一习用之法,即“仁义”并用之“义”,其常见于诸子时代的文献中。从“礼义”之“义”,到“仁义”之“义”,可以说是从作为“德”的“义”向作为“美德”(德性)之“义”的转化。不过我们还是需要有所谨慎,因为这一转化也是有阶段、有步骤的,其间经历有一“德行”之阶段。[1]这就关涉到孔子对“义”之使用。

〔1〕 陈来先生以为以春秋伦理文化的演变,实从“仪式伦理”主导变为“德行伦理”主导。见氏著:《古代思想文化的世界:春秋时代的宗教、伦理与社会思想》,“第九章德行”,北京:三联书店,2002年。

如前所述，前诸子时代之《左传》中的诸德目乃是“邦邑”共同体成员围绕“邦治”而给出、实施的，“德”并未获得一对“政”的独立性。至诸子时代的《论语》，我们看到，德目乃是围绕“己”之修身而给出、展开，由此，德目不再隶从个体自我在“邦邑”中之职责身份，而是直接与君子之“己”关联，成为“修己”之要求。显然，由“邦邑”成员到君子之“己”，这是一个从“公事”之域到“私己”之域的过程，不过不同于前诸子时代“德目”只是应用于“公事”之域，不正面处理“私己”之域，诸子时代恰恰是要将德目应用于私己之域，正面处理自我本身的修为问题，从而表现出“德”与“政”的非直接对应关系。为便于论述，我们还是一仍其旧，先称引《论语》中的相关文句，再作梳理分析。

2.1　子曰：“唯仁者能好人，能恶人。”（《里仁》）

2.2　子曰：“富与贵，是人之所欲也，不以其道得之，不处也。贫与贱，是人之所恶也，不以其道得之，不去也。君子去仁，恶乎成名？君子无终食之间违仁，造次必于是，颠沛必于是。”（《里仁》）

2.3　子曰：“我未见好仁者，恶不仁者。好仁者，无以尚之；恶不仁者，其为仁矣，不使不仁者加乎其身。有能一日用其力于仁矣乎？我未见力不足者。盖有之矣，我未之见也。”（《里仁》）

2.4　子曰：“士志于道，而耻恶衣恶食者，未足与议也。”（《里仁》）

2.5　子曰：“君子之于天下也，无适也，无莫也，义之与比。”（《里仁》）

2.6　子曰：“君子喻于义，小人喻于利。”（《里仁》）

2.7　子曰：“德之不修，学之不讲，闻义不能徙，不善不能改，是吾忧也。”（《述而》）

2.8　子曰：“饭疏食饮水，曲肱而枕之，乐亦在其中矣。不义而富且贵，于我如浮云。”（《述而》）

2.9　子曰：“非其鬼而祭之，谄也。见义不为，无勇也。”（《为政》）

2.10　子路曰：“君子尚勇乎？”子曰：“君子义以为上。君子有勇而无义为乱，小人有勇而无义为盗。”（《阳货》）

显然，上面文字的引录是有所考虑的，其内容大致对应于上节所引之文献，如例 2.1 至例 2.4 涉及“好恶”问题，而例 2.5 至例 2.8 突出了“义”之原则与义/利之辨，例 2.9 与例 2.10 则讨论“义”与传统德目如“勇”之关系。这颇便于我们作一对比分析。

例 2.1 至例 2.4 论及“好恶”问题。如前文所述，对此问题，前诸子有着很特别的议论，那就是通过分别公事之域/私情之域，对“个人”好恶之施行范围作一限定，不让其介入公事之域。虽然如此，前诸子强调的是对“好恶”的“以义节之”，而并不对“好恶”本身作一负面评价。对比之下，诸子时代对“好恶”有其新的处理。就孔子来说，其强调的不是对“好恶”的“节度”，而是对“好恶”之“原由”、“根据”的辨别。所谓的“唯仁者能好人，能恶人”，显然不避讳谈“好恶”，也不是如前诸子那样考虑如何“不以私害公”，而是让“好恶”得其所。虽然对此句之训解学界仍有讨论[1]，但以“仁者”这一主体条件作为“好恶”之前提则是显然的，这就把“好恶”与“仁”联系起来，似异于前诸子之以“义”连之。“仁”者何也？夫子并未给出一“定义”之解，而是在“语用”学意义上说明之，其中“仁者爱人”以及“为仁之方”——忠恕之道可谓典型。爱人，即对异于己之他者的爱惜、顾怜，忠恕即是“立己立人”、“己所不欲，勿施于人”，无论何者，均体现出在己/人之间一伦理情感的表示。事实上，“仁”之为“德”在前诸子时代已有，然尚限于血缘家庭中的人际关系，尤其是亲子之间。[2]而孔子以“仁”勾连己/人，不仅扩大了“仁”之施用范围，亦升华了其意义的伦理内涵。这样一来，在私己之域，己/人之间就不只是“好恶”之情的关系，更有伦理价值层面的“仁”之“爱人”，这似乎意味着，在私情之域亦有“德”焉，而非必在公事之域表其“德”。如此，对待个人“好恶”就不是单纯的“节度”问题，而是“如何”或“应何”而“好恶”，即“因着”伦理价值层面上的“仁”这一情感，而有恰当之好恶施与。由其强调“好恶”给出之主体心智基础，故无论是对“人”之“好恶”，还是对“物”之“好恶”，都能“当好恶”，“不当好恶”，不纯任血气之欲。表面上看来，前诸子时代以“义”节度“好恶”已被诸子时代以“仁”规导“好恶”所取代，然“义”之因素似乎并未去除。因为以“仁”取代“义”来主导“好恶”，实发生于“己”之“情感心理”层次，故君子能于造次颠沛之间“守仁”但指其在“心理”上能护卫其“好恶”之意不随“境”转。虽然“守仁”是君子修己之基础和根本，但不是全部，因为“己”之心意不违“仁”是至“简”的，由以这一伦理行为展开之域是最小的[3]，“守仁”是“己”之处“逆境”下一坚守、防御之显表，在此之外，“己”尚需要一正面之积极“表达”，即“应当”主动为之者，这就牵涉到“义”。

相较“仁”之于“好恶”，孔子突出了“义”之于“利”，如果说守“仁”是君子之“立身”原则，那么为“义”则是君子之在公共领域中的“行为”原则[4]。例 2.5到例 2.8 突出了义/利之辨和君子的行为选择，如很典型的表述“君子之于天下也，无适也，无莫也，义之与比”、“闻义不能徙”都显明地表示“义”之作为“行为”原则，所谓“惟义是从”。在此，比较一下孔子以“义”作为一行为原则与前诸子时代“义”之“行为”性是颇为有趣的。前文已述，前诸子之德目

〔1〕 如赵又春先生不取传统训解，指出，这里所讲的“能好人恶人”，是指有能力作出“好他恶他”之决定，此“能”实为一“道德鉴别力”。见氏著：《论语名家注读辨误》，第 146 页，长沙：岳麓书社，2012 年。

〔2〕 如骊姬谗言晋君，“为仁者，爱亲之谓仁”（《国语·晋语一》）。

〔3〕 参见李幼蒸：《仁学解释学》，北京：中国人民大学出版社，2004 年。

〔4〕 “仁”作为德性，有“全德”与“特殊德性”之别。参见余纪元著，林航译：《德性之境：孔子与亚里斯多德的伦理学》，第 55 页，北京：中国人民大学出版社，2009 年。

与邦邑政治有一制度性关联，故德目非抽象原则，均有一施行性，“义”自不例外。就此，我们不能说前诸子之行为原则只是“义”。然较诸其他德目，“义”确实与行为原则有更多之关联，因为“义”之节度义，隐含了行为之“当然”原则，只是此一意义维度未脱离由“义”节度“好恶”以此“义以建利”之具体功能指向。而至诸子时代，伴随着“己”这一行为主体身份的凸显，个体自我在更具道德主体反思意识的同时，也处于一更复杂、紧张的个体道义选择之境遇中。由此，行为的“原则”也就由“节而不淫”之“修治”，转向“价值”之“选择”。故“义”对“好恶”关系虽被“仁”取代，然“义”与“利”之对立的突出反而确立了“义”之“行为原则”的地位。

孔子既以“义”作为“己”之行为原则，故个体当“惟义是从”，就此而言，“义”作为一“德目”即非既有作为“德”的“义”所能范围，因为其已由“德”进而为“德行”矣。例 2.9 与例 2.10 对“义”与“勇”关系之辨析显示了这样一种变化。例 2.9 给出了“见义不为，无勇也”之表述，现代汉语中的“见义勇为”当是脱胎于此，然前者显然有其复杂、丰富之义涵，不能化约为后者。“勇”作为一德目，其在前诸子时代即已确立，且其与“义”之为“德”，实属并列关系。夫子则对“勇”予以新的解说，将“勇”纳入到“义”范围内，置之于“义”之控制下，如此义/勇关系由并列转为主从或层级。自然，“勇”属于“气质”范畴，当其隶从于“义”时，此“气质”性虽不改，而其施发之“自在”性已有“义”规约，合“义”而为则“勇”，反之，虽有“气质”之“勇”，实非“勇”也。故如例 2.10 所示的，“君子有勇而无义为乱，小人有勇而无义为盗”，不合“义”之“勇”，实为“气质”之滥用。颇为需要指出的是，子路之问夫子之“君子”尚“勇”问题，不是无原由的。在孔子弟子中，子路为气质刚强者，其之从夫子之教前，即以“尚勇”而称，故受夫子之教，其实就是由一传统意义上的“勇者”转为“君子”的过程。

“义”之对“勇”的规约，不是取消“勇”，而是对其作一“权限化”的处理，正同于“仁”对“好恶”之导引。而反过来看，在“勇”这一传统德目、“好恶”这一私己之情被“权限化”的同时，“义”、“仁”之作为“德目”得到了提升，获得了一更大的价值普遍性。“义”之作为德目的升格，其背景在于从前诸子时代转到诸子时代时，德/政关系形态有一变更。在前诸子时代，行为主体之“身份”制度性地隶属于“邦邑”，为“邦邑”共同体的成员，故德目之履行不是一个体自我之修身，而是具有一“功能指向”的“功利性”，即行“德”直接关联于“邦邑”之“治”这一最大之“治”，由此德/政一致、相应。“义”之专注公/私之域的区别，意在于此也。而至诸子时代，“邦邑”共同体的维持出现危机，此缘由共同体内部成员的分化导致的“平衡”状态被打破，其中“王”的力量的崛起是关键性因素。在前诸子时代，“王”但为“邦邑”一员，有其相应之身份职能，正如芮良夫所谓“夫王人者，将导利而布之上下者也”〔1〕，“王”虽有“专利”之“僭越”，尚有“德义”之节，服从于“邦政”。而至春秋后期诸子时代，“王”势趋强，贵族式微，“王”不惟“越礼”，进至“专权”，遂致“邦邑”共同体转为以“王”为中心的“行政”运作体。“邦政”（邦邑政治）既沦为“王政”，则前诸子时代之政/教合一、德/政一致关系形态也就相应转为诸子时代的政/教分离、德/政不一。德/政之分并非是说德与政没有关系了，而是指“政治”与“道德”领域的专业分化，体现了人类心智的分殊，是有其积极意义的，但其潜在的危机在于：以“王政”之“政”统“德”，以实现另外意义上的德/政一致。对此，孔子之以“正名”作为“为政”之始，以义/利之辨区分君子/小人，显然不是无的放矢，而是正有其指。毋宁说，在“邦邑”共同体侵削瓦解之际，夫子有一新的“邦邑”共同体之构建理念。

夫子很明确地提出了“邦”之有道、无道以及“危邦”的概念，显示其有一“邦”之“所以”组建原则的想法。“邦”之组建、维系实在于“道”，此“道”非他，“义”也。“义”既已非传统之待“履行”之德目，而是个体自我在道德选择中“实现”出来，所谓“称义”。夫子辨析“人能弘道，非道弘人”，实在是很确切地解说了此点。如此，“义”之维持实相应于“人”之“志”的“实现”，作为“志于道”的“君子”任重而道远也。君子何谓也，“喻于义”而别于“喻于利”之“小人”也，君子“喻于义”，故得“周而不比”，能基于共同原则而达成的“结盟”。如此，夫子之新的“邦邑”共同体维持的核心在于“君子”的结盟。由于认同“惟义是从”作为一普遍之行为原则，且在实际的行为举措中作出相应之选择，故不同之“己”得以“和而不同”地共处。

三、作为“德性”的“义”：仁义皆内

《论语》中，仁/义有分。夫子以“仁”导引“好恶”，偏于心理情感；以“义”辨“利”，实在于行为原则。心理情感固在“内”，而行为原则当在“外”，故夫子虽未尝有“仁内义外”之明确表说，而其意不难推出。然在后世之“仁义”用语中，颇有以“仁”包“义”之势，此何也？实端赖于孟子之功。孟子以仁义皆内也。世之论孟子道德哲学，固以儒家心性学之内在化视之，此的当之论也，无需置喙。然若满足于申说孟子理论立场本身，而不究其学之所由，则其宗旨之所归，似仍有就事论事之嫌，未能掘发新义。即就“义内”说而言，孟子非只与告子相辩也，亦突破以孔子为代表的早期诸子之“仁内义外”思想，实有深意焉。故于“义内”说，还是当依循“邦邑”共同体的维系之思路，置之于“语境”脉络下作一分析梳理。

如上节所述，孔子意欲将“邦邑”共同体建立在“君子”之“结盟”之基础

〔1〕《国语·周语上》。

上，这其实内含了对“君子”两个层面的修德要求，一是“为仁”，一是“从义”，而不同于前诸子时代单一层面的持守“公义”。就个体之“安已”而言，君子固可以为仁自守，所谓“我欲仁，斯仁至矣”。故“穷”（对比于“达”）虽是窘境，然君子并非不可坦然接受，“安贫乐道”。而至于以“义”作为个体“应当”之行为原则，达成“君子”的结盟，则实有“事不获已”之难。原因在于，“仁”可以在个己“心理情感”层面上“固持”，而“义”在个己“行为”层面上的“坚持”则需要克服更大的阻力，因为“行为”涉及“身”之发动运转，若“义”之规约指导有限而“身”之惰性日增、窘境日蹙，则依“义”而行不“行”已。在早期诸子时代，“邦邑”共同体遗存依稀可见，夫子虽亦不宁遑处，似尚有优游余地，故“游走”诸国有“危邦不入”之训，“不达”其志而有乘筏浮海之想。及至孟子时代，“邦邑”共同体基本瓦解，“王”之逼压日进，“士”虽“气”盛而无有退守空间，惟求博弈也。于此，“士”之主体性之挺立、道德自觉意识之强化也就可想见，追“士”之与“王”博弈之内在要求也。此博弈，要求“士”的行为选择不单纯是依乎外在“义”（价值原则），所谓“惟义是从”，而是要确保“士”之道德行为具有一“必然性”——必然发生，由此“必然性”而有“合法性”。道德行为的“必然性”，此作何解？就伦理学一般原理来说，“事实判断”属于“实然”，而“道德判断”则为“应然”，从“实然”如何可能转到“应然”，这是伦理学要处理的难题。道德行为既是“必然”，亦即“实然”，则其之作为“应然”不与“实然”冲突。然这样一种道德哲学的构设如何成为可能呢？解答此问题的关键在于理解：通过“义”之内在化，作为“德行”的“义”自身开出了一“德性”之“义”。由此，孔子那里的仁/义内外有分、为仁从义的不平衡，即转为孟子那里“义”自身的“潜能”（心理）与“实现”（行为）之关系，这样“德行”的“必然”只在于“德性”之“扩充”而已。

还是让我们先从著名的“四端”说开始吧。孟子云：

> 所以谓人皆有不忍人之心者，今人乍见孺子将入于井，皆有怵惕恻隐之心，非所以内交于孺子之父母也，非所以要誉于乡党朋友也，非恶其声而然也。由是观之：无恻隐之心，非人也；无羞恶之心，非人也；无辞让之心，非人也；无是非之心，非人也。恻隐之心，仁之端也。羞恶之心，义之端也。辞让之心，礼之端也。是非之心，智之端也。人之有四端也，犹其有四体也，有是四端而自谓不能者，自贼者也。[1]

此段文字很重要，而有两点需要特别指出：一是德目的“结构化”，即以仁义礼智作为基本之四德，从而将此前表述差异的德目排列形式予以“定型”；二则与此相关，四德有一四德之端——四心的给出。由四心到四德，这是四

〔1〕《孟子·公孙丑上》。

心的扩充、四德的实现。毋宁说,四德有一从“潜能”状态到“实现”状态。就此而言,四德虽不是心之“已然”,但是心之将实现之“必然”。事实上,四德为“行为”原则意义上的“德”,乃是行为主体在现实行为中作出的“善”,故可理解为“德行”;而四端(四心)则是“心理”朝向意义上的“德”,其乃是人心天赋本具之向善“倾向”,就此可称之为“德性”。借助四端/四德之关系形式,实也就将行为层次的“德行”与心理层次的“德性”连通起来。即就四德的核心仁义而言,相对于孔子之仁内义外思想,孟子的“义内”说可以说是对孔子思想内在问题的调停处理。

如前文所述,在孔子那里,仁/义有分,夫子以“仁”导引“好恶”,偏于心理情感,可谓“德性”,以“义”辨于“利”,重在行为,可称“德行”。孔子之“义”既不限于前诸子时代的公事之域,成为一普遍之“当然”之则,则也就由重在辨公/私之域,转向辨“邦邑”之有道/无道、君子/小人。然从夫子之行径看,其“仁”(心理)强而“义”(行为)弱,“有效”程度有所不同,似表明了夫子新型“邦邑”共同体构建的困境。而于孟子,其道德哲学最大的贡献在于“义”之内化,即以“四心”说的提出,将“义”亦落实在“心理”层次,而非专属“行为”层次。“义”之端归属于心理(所谓羞恶之心),意义重大。事实上,四心同列,而仁、义二心至要,二者乃源于“不忍人之心”的次第表现,先有恻隐之心,次有羞恶之心,就此而论,仁、义之心无有轻重之分,但为前后之别。然由于孟子对“义内”的特别提倡,我们不难发现二心之中,“义”之端尤有其特别价值。恻隐之心作为“仁之端”,只是提供了“道德意识”触动的情感基础——不忍人之心,而继之而来的“义之端”,实是“道德意识”的真正启动,因为其有“羞恶”之感的产生。“羞恶”之心即自觉的“应当”意识,这是心/耳目之官分工之结果,虽然耳目之好恶随声色而转,然“心”有自觉,有其“应当”规约下的“好恶”,如“心之所同然者何也?谓理也,义也。圣人先得我心之所同然耳。故理义之悦我心,犹刍豢之悦我心”[1]。“心”既悦“义”,如有不合“义”之好恶而生,则有“羞恶”感之生。显然,较诸“仁之端”之纯发乎自然、不待思虑,“义之端”之发还是有一反思停顿,所谓“念转”。这样说,其实与孟子的“良知”、“良能”说并不冲突。因为“良知”、“良能”但指是“不虑而知”、“不学而能”,分别对应于“仁之端”、“义之端”,“义之端”既是“良能”,只是非后天习得,非指无有道德意识的“转念”而起,相反,正是这种“转念”,方有“羞恶”感的生起。

“义”既同在两个层次上:义之端/义,也就意味着其有德性/德行两个层面,有“德性”之“义”,故有“德行”之“义”,前者确保了后者之“必然性”,这就为已处于“王政”时代的孟子提供了一种“自信”。故其特别强调“义内”,批驳

〔1〕《孟子·告子上》。

告子“义外”，是要确保道德实践的自主性、自觉性。如孟子与告子之辩：

> 告子曰：“食色，性也。仁，内也，非外也。义，外也，非内也。”孟子曰：“何以谓仁内义外也？”（告子）曰：“彼长而我长之，非有长于我也犹彼白而我白之，从其白于外也。故谓之外也。”……告子曰：“吾弟则爱之，秦人之弟则不爱也，是以我为悦者也，故谓之内。长楚人之长，亦长吾之长，是以长为悦者也，故谓之外也。”〔1〕

告子之“仁内义外”显然依据的是传统之说，即“仁”关乎内在心理情感，而“义”为外在行为原则，这不只是牵涉“人性”之辩，更关联于道德行为的“确保”基础问题。告子以人性之趋向无有定向，譬如水之决于东西，也就意味着“道德行为”所依持之“义”乃是外在的，故道德行为是“任意”的，不具必然性。落实到个体身体层面，也就表现为勇气的缺乏，因为“气馁”。一个人为何会气馁呢？这牵涉到“心”与“气”之关系，对此，孟子与告子有不同的理解。如孟子所云，告子有“不动心”之勇，所谓“不得于言，勿求于心；不得于心，勿求于气”〔2〕。告子认同“不得于心，勿求于气”，然不能坚持“直养其心”，故在心气关系上只是“力制其心”，使之不动。〔3〕反之，孟子持“夫志，气之帅”，故有“不动心”。依此，孟子有“浩然之气”之养，不使其“馁”：“其为气也，配义与道，无是，馁也。是集义所生者，非义袭而取之也。行有不慊于心，则馁矣。我故曰，告子未尝知义，以其外之也。”〔4〕

这里孟子区别了集义/义袭，以前者为“义内”，后者为“义外”。“义外”故“气”之依“义”偶合而张，然因“义”与“心”不配合，一但有“行有不慊于心”，气“则馁矣”，如此道德行为不能保证。孟子“义内”说的给出，最终还是要解决孔子那里的义/利之对立，其处理之法是：首先区别天爵/人爵，以为四端乃天之赋“天爵”，故修此“天爵”既是“修德”，亦是得“为己”之“利”，“人爵”之“利”当从“天爵”之“利”，这与麦金太尔之区分内在利益和外在利益颇为对应。也正是在此意义上，我们以为“义”内化后，其“应当之则”之义非是“义务”论上，而是“德性”论或“内在品质”论上的〔5〕。其次重申义/利之辨，但不是为了评估既有“邦邑”，是要重新统一义/利，以“王”之推行“仁政”而得最大之“王政”之“利”。故孟子见梁惠王，针对王曰“叟不远千里而来，亦将有以利吾国乎？”其强调“王何必曰利，亦有仁义已矣”，因为苟能充发四心之德，推行“仁政”，

〔1〕《孟子·告子上》。

〔2〕《孟子·公孙丑上》。

〔3〕参见焦循：《孟子正义》卷六。

〔4〕《孟子·公孙丑上》。

〔5〕如麦金太尔所言，“一种德性是一种获得性品质，这种德性的拥有和践行，使我们能够获得对实践而言的内在利益，缺乏这种德性，就无从获得这些利益”。见氏著，龚群、戴扬毅等译：《德性之后》，第19页，北京：中国社会科学出版社，1995年。

则足以保四海，若不充之，不足以事父母。在此我们看到，孟子对于政/教分离之事实已予确认，故其虽然追求“王政”与“德治”的统一，但由其对个体“德性”之强调看，确有忽略“他者”之倾向，似偏离了孔子以“义”而达成“君子”结盟，重建“邦邑共同体”的构想。[1]由此不难理解后来荀子有一理论反弹，以“辨”解“义”[2]，但其构设的实是“社会”，而非“共同体”。[3]

从前诸子时代到孟子时代，早期中国哲学德目“义”之演化经历了德/德行/德性三个阶段。其中“义”之由“德”到“德行”，是“义”由社会性身份的“应当之则”向个体之“己”的“应当之则”的转向。而以“仁内义外”之辩为标志的“义”之“德行”向“德性”之转，则展示了“应当之则”的“内在化”。孟子之“义”的“内在化”实将孔子之作为君子结盟的“义”原则转为“个体”之安己修为原则，这样作为邦邑共同体之新型“意识形态”的“子曰”也就失落，而生成的是作为学派“集体心智”的“宗旨”。换言之，孟子以儒家学派内部有“恒心”之“士”的结盟取代了孔子之邦邑共同体内部的“君子”的结盟。

〔1〕 罗尔斯早期伦理思想特别强调伦理问题实即关乎“共同体”的问题，“罪”就是“对共同体的否弃和拒斥”，故严格意义上的伦理学，“不是要建立起一个人与他所应努力追求的某种客观的‘善’之间的联系，而是要建立起人与人之间、直至人与上帝之间的联系”。见氏著，托马斯·内格尔编，左稀、仇彦斌、彭振译：《简论罪与信的涵义》，北京：中国法制出版社，2012年。

〔2〕 参见燕国材：《先秦心理思想研究》，长沙：湖南人民出版社，1980年。

〔3〕 对“共同体”与“社会”概念的辨析，见[德]斐迪南·滕尼斯著，林荣远译：《共同体与社会》，北京：北京大学出版社，2010年。

第二章 “师道”与友谊共同体

正如庄子之文所隐喻的，战国中期的“士人”遭遇到了“身份”选择之困窘：是作曳尾于途的泥龟，还是盛装华饰的牺牛。亦或在此二难抉择之外，另有他求。事实上，士人“身份”定位，不仅是一政治伦理问题，也是一“知识人”之“职能”形态的贞定问题：在战国中期“王权”日盛之时代，士人当作“体制”内的“策士”，还是处“体制”之外，葆有其“知”之“自主”性？有真人然后有真知，庄子之言虽似高邈而无当，其意实在也，可说是接续了孟子的问题，而在更深层面处理“士”之“免辱”的问题[1]。

第一节 “有待”与“免辱”

于孟子，“士”之主体人格的挺立是其学派宗旨之体现，同时也是士人“免辱”之保证，通过“大丈夫”精神，“士”可以以道德抉择的形式“舍生取义”，消解对己之“辱”。很清楚，孟子之生/义之别对应于其小体/大体之辨，其取舍不是否定身之小体，而是作出一选择之评估，所谓“所欲有甚于生者”。由于对“义”予以更高评价，而对“生”则予较低评价，故在二者间作出了恰当之选择则“无辱”，反之则“承辱”，如有名之“嗟来之食”之比。如此，我们也可进而推出，孟子其实很强调“荣辱之辨”，由于有天赋之“恒心”，所以处乱世之“士”获得了某种“自保”的特权。故于孟子，“免辱”是一个“为不为”的问题，而非“能不能”的问题，“士”寡欲以存心，养气以持志，则免辱，反之则受辱。从孟子的立场看，“免辱”系乎主体性的张扬，其论说自有其相当之合理性，然推论过甚，逾其权限，则似有其理论困境。于孟子，士人之免辱实是要凭依一人格价值之实现，故其虽“舍生”而“得誉”，然此“誉”作为一“正面”之“评价”并非完全是独立于“权力”系统之外的，实有其消极性的“意识形态”意涵。即就庄子而言，其会认为孟子仍处于“荣辱之境”，不免于被权力系统所“评价”，要超越此荣辱之境而达逍遥自得之地，则要求“己知”之由“有待”而至“无待”。

---

〔1〕 池田知久先生特别从“自由人”的诞生角度分析了道家诞生的社会基础，进而强调《庄子·齐物论》中“论道”的重要意义，这是尤有启发意义的。见氏著：《道家思想的新研究——以〈庄子〉为中心》（上），第四章第一节，郑州：中州古籍出版社，2009 年。

一、有待与免辱

庄子对士人之处“荣辱之境”有极端之敏感，这在《庄子》内七篇中多有反映。然不同于孟子从“士”人格之扁压理解“受辱”，庄子以为“士人”最大之“辱”就是未能“全身”，这并非是在“养生”学意义上而言，乃是着眼于“士”在与权力系统博弈中未能胜出，故致身陷于囹圄乃至戕害。在《逍遥游》一篇中，庄子已给出“定乎内外之分，辨乎荣辱之境”之说法，其已指示了对“身”之“自在”性的追求。然此篇只是正面描述“至人”达逍遥自得之境，故得“免辱”，而未达此境者，或不免受辱。对此，庄子或以“历史典故”佐证之，或随举物象以譬喻之。于前者，庄子有桀杀关逄龙、纣剖王子比干之例，后者则常举不材之木因不入匠人法眼，故得免“受剥”之辱。

忠义之士陷于囹圄之境，橘柚受剥折之辱，其具体情形或有差异，而作用机制一也，即源于“有待”，所以我们下面要着重对“有待”概念作一说明。在《庄子》内七篇中，“有待”是一个很重要的概念，由于尚非成为一个确定的哲学范畴[1]，“有待”概念表现出一语义含混性，颇有辨析之必要。“有待”何指？就此概念之出自语境看，乃是相对于“无所待”（“恶乎待”），特指列子御风而行，“虽免于行，犹有所待者也”。其显指列子之“行”虽达相当程度之自在，而犹有凭借、依持，故还有“非自在”性。自然，“行”之是否有“藉”只是一“象征”，非实指人“行”之能力，那么其实际何指呢？我们还是先将相关文字引录一下，再作进一步的解说。即如《逍遥游》中所表述的：“故夫知效一官，行比一乡，德合一君，而徵一国者，其自视也，亦若此矣。而宋荣子犹然笑之。且举世而誉之而不加劝，举世而非之而不加沮，定乎内外之分，辨乎荣辱之境，斯已矣。彼于世也，非数数然也。虽然，犹有未树也。”所谓“知”、“行”、“德”、“而”（通“能”）[2]乃是不同层次水平上的“能力”，而“官”、“乡”、“君”、“国”则是与此“能力”系列相应之“职能”机构所在， 定的“职能”要求有一定的“能力”与之匹配，否则“职能”难以有效履行，这就涉及“评价”体系问题。若“能力”与“职能”相应，所谓“称职”，即被“称誉”，获正面之“评价”，如“能力”与“职能”不相应，即“不称职”，则遭“贬损”，得负面之“评价”。一“誉”一“贬”，即成“荣辱”之别。一定之“职能”有一相应之“能力”要求，其受制于一

〔1〕 刘笑敢先生指出，《庄子》中根本没有“无待”一词，而“有待”二字也非哲学范畴，将“有待”、“无待”作为哲学范畴的是郭象。见氏著：《庄子哲学及其演变》（修订版），第137页，北京：中国人民大学出版社，2010年。

〔2〕 郭庆藩以为：“而字当读为能，能而古声近通用也。官、乡、君、国相对，知、仁、德、能亦相对，则而字非转语词明矣。”见郭庆藩：《庄子集释》（第一册），第17页。刘武则认为：“而，应如字读。‘德’字统君与国言，中以‘而’字连属成句。就狭义言，德合于一君；就广义言，德见信于一国也。且本篇所重，在道与德，而不在能。又知效一官，即含能义，无庸读而为能添此足也。”见《庄子集解内篇补正》，第11页。

“评价”系统，故而一个体“自我”即依据此“评价”系统来“度量”、“定位”自己，要尽量“称职”而得“称誉”，所谓“其自视也，亦若此矣”。个体自我既然以“称职”规范自己，则“得荣”的同时也就“免辱”。显然，在一般价值评价体系下，人人均求荣避辱，“称职”既是值得赞誉，故为人所求。然于庄子，其不以之为极，故以宋荣子这一人格形象而给出一更高层次之“自我”境界，即不同众人那样“求荣免辱”，而是不为“荣辱”所“动”，“荣”之自不“喜”，“辱”之而亦不“沮”，故“辨乎荣辱之境”。显然，这里的“辨”不是一般的“辨别”，而是超脱，因为此荣辱之评价非由个体自我内在给出，而是一外在于“己”之“评价”系统。因不藉此外在“评价”系统，故个体自我得以“内在”自立。[1]

宋荣子既区别了内外，故得超脱乎外在之评价，不牵系于荣辱之境。就此而言，宋荣子未能从众而“免辱”，故是“受辱”，然在更高层次上，其实乃真正的“免辱”。因为依乎“外在”之评价系统，则个体自我应有一“给定”的、有效的“职能”，若其不具有一个为既有“体制”所确认之“职能”，则此“职能”不具“合法性”。就此而言，“职能”之“履行”，即所谓“称职”与否的先决条件是此“职能”本身要被“接纳”，被评价系统所确认，若此“职能”超出既有“体制”，不被确认，则此职能之履行也就“溢出”现行评价范围，无所谓“荣”，也无所谓“辱”。当然从某种意义上讲，由于某一“职能”不被既有体制“承认”，则其在“价值”评估上是被贬斥、否定的，不过较诸“职能”履行之“称职”是否而带来之“毁”，其“负”价值程度更甚，因为后者只是一个“履行”程度的问题，而前者则是一个“有用”与否的问题，这是有一个“质”的区别。“不称职”只是能力不及，其仍有“用”之价值，只是或许“不太好用”；而“不材”则为“无用”，无有利用价值。就此，“有待”可理解为：“职能”对既有“评价”系统的依持。依此，宋荣子“辨乎荣辱之境”，超脱了外在评价系统，故可谓“彼于世也，非数数然也”。所谓“数数然”，据司马彪之释为“犹汲汲也”，崔巽亦云“迫促意也”[2]，故可理解为“急迫也”。宋荣子既“辨乎荣辱之境”，则自然不迫切追逐于世间之名。虽然如此，宋荣子“犹有未树也”，原因在于，其虽以“荣辱”系于外而“免于辱”，然犹有未“立”（树），此未立者何也？注家分歧，郭象以之为“唯能自是耳，未能无所不可也”，释德清则解为“以但能忘名，未忘我”，儒家亦有“未立至德”之解，似莫衷一是，难作定解。[3]既然如此，我们不妨暂置此语，将宋荣子之境与继之其后的列子乃至“神人”作一对比，以期获一启发。

---

[1] 即如刘武所说，“心，内也。誉与非，外也。内心有主，而不为外所动，即所谓‘定乎内外之分’也。不以誉为荣而加劝，不以非为辱而加沮，即所谓‘辨乎荣辱之境’也”。见《庄子集解内篇补正》，第12页。

[2] 陆德明：《经典释文》，转引自郭庆藩：《庄子集释》（第一册），第19页，北京：中华书局，1997年。

[3] 见崔大华：《庄子歧解》，第18页，北京：中华书局，2012年。

我们还是先引录原文:“夫列子御风而行,泠然善也,旬有五日而后返。彼于致福者,未数数然也。此虽免乎行,犹有所待者也。若夫乘天地之正而御六气之辨,以游无穷者,彼且恶乎待哉?”列子能御风而行,其高于宋荣子者在于,其不惟能“辨乎荣辱之境”且于“致福”未数数然也。宋荣子不汲汲于功名,故外在荣辱不动于已,这可理解为其不以“名”而伤其“身”;而列子进而对“福”报亦无有追求,以福祸利害不动于“己”,则可视为其不以“身”而损其“泠然”之“行”。“泠然”者,轻快状也,列子乘风而“行”,实“飘”也、“飞”也,故免乎待足之“行”。以“足”行于世间,即便“疾走如飞”,也不免有所羁绊,至于御风而行,无翅而飞,自然少了足行之羁绊,故云“泠然善也”。虽然如此,比之“神人”,列子“犹有所待”。此“待”非“足”,“风”也。在此我们看到,所谓“有待”实有广义、狭义之用,狭义之“有待”特指列子之“御风而行”,广义之“有待”则包括列子、宋荣子在内均是“有待”,故则列子虽有待,较诸宋荣子程度尚浅。事实上,正如前面已指出的,所谓“有待”乃指“己”之“职能”对“评价”系统的依持,而此一“评价”有一显隐、浅深之别。荣辱之名为浅表之评价,利害之福为进矣,至于彼我、己人之分则达最深层次的评价,以其关涉“己”之“身份”的“丧失”。所谓“若夫乘天地之正而御六气之辨,以游无穷者,彼且恶乎待哉?”实在是因为,由于个体自我的“身份”,也就是对区别于他物之自我同一性的确认不再维持,即庄子所谓的“无己”、“丧我”,与此“身份”相应之“职能”亦不再维持。换言之,以往围绕个体自我身份之根本职能乃是“我”思之固执,若“我”思不固执,则个“我”身份不维持。个“我”身份既不维持,则“有待”之主体不存,何有所谓“待”?行文至此,我们对前面已申说之“有待”概念之广、狭义似可再作一点修正:严格意义上讲,“有待”其实是就“广义”而言,是指“不自觉”地对个“我”身份之维持。每一个体均“本能”地要维持其个“我”身份,而对此并无一“反思”意识。列子虽“泠然而飞”,然未反思其个“找”身份之维持,故虽免乎行,“犹有所待者也”。要从“有待”进达“无待”,即是要展开“自我”否定,要使维持个“我”之“职能”不“运转”。

二、成心与辱人之心

“有待”是对评价系统的依持,而最根本之“有待”即是对个“我”身份之维持。由此,“我”思之固执成个“我”身份之职能所在。“我”思运之,彼我得分,“辱人”之心智基础其在此乎?在此,我们可以从两个层面处理此一“辱人“之心智基础:一是对“属己”之“知”的维护,二是对“他者”之“知”的贬抑。

1. 属己之知

对于“彼我”之分,庄子其实不是笼统而论,而是有具体之界说,故不容混淆,《齐物论》中的一段重要文字正指示了此分形成所处之时段性:“古之人,其知有所至矣。恶乎至?有以为未始有物者,至矣,尽矣,不可以加矣!其次以为有物矣,而未始有封也。其次以为有封焉,而未始有是非也。是非之彰也，道之所以亏也。道之所以亏，爱之所以成。”在此，我们看到一个由“不分”到愈加“分化”的一个脉络：“未始有物”（无物）、“有物”、“有封”、“有是非”。这里需要特别加以辨别的是“有封”与“有是非”。“封”者，界限也，据德清之注，此“封”特指“人我之封”，至于“是非”，则是人我之意见，即所谓“是其所是而非其所非”。显然，有“人我之封”然后有“人我”之意见（是非），这是合乎逻辑的。但也正因为如此，我们一般会混同“人我”之“封”与“人我”之意见（是非），以为“是非”既然“隶属”于“人我”，则有“人我”之“封”即等同于有“是非”。对此，《齐物论》的观点是很明确的，以为“有封焉，而未始有是非也”，即虽有人我之分，但还没有“是非”之分。原因何在呢？《齐物论》讲得也很清楚，“是非之彰也，道之所以亏也。道之所以亏，爱之所以成”，“是非”（人我意见）之成立，正是以“道”之亏损为代价，而“道”之亏损的同时就是“私己之爱”的成立，可见“是非”之成立缘由“私己之爱”，是在人我之“封”的基础上对“我”之意见之“执”。从这个意义上讲，“是非”具有一“属己”性，或可称为“属我”之见，但“是非”之分不等于就是“人我”之封。“是非”（意见）之“属己”性突出的是“是非”之“身份”从属性，而非如佛教之“我执”，这是涉及“知”的“属己”性。从思想史的角度看，庄子是最早在知识论层次上处理“知”之“身份”归属性问题的。

如前文已述，“己”（自我）乃是早期中国哲学的一个重要概念，通过己/人之分的设置，伦理主体的自觉意识凸显出来，孔子的“忠恕”之道明示了此点。“己”（Self）之作为“自我”，其独特性在于，其虽使“个体”（Individual）脱逸于单纯对“社会性身份”的归属状态，但其并非一内在意识之“我”（Ego），而仍是一“身份”。比照个体之社会性身份，“己”乃是一抽象化的自我身份。每一个体均有其外在个别性“社会身份”归属，譬如一位艺人或一个农夫，这是可以纳入到一个外在社会分工评价体系中的；而“己”这一“抽象身份”，由于是“内在”于个体，故难对其作简单的归类处理。缘此，我们以为一个体自我实具有两个层次的自我身份：“己”之抽象身份与“社会归属”之具体身份，前者可落实为后者，但不可还原为后者。个体两个身份的说法或可比拟于社会心理学家米德（George H. Mead）之区分“自我”为“主我”/“客我”两个层次[1]，区别在于，个体两个自我身份的表述是一社会学立场，而两个自我的划分则是心理学的视角，尽管米德的社会心理学立场强调“自我”只能从社会过程中产生。与此个体自我身份对应的是，个体所具之知识亦可分为两类：己知与专知。所谓“己知”，是指基于个体之抽象身份“己”而给出的知识，其具有根本性的“自我立场”——“属己”性。作为一“整体”立场之知，每一个体之“己知”

〔1〕 参见乔治·H.米德著，赵月瑟译：《心灵、自我与社会》，上海：上海译文出版社，1997年。

不可与“他人”之“己知”完全通约[1]。而个体之“专知”乃是在社会分工体系下的知识分配,其具有一公度性与可评判性。在广义上,己知与专知均为一个体自我所摄,故同为“自我知识”,在此则因“己知”所具的根本“属己”性,而特指己知为自我知识。这样的处理,与早期儒家之区别为己之学/为人之学是相应的。不妨说,这里所讲的“己知”(属己之知)约可等同于士人亟求之“为道”,其为一“自我精神修炼”之知;而“专知”似可对应于“为学”,乃“应俗安身”之知。[2]由于“士”个体因具己知与专知两个维度,故在“个体”之知识形态的定位上即有两个朝向的可能,正与战国后期“知识人”的“通儒”/“专士”形态相对应。

“己”之概念为早期儒家最早标识、彰显,为己之学/为人之学的区分也反映了儒家对自我知识的思考,然将“己”与“知”特别联系在一起,进而展开对“己知”(自我知识)的知识论探讨,则是战国中后期诸子辩论引发的思想主题,其中道家于有力焉,尤其是庄子,其知识论的核心议题乃直指“己知”(自我知识)的不可判定性(无确证性)[3],故提出一个“无己”的概念(所谓“至人无己”)。显然,作为一精神修炼者,庄子不是要否定“为己之学”(为道)的意义,而是要以“无己”反思真正的“为己之学”的本源基础。毋宁说,庄子实在原有为己之学/为人之学的基础上,再对“己知”作一对象语言/元语言的区分,从而将“己知”自身置于反思之状态。面对议论不已、异见频出之战国知识界,庄子并不再给出一个自己的“意见”。在庄子看来,任何一种意见,无论其承认与否、是否自觉,均是一种己知(自我知识),是一种基于“自身”立场/前见而给出的“判定”,其最终均难逃“师心自用”之指责,所谓“夫随其成心而师之,谁独且无师乎?奚必知代而心自取者有之?愚者有焉”[4],故其否认“辩”的有效性。

无疑,在己知自身的范围内,作为自我知识的判定是有效的,只要此判定相应于此知识主体。譬如梦者呓语,翳者二视,其知于醒者、明者来说不可理喻,而于梦者、翳者不为虚幻,但为真实。如此而说,并非给狂言者开脱,为妄

[1] 波兰尼(Michael Polanyi)所提出的“个人知识”(Personal knowledge),乃是相对于知识的“客观主义”立场,特别强调“知识”形成中的个人立场参与:个人性、默会性与信念寄托。见氏著,许泽明译:《个人知识——迈向后批判哲学》,贵阳:贵州人民出版社,2000年。相对于波兰尼“个人知识”论突出了“知识”的个人信念框架结构,本书给出的“己知”是要说明“自我”知识的独立、不可让度,以及不同“自我”知识之间的调停关系。

[2] 通过两种身份之知的设置,我们可以对贯穿整个中国思想史的“二知”作一系统性的处理,譬如汉语佛学之辨析真谛之知/俗谛之知、理学之讨论德性之知/见闻之知。

[3] “确证”(Justification)概念是当代知识论的核心概念,即把知识看成确证的真信念。见陈嘉明著:《知识与确证:当代知识论引论》,上海:上海人民出版社,2003年。由于“己知”的个体亲证性,知识的“确证”问题在早期中国思想中先行给出。

[4] 《庄子·齐物论》。

语者饰美，因为梦者/翳者异于狂言者/妄语者，前者之心理意向诚而无欺，后者则伪而不真，故前者之知识判定相应于判定主体，不失有效，而后者非是，故无效用。虽然如此，梦者/翳者之知究非真实，此非他，缘其但止于心理意向之"诚"，未及反思之"诚"，故未能对作为"判定"的"己知"进行"再判定"，此所谓不"自知"也。不自知者何只病人/梦人，常人不自知，亦成梦者/翳者，此诚庄子所谓大梦者。故在庄子看来，不自知并非殊情，实乃常态。为走出自我知识的洞穴，我们只有诉诸公共性的辩论，因为在辩论中，不同的"己知"遭遇到判定有效性的危机。不过庄子并不认为辩论是一有效机制，会对不同"己知"的有效性予以判别鉴定。[1]个中原因在于，论辩双方均是"是其所是而非其所非"，持守己之立场而不变，即便作为评判方的第三者，其亦不改其是"己"之立场。"辩者"的"是己"指示了个体对"己知"本身的非反思性，若是，则愈辩而愈"是己"。为此，庄子给出的解答是，"不辩"：是彼之所是而非彼之所非。通过圣人的"和之以是非，而休之乎天钧"的"两行"之法，肯定对方之自我知识。这一肯定，不是复述，而是语境转化。因为当相应于知识主体A的自我知识"X"，亦成为对立方B的自我知识时，B是在第二序列上接纳"X"，在这第二层次上，B原有的自我知识"Y"与"X"并存。第一序列与第二序列的关系即是庄子所讲的世俗层次与道层次，其是对儒家为人/为己之域的演绎，知识主体在进入到道层次，即"齐物"，对小/大之辩予以消解。[2]

显然，庄子以"是'是'而非'非'"之态度处置对立之"己知"，其意在去除己之"成见"，使得"师心"不再。庄子再三申以"虚心"、"坐忘"之术，正在于此。不过我们更注意到，庄子之去除"己知"之立场，并不仅仅是出于认识的"自然化"的考虑(尽管这也是很重要的方面)，其有一个社会批判维度，即通过反思一个体之"己知"，进而思考一个体是否应成为人"材"，这就呼应了我们前面所讲的个体的双重自我身份，也对应于儒家提出的为己之学/为人之学的概念。对庄子来说，"己知"并非是实体性的，而其实是一"形成"后的状态，故有一"历史性"。"知"之成为"己知"，即是成为"已知"(成知)，二者是相辅相成的。知成为"已然"的状态，也就是封域自限的开始，知由此即成一"己知"。故不妨说，庄子之己知与已知乃是从不同角度对"己知"之自闭予以刻画，己知是明其身份意识，已知则是说其"历史性"、"给定性"。个体对"己知"的"已知"性(历史性)若缺乏反思，而定执一"己"之身份，则"师心自用"而不

〔1〕如于连(François Jullien)特别指出，以庄子为代表的中国哲学是反对辩论的。见氏著，闫素伟译：《圣人无意——或哲学的他者》，北京：商务印书馆，2004年。

〔2〕麦金太尔(Macintyre, A.)在谈到"诸种互竞互争的正义和合理性"时，区分了两种对不同传统论辩之"介入"方式，指出作为"探讨"的后者介入以"第二门第一语言"的方式拥有了一种外来文化概念。见氏著，万俊人、吴海针、王今一译：《谁之正义？谁之合理性？》，北京：当代中国出版社，1996年。此"第二门第一语言"颇可与庄子的"两行"策略作比较。

觉，其所作之意见判断实是依于“已知”，是“有待”。个体之处于“有待”之知状态，实指个体的“已知”为“为人”之“专知”所摄，故个体表现出“有用”之材，以待匠人之斧。个体要避免匠人之斧入林，当示之为“无材”之木，“无材”非是“资源”，故不可用。“人”之不可用，则“已知”无有“交换”的价值，故非是“有待”。知之无待，即“已知”无有所依，实否定了“已知”之立场性。

换言之，“已知”可以有一“己”之身份，而去其“己”之立场，此“吾丧我”之谓与？正是藉此“无己”之“己”(所谓“至人无己)，则“己”也就不受匠人之戕。

2. “守胜”之心

“是非”具有一根本的“属己”性，故“是非”之争意在维护“己见”的合法性。相较于对“属己”之名、之物的维护，“士”阶层内部对“属己”之“知”的维护要甚而过之，此无他，缘于“士”之“已知”与权力系统的意识形态诉求有着内在关联，“是非”之争非“清谈”也。然若再深究之，则“是非”之争的“意识形态”性又非局限于“狭义”，而是“广义”的，即是对个“我”身份的维护，其深刻表现在“胜人扬己”之心，这就关联到上文对彼我与是非的分别。

如前所说，人我(彼我)之“封”(分界)要先于“是非”之有，“是非”之成立缘由“私己之爱”，是在人我之“封”的基础上对“我”之意见之“执”。从人类心智演化角度看，“彼我”之分乃是人类承袭动物之心智能力而来，只是更加“自觉化”，而“是非”之争乃是为人类这一“灵长类”动物所特有的，此缘于惟有人类才有所谓的“知识”、“意见”。故此，意见之争可理解为“彼我”之争在一个更高领域的表现，其得以发展正是以“限制”彼我之间更直接的“具身”之争为前提的。恰如文明世界战争之发生，一般情形下，敌我双方在战前是要竭力避免“战争”，故要以种种“言辞”说理之方式来照会，调停矛盾冲突，一旦“理论”无效，即诉诸武力，此即所谓“先礼后兵”。不过“先礼后兵”只是一文明的“程序”化而矣，其避免的是“冲突”的两败俱伤，而并未根本消除个“我”间的“敌对”，毋宁说：“兵”只是一展开的显性“战争”，而内在的“心理”之争(心斗)从未消除。原因在于，虽然人类之心智演化发展出更抽象的观念世界，抑制了彼我直接的“具身”之争，但同时也向内发展出一更具“自身”性的心理世界，从而“自觉”地强化了“彼我”之分。这样，“是非”之有虽然继“彼我”之“封”而起，而“彼我”之心的“固执”已使得“心斗”常态化。

在《齐物论》中，庄子向我们特别展示了“机心”之“浮世绘”：“其寐也魂交，其觉也形开。与接为构，日以心斗。缦者、窖者、密者。小恐惴惴，大恐缦缦。其发若机栝，其司是非之谓也；其留如诅盟，其守胜之谓也，其杀如秋冬，以言其日消也；其溺之所为之，不可使复之也；其厌也如缄，以其老洫也；近死之心，莫使复阳也。喜怒哀乐，虑叹变慹，姚佚启态。乐出虚，蒸成菌，日夜相代乎前，而莫知其所萌。”庄子不愧是心理学大师，此段文字将个我“日以心斗”以“守胜”之情状刻画得如此细致生动，真是“读心”有“术”。个“我”身份维持之最后心理防线即是“守胜”之心,如何在与他者之“心理”战中胜出,获一“优势”感,此实是个“我”最终得以安立之根本。缘此,作为“属己”之知,“是非”之争乃是一“表现”出的“竞争”,而主控此“竞争”的实是内在心理的“守胜”之争。这是一场“无声”的“博弈”,然其对心力之消耗是巨大的,以致于种种“心理情感”回环更替,莫知终始。在“心斗”中,个“我”或主动出击,在言辞上展开“是非”之辩,或沉默以对,“按”而不发,随着“心斗”格局之变化,“心”之“情态”亦婉转起伏,个“我”或因“胜”而“喜”,或因“输”而“怒”,或得意轻狂,或叹息忧伤。这样一种心理变化之曲线图非心理主体所能规划,“读心者”亦难以预计,而其作用机制则如同“乐出虚,蒸成菌”,乃是必然的。处于“日以心斗”中的个“我”为此心智机制所控,而无有反思意识,就这样日复一日、年复一年地运转下去,虽然疲于奔命,“终身役役而不见其成功”,而无能转出此“循环”之圈,反倒“屡败屡战”。在庄子看来,此一“芒”之状态真可谓哀哉。

个“我”之“守胜”之“心”乃是“彼我”之分在“心理世界”上的落实,其实质即在“辱人”以“扬己”。不过在庄子看来,所谓的个“我”之心其实是不脱离“心理”构成而“自在”的,故此“辱人”之心未必可理解为主体“我”之有意识地“使动”其“心”,相反,“辱人”之心很可看成是一“不自觉”的心理作用之结果。确切地说,就是“师心自用”而致。我们首先来看庄子对“我”之“使动”心之“情态”,所谓“非彼无我,非我无所取。是亦近矣,而不知其所为使。若有真宰,而特不得其朕。可行已信,而不见其形,有情而无形。百骸、九窍、六藏,赅而存焉,吾谁与为亲?汝皆悦之乎?其有私焉?如是皆有为臣妾乎?其臣妾不足以相治乎?其递相为君臣乎?其有真君存焉?如求得其情与不得,无异损乎其真”,其中“彼”者,注家多从成玄英解为“自然”,实此处语境未及“自然”之义,刘武正之为“情”,即上段所述之种种心理“情态”。依之,则“非彼无我”实指个“我”之心乃是由种种“心理”情态构成。当然我们也可另作“他”解,似乎亦可成立。既然,庄子已谈到“彼我“(人我)之分,则此处之“彼”即是相对于“我”之“他者”,正是在与“彼”的对待中,“我”得以成立。而在“我”成之后,方有“我”心之选择,形成一“心理”之“趣向”,此即“使发”之情。故此,由于“我”之“成”立,围绕“我”而构成之“心”即为“成心”,刘正释之曰,“成心,言已发动而成为情意之心也,即心已为情所胶着也”。不过,虽然“情”乃是由“我”心之“趣取”而成,其关系可谓“近”矣,然“我”心对“情”之“使发”并不知觉。换言之,“我”心但是一功能之“施行者”,其只是本能“自动”地“使发”情,而对之并无有一自觉意识。也正因为如此,“我”心虽“司”情之“发”,而非一“真宰”。实际上,庄子要指出的是,“夫随其成心而师之,谁独且无师乎?奚必知代而心自取者有之?愚者有与焉”。每一个“我”在彼我之分后,其心即成“成心”,无论其趣向如何,其总是要围绕“我”之身份而运作,即便其在作

“取舍”选择之前,也已有根本之从属立场、心理态势,这可理解为“自以为师”。每一个“我”既然是本能地“师其自己”,则也就意味着其无须以“他者”为“师”。“自以为师”,也就成“自以为是”,这是表层的意见之争的深层格局,此就根本揭示了“辱人”之心智机制:每一个“我”均是“自以为师”,也就将“他者”之潜在为“师”的可能性消解,从而不惟“贬抑”了“他者”,且潜意识地否定了与“他者”合作之必要。故人人各自为师,各自辱人又被人辱。显然,相较孟子予“士”以“无恒产而有恒心”之特权,庄子并不将“士”有所特殊化,予其豁免权。事实上,被人“辱”乃是成立于“辱人”,这可理解为“自取其辱”,但已经是更进一步:由辱人,故而自取其辱。

第二节 “师”与“士”之职能

人人均师其己心,也就意味着存在着根本性的“荣己而辱人”。如此,“荣辱”作为一“评价”,其实又非外在,而最终关乎“己”之“是我”之心。这样,我们即看到在个“我”之“职能”履行这一议题上,庄子乃在层层推进,先是否定个“我”基于“名位”而带来的“荣辱”评价,进而否定个“我”基于“肉身”而产生的“善否”感受,最后则是要否定由个“我”自身“身份”之维持而成之判天地、分彼我。天地不判、彼我不分,故得“乘天地之正”,这就引出一个“己”之“新职能”之问题。若“丧我”、“无己”意味着否定了个“我”之身份,终止其相应之“职能”,则是否意味着对“主体”的消解呢?其实并非如此。庄子既然是说“吾丧我”,是主体对自身的一种“自觉”否定,则其否定的只是与“彼”相对之“我”,而非否定“主体”本身,相反,主体倒是要“藉”此自我否定机制而达至更高之境界,故有所谓“至人无己、神人无功,圣人无名”之说。至人、神人、圣人,其名不同,其实则一,约其领域分殊,则异称,就其“自我否定”性而言,则同。无论至人、神人、圣人,其不同于对个“我”身份维持无有反思之“众人”,若“众人”之“职能”在于“我”思之固执,则“至人”之“职能”在于“无己”,即消解“以己为师”之惯习。庄子由此要确立一“师道”,即以“真人”为“师”[1]。

一、真人与真知

个“我”之“知”有其固有之“属己”性,因其“有待”而非为“正知”,故实不足作为凭依。然辩者均“是其所是而非其所非”,难以给出“正知”。不过庄子虽不承认辩论的有效性,其实并未否认“正知”的可能性,关键是如何给出。既然俗人乃是“以己为师”故未达“正知”,则“不以己为师”时如何呢?“有真人而后有真知”,此庄子之解答,其给出“真人”这一人格类型,以其能达“真知”。且须注意的是,此“真人”不惟是俗人之所“师”者,同时其自身即是“不

[1] 王博先生则对“大宗师”作语义分析,以为“师”指“道”,“宗”则为“天”。见氏著:《庄子哲学》(第2版),北京:北京大学出版社,2013年。

以己为师"之典范，换言之，"真人"之有"真知"，即在于其"不以己为师"。

谈论"师道"，当以《大宗师》为根本。此篇首先分辨天人之"所为"："知天之所为，知人之所为者，至矣。知天之所为者，天而生也；知人之所为者，以其知之所知，以养其知之所不知，终其天年而不中道夭者，是知之盛也。"所谓"所为"，指行为之范围及原则。天之所为，因乎自然而为，不待乎"知"；人之所为，则是"以其知之所知，以养其知之所不知"，也就是以其"所知"，而"养"其"所不知"。如果知道此天人之"所为"的生养分界，则也就能尽寿不夭，此可谓"知之盛也"。显然，较诸"天"之"所为"，"人"之"所为"在于后天之"养"，有所凭借。然隐患在于，对天人"所为"的区别只是一抽象原则，我们如何能够有效分辨哪些是"天"之"所为"，哪些是"人"之"所为"？因为"夫知有所待而后当，其所待者特未定"，"知"乃是"相待"一作为对象的"所待者"而成，而作为"所待者"，"天人"之"身份"状况是"未定"的，所谓"庸讵知吾所谓天之非人乎？所谓人之非天乎？"何谓天人身份之"未定"？这其实是指，天人之"名"与其"所为"之实的关系非是"一定"，乃是依"知"者而定，若将"天"作为"人"，则所谓"天"之"所为"实成为"有待"；相反，如以"人"为"天"，则"人"之"所为"反成"无待"。显然，形式上的天人之辨并非是"真知"，因为这仍然是从一"外在"立场"据名而求实"，其获得的所谓的"真知"无有有效性。

由此，庄子笔锋一转，引出"且有真人，而后有真知"的惊人之语。此句看似突兀，实承上启下，指示了"知"与"人格"层次之间的依待关系："真人"才能真正辨别天人之"所为"。"真人"何谓也？"古之真人不逆寡，不雄成，不谟士。若然者，过而弗悔，当而不自得也。若然者，登高不慄，入水不濡，入火不热。是知之能登假于道者若此"。"真人"之为"真"，首先在于其"谋事"上的顺其自然而成过不念，由此而能不为外物所伤。所谓"不逆寡，不雄成，不谟士"是指"谋事"时的处置态度，按说"谋事"属于"人为"之域，当刻意而谋之，然此处展示了相反之态度：不谋。而在"谋事"之后，对于事之结局亦报以"不牵记"之态度。这样，在遭遇"外物"之域时，"真人"似乎丧失了其自然禀赋之生理局限，水火不侵，不伤于外物。这样一种叙述似乎也隐含了一因果推论：因为在"人"之域"无为"，故得在"天"之域"有为"。不宁惟是，庄子还特别将"真人"置于与"众人"对比的格局中，突出了"真人"之"特异"机能。首先是"生理"机能，"古之真人，其寝不梦，其觉无忧，其食不甘，其息深深。真人之息以踵，众人之息以喉。屈服者，其嗌言若哇。其嗜欲深者，其天机浅"，此段文字刻画了"真人"之"生理"机能之特别。无论是睡寝、饮食、呼吸等，其均属人之"生理"范围，当视为"天"之"自然"，然在此域，真人之生理表现似是"有为"，故表现出与常人迥异处。其次则是"心理"机能，"古之真人，不知悦生，不知恶死，其出不欣，其入不距，倏然而往，倏然而来而已矣。不忘其所始，不求其所终，受而喜之，忘而复之。是之谓不以心捐道，不以人助天。是之谓真人”。不悦生,不恶死,“真人”之“心理”特别在于“无有好恶”。好恶本人之常情,所谓好好而恶恶,其关乎人“我”之利害关系,然真人反是,似无“情”也。关于此点,《庄子》内篇其他篇章中颇有述及。如“有人之形无人之情。有人之形故群于人,无人之情故是非不得于身”[1],所谓有“人”之“形”,此天之所赋予,乃“造化”而成,故无可拒之;而无“人”之“情”,则指无有“人”之有为造作之好恶之情。庄子似乎要表达的是,人之“形”(身)得于“造化”天成,人之“情”亦当然,随化不居,不念得失。所以当惠子质问:“人而无情何以谓之人?”其意是以“人”之有“情”当为“人”之身份标识所在,人如无“情”,则同草木瓦石类。庄子的回答是:“道与之貌,天与之形,恶得不谓之人?”则强调“人”之“身份”乃是“造化”而“成”,其已“成”人。至于既是人,怎得无情?对此,庄子予以澄清,其云“是非吾所谓情也。吾所谓无情者,言人之不以好恶内伤其身,常因自然而不益生也”。庄子不否认,既是“人”,其自有别于无情之物处,故当有“情”。然庄子之所谓“无情”者,非此谓,实指不有“好恶”之“情”。这里庄子似乎作出了一个分别:作为心感机制的“情”与“好恶”之情。“情”者,触物而能心感者,人之演化出相应之神经系统,故得以有此心感之机制,故有“情”是必然的。至于“好恶”,则是在此心感机制之基础上,人再“刻意”而滋生对己之“私爱”。前之“情”实乃“自然”而为“天”之“所为”,可谓是“自发”[2],而后者则是“刻意”之“人为”。“真人”无情,其实就是要将后者之人为滋生之“情”抑制,令其不生,以免为其所伤身。

“真人”之辨于人天,正与上文所说的“庸讵知吾所谓天之非人乎?所谓人之非天乎?”相呼应,其“无情”之态度显示了对“以己为师”之惯习的否定,表明了其彻底的“惟道是从”的立场。换言之,“真人”是“以道为师”。在庄子看来,人之于道若鱼之于水,虽不觉之而不可暂离之,故所谓“鱼相忘于江湖,人相忘于道术”。“真人”之异于“众人”即在能自觉此点而依从于道。夫道者如何也?庄子予以了描述:“夫道有情有信,无为无形,可传而不可受,可得而不可见。自本自根,未有天地,自古以固存,神鬼神帝,生天生地。在太极之先而不为高,在六极之下而不为深,先天地生而不为久,长于上古而不为老。豕韦氏得之,以挈天地;伏戏氏得之,以袭气母,维斗得之,终古不忒……黄帝得之,以登云天……傅说得之,以相武丁,奄有天下,乘东维,骑箕尾,而比于列星。”[3]“道”是先天而“自在”,为万物之所“凭依”者,举凡上古圣人、传闻

[1] 《庄子·德充符》。

[2] 毕来德(Jean François Billeter)不从“天然的”/“人为的”(自然/文化)概念上理解天/人,而是将之视为主体活动的不同机制,“天”指必然、自发的活动,而“人”指故意的、有意识的活动。见氏著,宋刚译:《庄子四讲》,第33页,台北:经联出版事业股份有限公司,2011年。

[3] 《庄子·大宗师》。

寿者、三代名臣，其若得“道”则能获得一相应之神奇能力，超出“既有”天赋能力之限制。此文字颇似《老子》篇章中之“天得一以清，地得一以宁”，都是强调“道”之作为根本之职能。然不同者在于，《老子》重在指出“万物”自身之“职能”各有其“权限”，惟“道”之“职能”没有“权限”；而《大宗师》则突出的是“道”之作为“造物者”之“职能”。此“造物者”何解？非谓作为“上帝”之“创造者”也，而实是指“造化者”。“物”之如是而在，实非“自在”、“自来”，而是由“道”之使然。所谓“造”即“来”，“化”即“去”也，故“造物者”（造化者）即是使“物”来而又去者，此“来”即是赋其以“物”之“形”，其“化”则是脱此所赋之“形”，万物既皆为“道”所造化，“人”之为“物”，虽有“最灵”之贵，无有特殊，亦循此范。“人”之既为“道”所造化，即如《德充符》所说的“道与之貌，天与之形”，则人当明白己乃天成，非由人为。这就再次将天人问题给点示出来。其隐含的思想是：我们作为“人”，其身份之赋予乃是“道”之造化之功，也就不可“逾越”此“被造化”之身份，要“安之”，故“夫大块载我以形，劳我以生，佚我以老，息我以死。故善吾生者，乃所以善吾死也”。如若不然，如冶金之踊跃而言“我必且为镆铘”，则其为不祥之金，我则为不祥之人。

由此，“真人”者，虽非“众人”，实非“异人”，乃知此道者也。知此道者，则安时处顺，哀乐不能入，而倒悬之累解矣。

二、不越俎代庖

永恒者为“道”这一“造物者”（造化者），“真人”不过是“闻道”、“知道”者而已，其不能“永恒”，但安于生死。在由“造化”而成之“一期”生命中，“真人”与“道”之间实达成一协议：既然万物之成毁乃“道”之造化之功，而“真人”为“知”此道者，则“真人”之“职能”正在教导世间众人此理。真人不是司造化者，而是演示与开化者，此乃真人独特之职能。实际上，庄子一派是以此“象征”来定位士之职能权限所在：“士”非是直接地“治世”，而是作一“生死”问题的“专家”。士当谨守本分，而不越俎代庖。

学界在处理先秦诸子学时，均特别突出诸子学说的政治哲学维度，因为作为知识主体的“士”，其在晚周之崛起与其以“术”干“政”密不可分，故其学说有一“应世”之政治功能性。虽然如此，在具体分疏诸家之学时也或有轻重取舍，如以庄子回避政治，但未能对“学说”的“功能”作一内在机制之分析，还是有空疏不实之嫌。设若我们将“学说”的“功能”性与学派之“职能”联系起来的话，则或可有助于研究的推进。即以庄子一派而论，其主逍遥，齐万物，绝仕进，自然在在显示了此派的“在野”风格，不过“在野”就意味着“无所事事”，整日“鼓腹而游”吗？非也，不参与“狭义”的政治，并不意味着不参与整个“社会”。事实上，恰恰是在战国中期“士”之急剧分化之际，庄子一派对“士”之“职能”作出了一“坚守”：不以“士”必须同化于政治职能的“承担者”，而以为有其独立之“职能”。此一职能，抽象地说即是：“士人”当“主司”自我精神之修炼，具体而言则是“执掌”丧礼而处理“生死”问题。庄子一派重自我精神之修炼，此似是大众之言、常识之谈，不过作者在此乃是特别强调，庄子一派其实是在面对“士”之“职能”被化约，成为权力的维护者之情形下，对“士”之独立职能的捍卫。这一捍卫既是以“士”自动、自觉地退出政治领域为前提条件，同时又将“士”之职能局限在一特殊性的领域——生死问题之域——庄子一派遂成为治“丧礼”的生死问题专家。所谓的圣人也好，神人、至人也罢，无非是此一学派集团的理想“人格”而已。

首先我们看到，庄子一派竭力强调“圣人”之身份职能，以为当安于其守而不越俎代庖。“越俎代庖”，出典于《逍遥游》，文曰：“尧让天下于许由，曰：‘日月出矣而爝火不息，其于光也，不亦难乎！时雨降矣，而犹浸灌，其于泽也，不亦劳乎！夫子立而天下治，而我犹尸之。吾自视缺然，请致天下。’许由曰：‘子治天下，天下既已治也，而我犹代子，吾将为名乎？名者，实之宾也。吾将为宾乎？鹪鹩巢于深林，不过一枝；偃鼠饮河，不过满腹。归休乎君！予无所用天下焉。庖人虽不治庖，尸祝不越樽俎而代之矣。’”尧者，天下之治者；许由，隐逸之士人也。尧有“治者”（君）之名位，而自认为天下之治端在许由，故与其尸位，不如让位于许由；而许由则以名实辨之，尧有“治者”之名位，且得天下之“治”之“实”，故其名实相合。至若许由自身，其既持隐逸之名，有清修不治之实，故若代尧位，则名不符实，反倒因得此名而丧其实。最后，许由点示：庖人虽不治庖，尸祝不越樽俎而代之矣。以“君”为“庖者”，以隐逸之“士”为“尸祝”，这一说法不仅是一形象之譬喻，且有实际所指。“庖者”，司爨者也，可喻为国之执政，所谓“治大国若烹小鲜”；至于“尸祝”，则主祭祀礼仪者，其广义泛指为神职人员，而狭义上则可指为主丧礼者。在此，庄子一派很明显是将其学派之职能定位于“主祭祀”，而非实际之“执政”，故坚持不越俎代庖。实际上，我们必须明白庄子语言之“卮言”性，当许由表达不越俎代庖时，实也就意味着，“士”可以拒绝“王”之征召，有不被纳入世俗权力系统而运作的特权。

庄子一派既以“尸祝”自居，则其特别之职能何在？我们以为，其乃将职能局限于治“生死”之过渡仪式领域。从特别之临界状态言，即是处“丧礼”之域，以“生死”问题之专家自居。从日常状态来讲，庄子一派即是“心斋者”。我们首先来看前者。在《大宗师》中多有讨论“生死”、处理丧事之场景，其或发生于朋友之间，也可见于家庭内部，总体表现是生者于逝者不示悲哀，甚乃鼓盆而歌，以为此乃一“解脱”，所谓“息我以死”，其违俗逆情如此。尤其值得注意的是，在文本的叙事中，又往往穿插了孔子师弟之言行，似乎刻意制造了将庄子学派的治丧方式与孔门之法对比之图景。比如子桑户、孟子反、子琴张三人为友，子桑户亡而未葬，“孔子闻之，使子贡往侍事焉”。子贡之往，非只是来慰问，而是要治丧，对此，德清解释得很清楚：“夫子使子贡往吊，以待葬事，将尽礼也。”[1]然子贡见到的情形却是子桑户的两位至友“或编曲，或鼓琴”，且相和而歌曰：“嗟来桑户乎。已反其真，而我犹为人猗。”友死而旷达如此，此不为儒门所能理解，故子贡质问之：“敢问临尸而歌，礼乎？”显然，儒家本出身相礼，实为丧礼专家，自然不能忍受此无“礼”行为。然孟子反、子琴张胸有成竹，相视而笑以对：“是恶知礼意？”这是公然否认儒家对丧礼的理解，实即不承认孔门师弟的丧礼专家身份。子贡悻然而返，以此骇俗之事告之孔子：“彼何人者耶？修行无有，而外其形骸，临尸而歌，颜色不变，无以命之，彼何人者邪？”孔子作出了解答：“彼，游方之外者也。而丘，游方之内者也。外内不相及，而丘使汝往吊之，丘则陋矣。彼方且与造物者为人，而游乎天地之一气。彼以生为附赘悬疣，以死为决疣溃痈。夫若然者，又恶知死生先后之所在。假于异物，托于同体；忘其肝胆，遗其耳目；反复终始，不知端倪；芒然彷徨乎尘垢之外，逍遥乎无为之业。彼又恶能愦愦然为世俗之礼，以观众人之耳目哉？”庄子一派借孔子之言将自身名为“方外之人”，此定位精准。身份既是“方外之人”，则庄子一派无有“治世”之责，其“责”似但只是从乎道之造化，以所“造”（成）之暂尔之身来实现由“生”（造）到“死”（化）之“过渡”，庄子一派实是“过渡”之礼的演示者与教化者，而“丧礼”不过是此一“过渡”仪式的最后环节而已。如是，庄子一派非无“礼”也，其乃行“方外”之“礼”也。既然如此，则孔子之“外内不相及”之说有一辩护性，就弱语气言，可视为对庄子一派“丧礼”之合法性的确认，就强语气说，可看成是对孔门“丧礼”合法性的微讽。

庄子一派既以方外之“礼”以治丧，则也就牵涉出这样一个问题：此一方外之礼是局限于庄子一派范围内，还是在一更大范围施行？这一问题隐含的思考是：庄子一派在战国中期是否在一定程度上承担了司“丧礼”之职。对此问题的探讨可能还连带涉及如何理解《庄子》之学一度在秦汉“失踪”的问题。这是一个很大的问题，关于此点，《大宗师》里所讲的另一“丧礼”之例似乎给我们透露了某些信息：“颜回问仲尼曰：‘孟孙才，其母死，哭泣无涕，中心不戚，居丧不哀。无是三者，以善处丧盖鲁国。固有无其实而得其名者乎？回壹怪之。’”孟孙才居丧无礼，尤无“哀”情之表，然其于鲁国得善于居丧之名，此殆非颜回所能理解也。孔子对此予以了解释，以为孟孙才乃是真正的尽礼者，因为其能安于所化，通达死生。然在此关键的是，孟孙才之“以善处丧盖鲁国”，这自然是一个编撰的“故事”，不可坐实，但似乎也“象征”了庄子一派的“丧礼”在俗世也有相当之影响，甚至被认可。或许我们可以作一推论：战国中期庄子一派以其“丧礼”之职能而获得一制度性之合法性，形成了与儒家

〔1〕 德清：《庄子内篇注》。

之礼相竞争之格局。

庄子一派既以“过渡”仪式之演示者自居，则“丧礼”只是此一仪式的高潮或最后环节，然“日夜相代乎前”，生死实通乎昼夜，故“过渡”乃日常状态下之课业，此“心斋”之“丧我”之仪式也。在《庄子·人间世》一章中，颜回与夫子探讨了关于“斋”的问题。“颜回曰：‘回之家贫，唯不饮酒不茹荤者数月矣。如此，则可为斋乎？’曰：‘是祭祀之斋，非心斋也。’回曰：‘敢问心斋。’仲尼曰：‘若一志，无听之以耳，而听之以心；无听之以心，而听之以气。听止于耳，心止于符。气也者，虚而待物者也。唯道集虚。虚者，心斋也。’”这里突出了庄子一派以“心斋”优先于“祭祀之斋”。“祭祀之斋”是指在饮食行为上的“斋戒”，即在特定之“斋日”禁食某些事物，以使仪式参与者之心理处于一“敬”之状态，这在高级宗教及民间信仰中均是普遍存在的。《论语》中《乡党篇》其实也很详细地对孔子在斋戒中的饮食行为作了描述。至于“心斋”，庄子一派名之为“虚”，即使“心”从乎“道”而处于“虚”之待物状态。心斋，故得放弃彼我对待之“我”，此谓“吾丧我”。“吾丧我”可谓是日常所习之“丧礼”也，其即是在日常之“修习”中，意识自觉地“顺化”。正如《齐物论》所云：“南郭子綦隐几而坐，仰天而嘘，嗒焉似丧其耦。颜成子游立侍乎前，曰：‘何居乎？形固可使如槁木，而心固可使如死灰乎？今之隐几者，非昔之隐几者也。’子綦曰：‘偃，不亦善乎，而问之也。今者吾丧我，汝知之乎？’”此中，颇堪玩味的是“丧耦”与“丧我”，二者实有区别，不可混同。子綦于“坐忘”中“丧”其“耦”，“耦”者，“匹偶”也，实指下文之“形如槁木”，此乃子游对子綦修行状态之外在感受；至于“吾丧我”，则子綦“自明之辞”〔1〕，正与“心如死灰”相对。子游从“观者”角度，感受的只是子綦的“丧耦”，即与个“我”匹配之“身”的嗒然而“解”；至于子綦，其作为“行者”，才能真实体验个“我”之“心”本身之“消解”，即所谓“丧我”。因“丧耦”乃“外显”，“丧我”为“内证”，所以子游才会有问子綦“形固可使如槁木，而心固可使如死灰乎”一句。“丧我”是真实的体验，“行者”主动、自觉地使“彼我”对待中的“我”处于“丧失”状态，这其实是日常践履终极状态之“化”。“我”之被赋予“人形”，乃“道”造之功，若遗忘“道”功，则以“我”为“真宰”，必牵守此形身而不欲随道而“化”，坐忘而“丧我”，则形身不守，惟从道化。若此可云，“丧我”无非是日常化之“丧礼”，有此日常化之习，在真正遭遇“终极”之“化”时，修行者方得以从容而对，安然随化，无有一丝之勉强之意、造作之情。庄子一派真可谓将“生死”仪式如艺术般地优雅演示。

作为“心斋”之行者，庄子一派在“生死”之技术方面达到了极高之境地，确可谓“技进乎道矣”。不过庄子一派的“生死”之技、“丧礼”之术不仅仅与儒

〔1〕 刘武：《庄子集解内篇补正》。

家一派有一竞争，还存在着与传统“巫祝”之术的较量，故其技“进于道”不只是一种“形容”之说，而确乎指出此派之旨归宗趣在于“道”，而非“术”。《庄子·应帝王》一篇即以一有趣的故事形式将庄子一派与神巫的“竞争”展示出来。文云郑国有神巫季咸，“知人之死生存亡、祸福寿夭”，其相人之验灵而不爽。故此，庄子一派的“列子”为之心醉神迷，以为其师壶子未能比之，“始吾以夫子之道为至矣，则又有至焉者矣”，遂有转投师门之意。壶子以为季咸之术乃小技，为点化弟子，即同列子见季咸，以“相面”之名来验其术之高下。列子每次见季咸，即“故意”示以不同之“相”，令其相之。如初相之，“嘻，子之先生死矣，弗活矣，不以旬数矣。吾见怪焉，见湿灰焉”。壶子告列子，“向吾示之以地文，萌乎不震不正，是殆见吾杜德机也”，显然，季咸虽然把握壶子之“相”，然为壶子所牵也。壶子此后几天继之示相，先由杜德机转为生机，再又示以不定恍惚之相，令季咸捉摸不住，直至再见壶子，因难测其相而心虚逃走。壶子最后对两人的比拼还作了总结：“向吾示之以未始出吾宗，吾与之虚而委蛇，不知其谁何，因以为弟靡，因以为波流，故逃也。”显然，壶子之道完胜季咸之术。季咸虽能“相面”，然面相实由心生，若不能“原心”，则只得其末而不识本。故就生死技术而言，季咸只识生死之面相，而壶子则能以“心”而“显示”生死之相，表明其能够自如地“模拟”生死之状态，故得“出生入死”。

经此一番点示，列子始服其师，“然后列子自以为未始学而归，三年不出。为其妻爨，食豕如食人，于事无与亲。雕琢复朴，块然独以其形立，纷而封哉，一以是终”。显然，列子弃家学术本有功利之想，尚存售技营生之念，然此后则决计以修道终身。

三、师资（师生）关系

如前所说，庄子一派有“师道”之传统，此一传统与此派对“士”之“职能”独立性的强调密不可分。庄子一派既以“修道”为己“任”，甚至具体可落实为“丧礼”之执行，则较诸孔门，庄子一派师生关系有其显著之特色，其表现在：一是重“对话”，师生往往在对话中展开讨论，其中不乏学生对老师的辩难、质疑；二是师生共同体在组织形态上有一松散性，师生之间乃是因“道”而聚。

我们首先来看“对话”。庄子一派善言语辩说，《庄子》内七篇乃至整个《庄子》几乎就是由“对话”而成的“故事”，这是颇引人注目的。事实上，对话无非两种可能，一是异见者的辩论，一是师生间的讨论。从广义上讲，某人就某一问题请教他者，即构成一事实性的“师生”关系，所谓“三人行必有我师”。而一般之师生关系则是就狭义上说，是特指在某一“专业”领域，由于教导、传授某一知识、技能而形成的关系。就庄子一派来说，“道”自然是所传授之“知识”，然此“知识”既是“亲证”知识，实“得之于心而应之于手”，故非文字言辞所能传也，所谓“知者不言，言者不知”[1]。所以较诸孔门教导六艺之外尚有经典之学习，庄子一派无有“经典”之凭借。“道”既不传授，则师资相授岂非枉然？然实不应作此想也。“道”虽非相授而传，但由“心得”，然师资间的互动对话是“入道”之阶梯、前奏，藉此可助己之得道，《齐物论》中南郭子綦与颜成子游之对话即是著名之例。故此，对话于庄子一派师生关系极为重要，因为对话非止于一次性的“问答”，而有一层层推进性，且不乏波澜。“师”作为得“道”者，自然肩负指导、点化之责，然“生”亦非尽然只是唯唯诺诺，而有反辩，故“对话”引导“生”朝向对“道”的更好把握。如果我们将庄子一派的“对话”与《论语》之“语录”形式对比，颇可见其异趣之不同。

当然需要指出的是，在《庄子》内七篇中，对师生对话的描写其实有两个不同的维度，除了上述专门围绕“道术”而展开的师生对话外，还有围绕“政治”主题而展开的“事君”之“术”的对话，这在《养生主》《大宗师》等篇中颇有记述。虽然庄子一派以“方外”自居，不以治世为任，不越俎代庖，然并不表明其与“政治”毫无关涉。相反，通过“师资”关系，真人与世俗政治可迂曲地建立一种关联，此颇可以对应于《天下篇》所云的“内圣外王”之道。在此，“师”扮演的角色总是一“道”之“教导者”，“生”则是某一政治使命之履行者。如最为著名的师生关系典型为孔子与颜渊，两人在《人间世》中有一对话，主题是关于“事君”，具体内容则是：颜回入仕卫国前辞行夫子，请教入世之方。由于卫国是有名之乱邦，要降伏暴君之心并非易事，故孔子指出“先存诸己而后存诸人”，先要自修，然后可以治人。己修不及而化人，或有“好名”之过，反招“杀身”之“辱”，此已有关龙逢、比干之前鉴。至于“自修”亦有层次之分，若未达最高之“心斋”境界，则己心未化犹不可化人。所谓“心斋”，如前已述。“心斋”是治世之心智前提，师资之相授确保了弟子在入世事君时不遭“羞辱”，此与庄子一派总体拒绝参与“政治”以“免辱”的立场似有差异，不过也不能说完全有异。因为庄子一派之参与政治似仍有限制：不是作为“真人”的“师”，而是“弟子”入世，“师”只是弟子入世的“指导者”，而非“君王”的“指导者”。这样一种限制，使得“真人”与现实政治仍可保持一种“间隔”，维持其“职能”的独立性。

至于庄子一派师生关系组织形态之松散性，则也很好理解。因为“道”乃“自修”而“心得”，非由“师授”，故“师傅领进门，修行靠个人”。既然我们无法保证“学生”在某一给定期限内必然“得道”，则“得道乃返”似乎也就没有必要。“弟子”完全可以在接受“老师”的基本教导后，离师自修，至于最终是否得道则要看个人的“造化”，此亦非其师所能为也。所以我们也就能看到《应

[1] 毕来德(Jean François Billeter)特别将此“知”解作“知觉”而非“知道”，故谓“人在知觉的时候，就不曾言说，在言说时，就不能知觉”。见氏著，宋刚译：《庄子四讲》，第 14 页。

帝王》中列子经壶子点化后，返家自修，最终得道。若此，在庄子一派那里，师资之间确可谓是因“道”而集，未必一定构成一个相对封闭的修道团体，此点或可与六朝道教修道团体作一有意义的对比。事实上，如“师”只是一行“道”之“指导者”，其“职能”只在点化弟子，而不是要将“道”传之于人的话，则“师”(真人)并无有“道”之不传的焦虑，故而在庄子一派那里，后世“谱系学”意义上的师资相授关系并没有建立起来。至少同孔门之“师道”相比，庄子一派并未发展出一明晰的学说传承谱。当然这样一来，庄子一派的“真人”或可以广泛意义上的“师”自居，其可接受非弟子身份之他者的请求，为其点化，如《人间世》中的“叶公子高将使于齐，问于孔子”，如何处理“人臣之使命之难”，孔子一方面以为臣事君义也，但行之不可有好恶，进而劝之顺物之自然以致命。显然，孔子对子高之教不同于对颜回，一为“慕名者”，一为“弟子”，故对子高，特强调其之“致命”。

其实，庄子一派之重“师”乃是建立在重“友”之基础上。“师”无非是先知“道”者也，“生”为后进，当尊其师，然一旦精进入道，其与“师”则成“道友”，甚至有反转师生之可能。还是以《大宗师》中颜回与夫子之对话为例：“颜回曰：‘回益矣。’仲尼曰：‘何谓也？’曰：‘回忘仁义矣。’曰：‘可矣，犹未也。’他日复见，曰：‘回益矣。’曰：‘何谓也？’曰：‘回忘礼乐矣。’曰：‘可矣，犹未也。’他日复见，曰：‘回益矣。’曰：‘何谓也？’曰：‘回坐忘矣。’仲尼蹴然曰：‘何谓坐忘？’颜回曰：‘堕肢体，黜聪明，离形去知，同于大道，此谓坐忘。’仲尼曰：‘同则无好也，化则无常也。而果其贤乎，丘也请从而后也。’”孔子不耻以弟子为师，其与颜回之师生关系就此倒转。自然，这只是一个颇有“调侃”意味的故事，但这样的故事确实也只能在庄子一派那里才可能出现。

第三节　相与为友

一、友与相忘

庄子一派于人际关系中特重“朋友”一维。孔门其实亦重“朋友”，《论语》首章《学而篇》“有朋自远方来，不亦乐乎”显示此点。儒家之重“友”，这是出于立“己”之需要。在诸多人伦关系对象中，“友”乃是一在道德、学问以及志趣上与自我相称之“他者”，通过“友”，某一自我得到唱和、规劝。故夫子很强调“勿友不如己者”，因为“平等尊重”是“友谊”得以形成的前提，而并非是“不道德”之举。当然，孔门虽然重“友”，但朋友只是五伦之一，相较父子、君臣关系，其重要性尚在其次。至于庄子一派则不然，其极端看重“朋友”，甚至可以说将之置于诸多人伦关系之首。作出这一判断并非难事，此可通过对比庄子一派对其他人伦关系的态度看出，其中要特别区别人伦关系之事实与对人伦关系之评价态度。父子关系在庄子一派不被看重，因为在此派看来，人乃道之造化的结果，非人为之刻意所成，故其对生死如此安然接受，虽然其并不否认父子关系之存在，但对父子之情确乎淡之，所以整个《庄子》一书也甚少提及此一人伦维度。君臣关系，此亦为儒家所高度重视，而在庄子一派则竭力排斥，以为此关系非是“与生俱来”，这也对应于其方外之人的身份角色。至于兄弟关系，庄子一派不太提及，或许朋友关系已将兄弟关系涵盖。至于夫妇关系，虽是后天而成，庄子一派倒颇有述及，庄子“妻死”而“鼓盆而歌”之逆俗之举并不意味着对夫妇关系的“看低”。可以说，在庄子一派中，“夫妇”乃是仅次于“朋友”一伦者。

“朋友”是一人际关系、人伦维度，但在不同思想学派那里，对“朋友”关系不仅有着评价“态度”上的差异，且也存在一个理解视角的问题。前已言之，儒家之“友”乃是在两个独立个体之间基于相互“欣赏”与“尊重”而形成的人际关系，儒家谈“友”，特别重从己人对举角度入手，故突出了相互的“知己”性。至于庄子一派，对“朋友”的理解似乎更重“伙伴”性，即能够共同参与某一“空间”、“场域”游戏之“同行”，所以也就格外凸显了“朋友”的“相与”性，即“个我”与几个人同时成为“游戏”伙伴。自然，要加入此一游戏伙伴圈进而相与为友并非容易之事，需要相当之“心智”条件作为前提。在《大宗师》中，颇多此例。如“子祀、子舆、子犁、子来四人相与语曰：‘孰能以无为首，以生为脊，以死为尻；孰知死生存亡之一体者，吾与之友矣。’四人相视而笑，莫逆于心，遂相与为友”。在此，有一个“拣选”朋友之机制，即通过“言行”显示其通达生死一体，随顺大化者即被“确认”为朋友，所以相与为友其实也是个“我”之间交互“拣选”的过程，其评价之标准即是他们之间“不约而同”的“默契”。有此“默契”，即成朋友；无此默契，即失之交臂。也许，这样一种“默契”会被视为过于“玄乎”，但其实是非常“实在”而“有效”的。我们可以这样设想，在一个一定规模的社会空间里，个“我”之间并非完全是“熟人”，而是处于“相互不知”之状态，这虽非可以“无知之幕”比之，但对“他者”之“心”包括其兴趣、爱好、信仰、立场并不全然了解。在此情形下，要寻求一个能与已同“游”之“友”者，即要通过一定的形式发出“求友”之信息，所谓“嘤嘤其音，求其友声”。“求友”之信息自然不是通过“媒体”的途径，以“正儿八经”之形式“广而告之”的，而是在非“正式”的场合，以一种“私人”交谈的形式而发出的。因为必须警惕、提防，在一定范围的人群中，有“潜在”的“朋友”，但更多是“潜在”的“对手”或“泄密者”，故“求友”是要“试探”的。“试探者”不约而同地“发出”同样的信息，而又不约而同地“接收”到同样的信息，所以他们既是“求友”信息的发布者，又是接收者。事实上，这样给出的“求友”信息虽具有一“意义”指向，但更像是一道“测试题”，“求友”者既要测试别人，也要被别人所测试，故是“相互”测试，譬如“子桑户、孟子反、子琴张三人相与为友，曰：‘孰能相与于无相与，相为于无相为，孰能登天游雾，挠挑无极，相忘以生，无所终穷？’”此中的“孰能相与于无相与，相为于无相为，孰能登天游雾，挠挑无极，相忘以生，无所终穷？”可视为“试题”，其与前文之“孰能以无为首，以生为脊，以死为尻；孰知死生存亡之一体者，吾与之友矣”在形式是相似的，而表述内容则依语境之不同而稍异。值得注意的是，“测试题”是以“言语”形式，似“有口无心”地说出，而对“测试题”的回答不是以言语“形式”，乃是“心领神会”，故“相视而笑，莫逆于心”。通过测试者，遂相与为友。

庄子一派的“友”是一游戏共同体，其得以维系的条件可以从两个方面理解：一是朋友人数规模之限定，一是相忘无情。我们首先看前者。庄子一派之“相与为有友”往往有一人数上的标识，或是三人，或是四人、五人，过少如二人，或过多超出五人以上，均少见，这是颇耐人寻味的。显然，“道友”人数上的设定并非是任意而为，而是有其心理学与社会学意义上之意涵。从数学角度讲，“三”与“二”无有特别之别，而一旦数词与“人”结合，形成一人员“组成”形式，则产生“质”的差异：两人成“对”，三人成“群”（所谓三五成群），“群”之异于“对”也。两人关系（“对”）是最基本的人际关系，也是一切人际关系的基础。两人关系是以一特别强烈之“情感”纽带来维系的，譬如夫妇、父子，但儒家强调可以“两人”关系为基础来理解更复杂的社会关系，譬如君臣之间也要有相应之“情”要求。至于三人关系（“群”），显然更为复杂，因为从数学来讲，其可组合出六种关系形态，其中每一个体在处理与其他二者之一的关系时，要考虑到其他二者之间本身的关系，反之亦然。三人乃至四人、五人关系客观上制造了一“博弈”格局，使得在两人之间特别发展出的情感维系纽带难以特别发展出来，但由于这种“人群”之规模仍是有限的，故“同伴”之间的关系有可能维持在一“均质”状态，无有“偏向”性的“分化”，这就使得“相与为友”之“相与”成为可能。何谓“相与”？“相”显指两人相对，但“相与”不是“相互”，后者特指在一个封闭之两人关系中，而前者则是在三五而成之“群”中，“群”员之间以一“交叉”的形式两两相对，故其排斥与在此“群”之外的人员“为友”，而在此“群”内部之“结友”则是无有“偏向”性。即以《庄子》人物为例说明之，子桑户、孟子反、子琴张三人相与为友，则子桑户同时与孟子反、子琴张为“友”，而无有“偏向”性，孟子反、子琴张亦然。事实上，庄子一派所给出的这一“友谊共同体”模式是十分独特的，其既非是排他的单一“一对”朋友关系，亦非松散的“四海之内皆朋友”，后者之模式可以包容个“我”与不同他人结友之“偏向”性，也允许“我”之“友”之“友”未必是“我”之“友”，这样也就无所谓“相与”性。由于满足“相与”要有相当之条件性，故庄子一派的“友”之“群”的规模必须限定在一定人数范围内。

而与此友“群”之规模相应的是，庄子一派的“友”在心智条件上亦有极高之要求。既要做到“相与为友”，无有“偏向”性，则惟有“相忘无情”。这似乎是一“吊诡”，既然相与为友，自当有特别之情，念念牵挂，然又以为当“相忘无情”，此似不可解。对之还是必须联系“无待”之概念来处理。如前所云，个

“我”不知“真宰”之无有，不识“道”之造化，待于彼我之分，生扬己辱人之心，日以心斗，则他人者非友也，而皆为竞争者或可利用者，故“有待”之人无“友”也。个“我”若达“道”之为“造物者”，“我”之乃待“道”而在，非“踊跃之金”，故生化皆随顺之，则“彼”非“我”之竞争者、被利用者，而实同为“道”之所造化者也。在此本源意义上，彼我实为“友”也。然彼我封界，天人分判，此一“本源”共在之“友”的关系遂被遗忘，《大宗师》篇即多次以“鱼相忘于江湖”之譬说明此点。如“泉涸，鱼相与处于陆，相呴以湿，相濡以沫，不如相忘于江湖”，又有“孔子曰：‘鱼相造乎水，人相造乎道。相造乎水者，穿池而养给；相造乎道者，无事而生定。故曰：鱼相造乎水，人相忘乎道术。’”鱼乃是赖水而存活，在水中自在而不觉他，故“忘之”，无水则只能相互之间以吹水泡来暂且安慰。自然，鱼之“相濡以沫”亦属难能可贵，可称是“患难兄弟”，然此非根本之策，实苟且一时之术也，故不足依，所以“不如相忘于江湖”。显然，鱼之“相濡以沫”滋生了一“相念”之“情”，然此“情”非是一种“必要”，而是一种无奈之“剩余物”，“鱼”在江湖之中是无需此“剩余物”的。不妨再作推理，若强化此“剩余物”意识，不即是总要置“鱼”于“泉涸”之地邪？故此，真正“友”之关系应是建立于“相忘于道术”之基础上，不“念”其友，才真为其友。故在“友”之生死大化之际，庄子一派的态度是达观的，不持俗世执守存念之心，相反倒是要坚持履行对“道”之造化的依从。如子祀、子舆、子犁、子来四人为“友”，子舆示疾，子祀探疾，两人仍是在依“道”而言。子舆自我调侃：“伟哉，夫造物者以予为此拘拘也……”子祀不示哀伤而以验其临化之心境：“汝恶之乎？”对曰：“亡，予何恶也。……且夫得者，时也；失者，顺也。安时而处顺，哀乐不能入也，此古之所谓悬解也，而不能自解者，物有结之。且夫物不胜天久矣，吾又何恶焉？”

事实上，对友之“死”的处置态度是最能验修道者道心之是否。如前文所引《养生主》一故事：“老聃死，秦失吊之，三号而出。弟子曰：‘非夫子之友耶？’曰：‘然。’‘然则吊焉若此，可乎？’”秦失吊唁老聃，而无哀切之情，故为其弟子所怪。秦失的解释是：“然。始也吾以为其人也，而今非也。向吾入而吊焉，有老者哭之如哭其子，少者哭之如哭其母。彼其所以会之，必有不蕲言而言，不蕲哭而哭者，是遁天悖情，忘其所受，古者谓之遁天之刑。适来，夫子时也；适去，夫子顺也。安时而处顺，哀乐不能入也。……”秦失以此自释。其实，“相忘于道术”是一高难度之技术，要求友与友同时要“忘”，若一者忘之，一者不忘之，则不成“相忘”。一者不忘，即显“有待”之“心”，嗜欲、犹豫、相信、偏执等种种“认知”（心想）情态即有相应之“貌象”显示，个“我”显此“貌象”即露“破绽”，其虽稍纵即逝，旋为对方所捕捉，此即为他人所看轻而“受辱”，或自感有慊，心生愧意，不能与友比肩。故“友”者，互重而不辱也，因不能忘而“不自重”，即成“受辱”之情势，“友”之联盟即告瓦解。故在庄子一派，

“友”之共同体之维持要求个体自我一生“依道”而“行”，此非“世俗”之“道德”所能范围，而需要更高的“道德技艺”[1]。

二、无何有之乡

“真人”之在世，不是决然孤独的，而是可以“相与为友”的。偕友而游，此是“真人”的“游戏”。从真人个体来说，其于“游戏”无有任何功利之想。不过从一“社会组织”来说，真人之“集合”为友谊共同体还是具有一“社会学”之意义，即在此世俗社会之运作机制之外，“真人”给出了另一套心智运作逻辑。不过此一“真人”集团本身如何可能存在、运作下去呢？我们看到，庄子一派似乎同时有两个维度的思路：一是拒绝交换，只是“给予”、“馈赠”，二是示“无用”以自保。

在《逍遥游》中，庄子一派给出了“不食五谷”的“神人”形象，所谓“藐姑射之山，有神人居焉，肌肤若冰雪，绰约若处子。不食五谷，吸风饮露，乘云气，御飞龙，而游乎四海之外。其神凝，使物不疵疠而年谷熟”。“神人”是神奇独特的，其无须与“人文世界”进行交换而“自养”，因为其非但止于不“熟食”而“生食”，且根本就是“不食”五谷，即“辟谷”。自然，神人“辟谷”非是短期的，而是“修以成性”，习以为常了。当然，“不食”五谷不意味着什么都不食，其还是需要有外界能量之输入，故“吸风饮露”。常人靠“风”、“露”自然不能“滋”身，俗语“喝西北风”意谓“无东西可吃”，而“露”作为“水”亦仅可解一时之渴，实非可食之物也。然于神人，既“吸风饮露”，则其能够直接地从所谓的“无生命”的“无机之物”中提取所需之“元素”，此“神人”确乎“神”乎其“神”也。事实上，人之进化，即在将“自然”转化为“文化”，饮食制度尤显此点，结构人类学家列维·斯特劳斯对此颇有说明。“神人”既“吸风饮露”，则其能依“自然”而“自养”，也就无须通过与“他人”交换而存身，这样也就意味着对“分工”的否定。依涂尔干的观点，社会分工之必要乃在于“强化”社会合作，对分工的否定也就是指向社会分裂。“神人”无有交换，则其意似在否定社会合作矣。然我们能作出此断语，以为庄子一派之“神人”形象定然是对社会分工的否定，对社会合作的拒绝。实非可也，事实上，神人之“不食五谷”只是说明神人可以“自养”，无须事“君”以得“糊口”之资，此否定的只是与权力世界交换的必要性；相反，若承认这一“交换”，神人必然要承担权力世界所指定之“职能”，此非神人所能堪也。神人非不有“职能”定位也，只是在此权力世界之外而“自设”，其虽不与权力世界交换，而于俗世反有一“馈赠”，即所谓“其神凝，

[1] 方万全先生将庄子之“技”与“道德知觉”能力联系起来，以为“庄子所真正关心的是如何恰当地为君、为臣与自处的问题”，甚至可以说“圣人其实就是一个有高超技艺的人，其所拥有的是广义道德生活上的技艺”。见氏著：《庄子论技与道》，刘笑敢主编：《中国哲学与文化》（第六辑）“简帛文献与新启示”，第276、286页，桂林：广西师范大学出版社，2009年。

使物不疵疠而年谷熟”。因其“职能”是“自定”的，故得有此“馈赠”之用，亦可说，“神人”因让度了其“饮食”之“需求”，故得以成就其“馈赠”之“职能”。从“神人”之形象，我们依稀可见上古“巫史”集团独立于“王”之事实的“痕迹”，当然，对庄子一派来说，这样一种构拟只是“象征”手法。

“神人”之“不食五谷”毕竟是一象征，其不仅要“食五谷”，且还要“熟食”，然其既非“自耕农”，则“食”不能“自给”，必当仰他人之“给”，就此而言，神人必须接受“社会分工”，而其也当承担某一“职能”以获“糊口”之资。换言之，“神人”要“有用”。事实上，如前所述，真人集团虽在权力世界的控制范围之边缘，实际承担一“师”之“职能”，尤主精神意义上的“丧礼”以指导世人。真人点化弟子及慕名求教者，令其事君而无辱，其主导原则即为“丧我”以“顺化”。然真人既据此“师”位而履行其职能，即为“有用”，“有用”则真人亦不能豁免“受辱”，此“真人”所陷之吊诡窘境也。为免辱，庄子一派给出了一“无用之‘用’”的概念，并以“无何有之乡”而处其身。在《逍遥游》结尾部分，庄子一派集中探讨了“有”与“无用”的问题。从形式逻辑的矛盾律看，“用”即非“无用”，反之亦然，二者不并存。然于庄子一派，其特别关注“用”之“适用范围”的“有效性”问题，不考虑“用境”，并不妥当。如文本所叙述：“宋人资章甫而适诸越，越人断发文身，无所用之。尧治天下之民，平海内之政，往见四子藐姑射之山，汾水之阳，窅然丧其天下焉。”此两个故事一前一后，以前者隐喻后者也。宋人重文明制度，故贵衣冠服饰，而越人则野而朴质，不尚服装，以是贩衣冠于越地者，失其所用。同样，尧以仁义治天下，然至神人之所，其所依恃亦失去效用。此两个故事说明了文化制度有其“特殊”之“地方性”，不具“普适”性，虽有用于“此”而或失效于“彼”。这里很重要一点是指示，“物”(广义之物亦包括文明制度)之“用”与否有赖于一评价“语境”，实并无有一“用”之“定值”。接下来的两则故事则是由庄子、惠子之辩论而给出。第一则是关于“瓠子”之“用”。惠子说：“魏王遗我大瓠之种，我树之成而实五石。以盛水浆，其坚不能自举也。剖之以为瓢，则瓠落无所容。非不呺然大也，吾为其无用而掊之。”惠子苦恼于瓠子的大而无用，庄子则以宋人之“不龟”之“药”譬喻，以为惠子“拙于大用”，不知瓠子之人用，“今子有五石之瓠，何不虑以为大樽而浮乎江湖，而忧其瓠落无所容，则夫子犹有蓬之心也夫”。惠子单考虑瓠子之作为“器皿”盛物之功，未及瓠子浮水渡河之能，确乎蔽于小用。庄惠此辩，辩乎大用小用也，妙于用，则无用之物可有大用。庄子一派为何还是强调“大用”呢？因为瓠之无用，故受掊之，不能免辱，故要“示”之有“大用”。然“用”本为庄子一派所竭力避免，瓠子既有“大用”，不终有受辱之结局吗？此确乎庄子一派所思考者，故有所谓近于“才不才之间”。事实上，如前所说，在人类文化制度中，瓠子被“天然”地设定为“容器”，或盛水或舀水，然惠子之“瓠”为“五石”之“大”，其“制”远超出作为“容器”之范围，因“大而无当”，用之不“灵”，故受“无用而掊之”之辱。

“瓠”大而过其“制”，故无其用，此隐喻着“真人”超出既有体制之范围，其“职能”无所定位，故要“规划”之。故在第二则故事中，惠子以所种之樗木，不合规矩，斥之为无用，以喻庄子言论之“大而无当”。庄子一派自要坚持“大而无当”的合法性，以其“职能”自有适应领域，不可以“小用”规划之。所以说：“今子有大树，患其无用，何不树之于无何有之乡，广漠之野，彷徨乎无为其侧，逍遥乎寝卧其下。不夭斤斧，物无害者，无所可用，安所困苦哉？”“樗木”隐喻着“他者”，正因为我们不对“樗木”作有用、无用之价值判定，故任其处于“无何有”之所。由此“樗木”得以尽其天年，而“我”也在“不经意”中得此“樗木”之“荫蔽”，获此大用，然此利益非“我”刻意而求也。这样，“我”与“他者”实在相忘中各得其所，“无意识”地达成“结盟”。“无何有之乡”是庄子一派为维护士人“职能”之独立性，对一“自治空间”的诉求。

第三章　圣/王关系与认知分工论

在战国中期知识与权力的紧张博弈中，庄子一派意欲在“体制”之外确立“士”之独立职能，故在知识论上否定任何一“己知”的自明性与优先性，而以“是‘彼是’而非‘彼非’”之两行，实现“无己”之“心知”。然我们看到，在此后之战国知识界，更为突出的是另一种“权限化”策略，即不是针对“己知”的自我权限化，而是对他人之“心知”的权限化。其相应之知识论主题乃在于：如何在既有体制内，调停、整合既有差别之心知，从而生成一更大的知识系统。[1]圣人即是被赋予“兼知”特权之“知道”者，如此，在庄子一派那里圣与王的分立即转为荀子一派对圣与王的统一。

第一节　官与管

荀子一派的思想可看成是对孟子与庄子之学的整合[2]，这表现在其心知权限化模式有着浓郁的“调停”性。一方面，荀子一派重视“礼”，强调“身份”与心知的关联；另一方面，荀子一派又突出了个体“心性”修养的维度，将心知建基于个体的道德心智发展水平上，这体现于其对“道”概念的标显。

一、“人”之职能

无论我们如何评价荀子一派对“圣”与“王”关系之处理，必须承认荀子一派有极强的“政治”自觉意识。天人相分之说的关键在于在认识论上提出“唯圣人不求知天”，指示了“人”之“职能”之所在，从而确认“政治”之“域”的完全“属人”，非关乎“天”。荀子一派既突出了“政治”之“域”的独立性，也就要求政治基于“理性“原则而运作。此一“理性”即是“礼”，而政治运作的主体则是“君”(王)。

〔1〕对此，已有学者从认识论形态的演化角度予以了说明。如白奚先生指出，春秋末期至战国早期的认识论关注的是知识的来源和求知之方，而战国中期以后，则关注如何获得全面正确的认识。见氏著：《稷下学研究——中国古代的思想自由与百家争鸣》，北京：三联书店，1998年。

〔2〕倪德卫(David S. Nivison)特别指出了荀子之学的“二元性”特征，如在对语言、心的理解上，荀子同时给出了两种不同的说法，以此，其以为荀子“性恶”论显是批判孟子之“四端”说，而“大清明心”之提法则是有选择地呼应了庄子“心”的概念。见 David S. Nivison，Xunzi and Zhuangzi，Virtue，Nature and Moral in the Xunzi，Edited by T. C. Kline III and Philip J. Ivanhoe，Hackett Publishing Company，2000.

1. “人”之职能

天/人相分，这是荀子一派的重要思想，甚至可以将之视作此派的一个思想身份标识。此非虚言也，我们知道，荀子一派对庄子一派学说有一判语“蔽于天而不知人”，除去这一论断的偏见因素外，此一定位是极为精准的。若庄子一派是“蔽于天而不知人”，则荀子一派当能去其“不知人”之“蔽”。事实上，荀子一派即明确提出“惟圣人为不求知天”，其既不求知天，又无“不知人”之蔽”，则荀子一派思想实质在于“知人”。何谓知人？实即明确“人”之职能所在，不与“天”争“职”。

“人”之“职能”何在？这先要求知道“天”之职能所在。对此，《荀子·天论》有一确切的表述：“不为而成，不求而得，夫是之谓天职。”天行有常，然作为自然之域，“天”非是一“意识主体”，故其“行”不是一“有”意识之行，而是一“无”意识之“行”。虽然如此，“天有其时”，故能自然生化万物，所谓“列星随旋，日月递炤，四时代御，阴阳大化，风雨博施，万物各得其和以生，各得其养以成，不见其事而见其功，夫是之谓神。皆知其所以成，莫知其无形，夫是之谓天，唯圣人为不求知天”。“天”之“生”物不是刻意安排，时至则“功”成，故为“神妙”。在此我们注意到，荀子一派对“天”之“生化”功能的描写颇似庄子一派对“道”的处理。庄子以“道”为“造物者”，而“人”之赋形乃“道”之“造化”之功，非人之自为也，故人当顺化而为，不必执守其身。人顺造化，这其实也包含了一职能思想：“道”之职能为“造化”万物，人之职能在于自觉地“顺化”。比照庄子之学，荀子似有所进取，乃是以“天”之“职能”为“生殖”万物，而人之“职能”不是“消极”地“顺化”，而是“治”，所谓“天有其时，地有其财，人有其治，夫是之谓能参。舍其所以参而愿其所参，则惑矣”。如前已述，庄子一派在处理天/人之职能时，似乎更将之落实于“生死”问题这一特殊、专门之领域，此或与庄子一派对自身的职能定位有关，即专注于“生死”技术。荀子一派分别天/人之职能，坚持“唯圣人为不求知天”，在某种意义上限制了“人”之职能，但也在另一维度上“扩大”了“人”之职能。因为既然“唯圣人为不求知天”，不可“舍己而愿天”以与“天”争职，则“天”亦有其权限所在，不可与“人”争职。毋宁说，荀子一派通过明于天人之分，确保了“人”之职能的独立性。正如池田知久对《荀子·天论》“天人之分”的评价：“荀子通过这一工作，确保了‘天’范围之外的‘人’这一头的独立的存在意义。”[1]

“人”之职能所在即是“治”，抽象地说即是“社会治理”，用荀子一派自己的话来说即是“群”人，也就是“人事”管理。荀子一派将“人事”管理的重要性史无前例地凸显出来，其以为，人之成为人，不是“先天”给定的，而是“后天”

〔1〕 池田知久著，曹峰译：《郭店楚简〈穷达以时〉研究》，《池田知久简帛研究论集》，第133页，北京：中华书局，2006年。

之“人为”而成的，从一“人类学”视角看，“人”之“形成”乃是“合作”（群）演化之结果。故与孟子不同，在界定“人”之“特质”时，荀子一派不是单以人/兽作比，而是从一演化序列角度定位“人”，所谓“水火有气而无生，草木有生而无知，禽兽有知而无义；人有气、有生、有知、亦且有义，故最为天下贵也”（《荀子·王制》）。显然，“义”为独属于“人”之“特质”。义即礼义，也就是一套道德规范、准则，荀子一派以之为“外在”于人心，非天赋而有。因“人”有“义”，故懂得对“人”作一贵贱长幼之区别（分），定其“名分”，由于这一“分”是依据“义”之原则而作，故“分”不会招致混乱、冲突，反而会形成一种社会和谐（和），以此，“和则一，一则多力，多力则强，强则胜物”。事实上，荀子一派的立论前提是“人”的“群”性，其再三强调“人”由于在“生物”体质上的不足性，必须“群”才可过活，如“（人）力不若牛，走不若马，而牛马为用，何也？曰：‘人能群，彼不能群也’”。“人”之为“群”，这自然不是一种“假说”，不过“群”也并非是“人”之专利，昆虫学家如威尔逊等人已指出蜜蜂、蚂蚁的“群居”性，而现代古人类学及进化生物学更从生物分类学角度指出“人”非“人科”之唯一所属，与“人”同列“人科”之黑猩猩等“灵长类”的亲属与人有更相似的“群”居性。所以从学理上说，讲人的“群”性自然无有不妥，但由一般的哺乳动物牛马直接跳到“人”，完全未考虑到人类进化演进过程的漫长时段及人科树型分化的复杂性[1]，实有一论理层次上的“跳跃”性。更何况，若我们在人类“文明”的水平上来理解人的“群”性，则涉及对早期人类文明之社会组织模式的探讨，因为即便同一种组织模式，也有地区形态上的差异。职是之故，我们认为荀子一派的“群”概念过于宽泛、笼统，其只是一般性地说明“群”这一“社会合作”的重要性，而并未特别论证，是否有不同之“社会合作”形式以及这些不同“合作”形式之间的关系如何。

其实，我们也毋需奇怪荀子一派之过于狭隘地理解“社会合作”，因为此派的“合作”概念不是建立在社会学意义上的“职业分工”的基础上，而是建立在人类学意义上的“人责分工”的基础上。据涂尔干，职业分工之目的在于，通过“职能”的分化，来调停、转化人与人之间的竞争关系，如其所谓“幸亏有了分工，不然竞争对手就会把对方置于死地，不能共同生存下去”[2]；至于人责分工，自然亦是考虑人与人之间过度竞争的残酷，欲对之作一调停，然其思路不是鼓励、促进职业分工以避免过度竞争，相反是“限制”职业分工，强化

〔1〕　如日本著名灵长类学者松泽哲郎先生指出，“目前这个时代，虽然世界上仅有我们现代人（Homo sapiens，又称智人）这种人类存在，但回顾整个生物发展史，这样的情况其实相当罕见。通常在一个时代里，总是会有几个不同的人类物种同时存在”。见氏著，梁世英译，王道还内容审定，吕佳蓉编译监修：《想象的力量：心智、语言、情感，揭开“人”的秘密》，第45页，台北：经济新潮社，2013年。

〔2〕　艾米尔·涂尔干著，渠东译：《社会分工论》，第228页，北京：三联书店，2009年。

“人”之职能分配，以此达成社会合作。如此，通过明于天/人之分，实是明确“人”之职能不在“生”物，而在“分”物，也就是说，面对“给定”之“物”，人群如何依据一定的原则（“义”）进行有效“分配”。必须说明的是，于荀子一派，强调天/人相分只是指出人必须履行“人”之职能，而不可“慕天”，但并非是要取消“天”之职能，相反，行“人”职乃是为了确保“天”职之有效履行。何作此说呢？因为“人”与人之“职”虽有关联，但并不等同。作为一社会性动物，“人”乃是天赋之生物材质、生理机能与后天之社会、文化属性的混合。尽管按照马克思的观点，并无有纯粹的“自然世界”，已是“人化世界”，人的感觉等机能亦非纯粹“本能”，也包含了“属人”性，我们还是必须承认：人的“社会性”因素其实同样也受制于其作为“人种”的生物“资质”。譬如当代快速发展的神经科学更多揭示了人类认知与脑功能之间的关联。从这个意义上讲，“人”的社会性、文化性也正是建立在“人”的自然性的基础上，尽管前后二者有层次之分，不可作还原论的处理，但可以肯定的是，没有后者，也就难以发展出前者。譬如人之道德认知虽属广义之“文化”范畴，而非是纯粹的“后天”习得，实有“先天”之基础，没有“人脑”相应之神经机制的支持，道德认知难以发展出来。在此意义上，我们以为，荀子一派区分天/人不仅未否定“天”（自然/性）之职能，相反是强调“人”之职能的履行是以“天”之职能为前提，且是以此履行来成就“天”之职能。何作此解呢？我们还是通过分析荀子一派的的论题来作答吧。荀子一派有两个著名的论题，一是“性恶”说，一是“养情”说。首先看“性恶”说。在荀子一派那里，“性”其实就是“天”，所谓“凡性者，天之就也，不可学不可事”（《荀子・性恶》），确切而言，“性”乃特指“天”在“人”身上的落实，即“不可学、不可事而在人者，谓之性”。举凡人之饮食男女、好逸恶劳、穷耳目之欲、极声色之好均在“性”之范围，然荀子一派以之为“恶”非在善恶二元价值论上立论，实以之为“原始素朴”，所谓“性者，本始材朴也”（《荀子・礼论》），因性未作雕饰，故性恶可名之为“性朴”也。正因为“性”乃是“朴”，故可对“性”作一人为“伪饰”，无“朴”，何以饰之？于此可见，性/伪（天/人）虽然对立，而有一“过渡”转化关系，故云“无性则伪之无所加，无伪则性不能自美”。至于“养情”，则是“礼”之人为修饰之目的所在。情者，亦即性也，在荀子一派，情、性、欲实一也，均指人天赋之利己倾向，对此倾向，荀子一派不作否定，以之为“正常”，故其竭力批驳庄子一派及稷下宋子等家的“寡欲”说，强调如何“引导”人之欲，令其得其所，这就给出一“养欲”说：“礼起于何也？曰：人生而有欲，欲而不得，则不能无求；求而无度量分界，则不能不争。争则乱，乱则穷。先王恶其乱也，故制礼义以分之，以养人之欲，给人之求。使欲必不穷乎物，物必不屈于欲，两者相持而长，是礼之所起也。”（《荀子・礼论》）

荀子一派乃以“礼”之功能在于“养人之欲”。养“欲”，则既非“寡”欲、“禁”欲，然亦非“纵”欲，而是依循人欲（性/情）而又以“文化”修饰之、安立之，令得其所。欲、情不修饰，则“野”，也就不成其养。若此，则也就意味着“人”之职能不在于否定“天”之职能，而是使得“天”之职能得到“恰当”、“有效”的履行，最好地履行“人”之职能其实也就是最好地保证了“天”之职能之履行。所以也就不奇怪，为何荀子一派一方面强调“唯圣人不求知天”，另一方面其实很重视“天”之职能的履行，因为二者正是同一个事物的两个方面。在《天论》中，荀子一派正是如此大谈“天”之职能的履行：“天职既立，天功既成，形具而神生，好恶喜怒哀乐藏焉，夫是之谓天情；耳目鼻口形能各有接而不相能也，夫是之谓天官；心居中虚以治五官，夫是之谓天君；财非其类以养其类，夫是之谓天养；顺其类者谓之福，逆其类者谓之祸，夫是之谓天政。暗其天君，乱其天官，弃其天养，逆其天政，背其天情，以丧天功，夫是之谓大凶。”荀子一派将人之情感、知觉乃至摄食营卫均视为一先天设计的功能与运作程序，其是不待后天安排的，故于人而言，当顺其“天”性，若反之，实为“逆”性，在此我们颇可看到荀子一派对庄子一派的暗讽。庄子一派既强调“天”之“无为”，人当效“天”而“无情”，而人之情、欲等恰恰是要待“后天”之人为，故要被“限制”。如此，被荀子一派批评为“蔽于天而不知人”之庄子一派倒确是“不知人”，因为其没有认识到“人”之种种构成中的“天”的因素，而是以之为“人”。这样一来，我们倒清楚了庄荀天人之辨的实质所在：庄子一派是以有待/无待来辨天/人，故“人”之范围很广，举凡人之情欲、知觉乃至礼法制度等均属“人”，而荀子一派是从天赋/习得判天/人，故而“人”之范围只包括礼法制度等，至于人之情欲、知觉乃是“天”之就也，不属于“人”之权限。若再作推理的话，则不妨说，荀子一派乃是以围绕个“我”而展开的“为已”性作为“天”，而以个“我”在“集体”制约下的作为“人”。可见，荀子一派的天/人之辨实是“缩小”了“人”之范围，将其特别限定于“礼”之制度安设与“义”之道德规范方面，相应地则是扩大了“天”之范围，将“人”之“为已”性予以接纳。如此，行“人”之职能，乃在于更好地让“天”之职能履行。由是，荀子一派非是道貌岸然的“卫道士”，反倒是生命欲望的礼赞者，其歌颂的乃是“圣人”，“圣人清其天君，正其天官，备其天养，顺其天政，养其天情，以全其天功。如是，则知其所为，知其所不为矣，则天地官而万物役矣”〔1〕。圣人正是“最能”或“最好”地履行“人”之职能者，故其也就最好地“养其天情”。

2. “礼”与“人格”等次

荀子一派以“人”之“职能”即在依“义”而分，以达有效之“群”。这样，即便“物”有限而“欲”无穷，因“欲”各得“礼”养而“物”无有匮穷乏虞，总体可处一相对平衡状态。用经济学术语来讲，此或可名之为“分配经济学”，以区别

〔1〕《荀子·天论》。

于“生产经济学”。“人”群之依“义”而分，这个“分”，其实也就是给予不同个“我”以相应之“职能”。由于不同“职能”之给出不同于现代社会中的职业分工，非是出于“自由竞争”之结果，而是被“安排”，故此“人”之职能分工实可称为“人事”分配。那么，对不同个“我”进行人事安排，予以职能分配的根据何在呢？此就涉及“身份”的获取机制问题。在此问题上，荀子一派有其二元性，一方面其否定“封建”时代的身份“世袭”制，强调以“人”之才能表现作为人才评价标准，另一方面其又坚持“礼”与“身份”的特殊关系，以“积”礼义之程度来确认“人格”之高下。

一种社会身份（职守）总是与一种知识/技能相应，由于在西周及春秋之“封建”时代，个体的社会身份乃是“世袭”而来，所谓“世守其官”，故而某一专业知识亦是在家族内部传承，这其实是以“礼”即“习俗”、“传统”的形式确保了社会的分工[1]。“礼”的实质乃是一套社会调停机制，通过对个体予以差异性的分类，实现社会资源的分配。由于个体对其身份的认同即是对其“职守”的认同，故我们可以说个体自身的社会分工意识乃是不自觉的，其对社会分工的肯定乃是藉由遵从社会之法典、习俗的规定，间接地通过对“职守”/职业分工的认同而实现的。不同于世袭社会这种非自觉的“社会分工”意识，战国后期的荀子有自觉的“社会分工”意识的表达。一方面，荀子坚持“礼”，这表明其还是看重个体的身份标识性，并藉此为其分工理论奠定基础。不过相对于世袭社会中个体掩盖于作为职业的“类”中，荀子对个体身份的标识突出的是个体之“人格”(Personality)归属，而非“职业”归属。人格乃是个体别于他者之精神特质，与此人格相应的是个体自身内在的心智水平。这样一来，身份/职守与知识的对应关系，即转向个体之人格阶位与其内在之心智层次形成一相对应关系，确切而言，也就是说，人格之高下与其对“礼义”的习得、内化程度有关。如此，“礼”就由一外在的、给定的“身份”标识体系，转化为一“身份”获得之机制，即如荀子一派所宣扬的，圣人与众人其性恶无有不同，区别但在“积礼义”之程度而已。故荀子以一“选科”之形式将所有人都纳入选拔的范围，从理论上讲，每个人都是“候选人”，当然这也意味着每个人都是竞争者。荀子一派以此形式制造了、同时调停了人与人之间的竞争。

荀子一派既以人之身份得于“积”礼义，则以“礼义”之内化程度作为身份评价之惟一标准，罔顾其世袭之“身份”，此与“选贤”的原则是一致的，这确乎是在理论上昭示了所谓的从“世袭社会”到“选举社会”[2]的转化，如其所云

[1] 如蒙罗(Donald J. Munro)特别指出“严格的职能划分观念可能出自原始部落的习俗”。见氏著，庄国雄、陶黎铭译：《早期中国“人”的观念》，上海：上海古籍出版社，1994年。

[2] “选举社会”概念参见何怀宏：《选举社会及其终结——秦汉至晚清历史的一种社会学阐释》，北京：三联书店，1998年。

“虽王公士大夫之子孙,不能属于礼义则归于庶人;虽庶人之子孙也,积文学正身行,能属于礼义,则归之卿相士大夫”〔1〕。既然身份可以通过“学”而改变,则荀子一派极端重视“学”。《荀子》首章《劝学篇》即云“学不可以已”,以为“君子生非异也,善假于物也”。此“生”字作“性”解,指君子之异于群伦,非由“天赋”异禀,但在后天之习得,此与“性恶”论正好一致。自然,“学”非他也,“积”礼义也,而这又落实于“经典”的学习,“学恶乎始,恶乎终?曰:其数则始乎诵经,终乎读礼。其义则始乎为士,终乎为圣人。真积力久则入,学至乎没而后止也。故学数有终,若其义则不可须臾舍也。为之,人也;舍之,禽兽也”〔2〕。将“积”礼义与“经典”学习联系起来,这是很值得注意的。因为在“封建”时代,“礼”是一“仪式”原则及其节目,乃属“行为”领域,其但限于贵族阶层,不行于庶人,贵族子弟习“六艺”之学中的“礼”,其实就是“练习”、“精熟”这一行为原则,以在具体语境中作出恰当、得体之举措。从这个意义上讲,习“礼”是要把握“沟通”之原则,似与经典学习不相干涉。而于荀子一派,由于将积“礼义”之是否及程度作为判别人/兽、确立人格层次之标准,则“礼”之施行势必不限于贵族阶层而普泛于庶人,而这必然会对行“礼”之目的、功用、方式产生影响。事实上,贵族之行“礼”实即贵族之间的互动,坚持依“礼”而行乃是维系贵族阶层自我封闭性的必然要求,故其对“庶人“是排斥的。礼一旦由施行于特殊性的“贵族”阶层扩及社会大众,成为一普遍性的规范准则,则“礼”所特有的抒情达意之“交通”功能即式微,“贵族”阶层的自我维系也就难以保证。相反,“礼”一旦不再是贵族之专利,而成为大众之日用,其功能即转向对个“我”的“修饰”,所谓“礼者,所以正身也”〔3〕,实即指向“人格修养”。对此,荀子一派所论皆是,如“凡用血气、志意、知虑,由礼则治通,不由礼则悖乱提僈;食饮、衣服、居处、动静,由礼则和节,不由礼则触陷生疾;容貌、态度、进退、趋行,由礼则雅,不由礼则夷固僻违,庸众而野。故人无礼则不生,事无礼则不成,国家无礼则不宁”〔4〕。“礼”之于修养如此重要,以致于其被认为是“治气养心之术”之“门径”。需要指出的是,“礼”之“修养”异于“礼”之“交通”性,“交通”旨在“贵族”间的结盟,“修养”则意在对同质化“社会”之“秩序”的维持,所以我们也注意到荀子一派论“礼”时,最为突出“丧礼”(卒礼),因为养生送死极见“人情”之显,最有“饰情”之需,而将“封建”时代“礼”的全面性“狭窄”化了。对于“礼”之功能的这一演化,或许我们习焉不察,然对理解荀子一派的“礼论”是极为关键的。

〔1〕《荀子·王制》。
〔2〕《荀子·劝学》。
〔3〕《荀子·修身》。
〔4〕《荀子·修身》。

“人”因“积”礼义而修养其身，因其用力程度不同而有等第之高下，荀子一派即以此“人格”层次来对人之身份作一判定。荀子一派大致给出三种基本人格修养类型，即“大儒”、“小儒”、“众人”。三种“人格”各有其相应之“志”：“志不免于曲私而冀人之以己为公也，行不免于污漫而冀人之以己为修也，其愚陋沟瞀而冀人之以己为知也，是众人也。志忍私然后能公，行忍情性然后能修，知而好问然后能才，公修而才，可谓小儒矣。志安公，行安修，知通统类，如是则可谓大儒矣。”[1]显然人格修养与“志”之公私相应。至于人格与身份之对应关系，则为“大儒者，天子三公也。小儒者，诸侯士大夫士也。众人者，工农商贾也”[2]。自然，人格修养层次与人爵之位匹配，“修养”越高，则世俗之“职位”愈贵，对比孟子坚持“天爵”对“人爵”之优先性，荀子强调二者间的相应关系，透露了其圣/王一致之思维。在此也需要指出的是，三种人格与身份的对应其实并不具有一致性，天子三公与诸侯士大夫士属于“职位”的范畴，而工农商贾则为“职业”范畴，荀子一派将“职位”与“职业”并置乃是沿袭了“封建”时代的“身份”谱系描述，而未考虑战国时代日趋复杂的职业分工事实，不过其将“身份”与因“礼”而成之“人格修养”对应起来，则又体现了一种“综合”性的处理。寻绎其意，无非是强调：“身份”之确定依于个“我”之人格修养，故世袭之士/庶之别无以成立，虽然如此，“身份”仍有高下之分，“职位”对“职业”具有一“示范”与“管控制”性，这就引出下节对官/管之分的探讨。

二、官/管之分

荀子一派有很自觉的社会分工意识，此与战国中后期复杂化的社会分工事实是相关的。从宽泛意义上讲，社会分工即是“职业分化”，其不仅体现在“职业”门类本身的繁复细致倾向，也体现在“职业”自身之独立、自主性程度的强化。当然，社会分工促使职业不断分化，并不意味着社会团结破坏，相反，其以一“间接”方式促进了社会的团结。对此，涂尔干曾有相当充分的论述。当然事实是，社会分工并不是在一纯“市场”之竞争环境下展开的，其总是要受到来自政治权力、神权集团等的制约，从杜美齐尔三重职能神话理论来讲，“社会分工”（劳动职业分工）与“平民”（工商）阶层的发展有密切关联，故王权与神职（知识）阶层对平民阶层之“生产”职能的扩展有一制约或增益作用。尤其是对于战国社会来讲，“王”权之扩展与社会分工之间有一紧张的互动，荀子一派的社会分工论实以一“调停”方式平衡了政治权力与社会分工之关系，将社会分工纳入到政治职能的控制下，以“通人”统“专业人”。简言之，其模式乃是以“管”控“官”。

〔1〕《荀子·儒效》。
〔2〕《荀子·儒效》。

所谓“官”，即指“官能”(功能/职能)，一“官”总是有一职能的承担者，这于政事与认知活动均适用，因为其原理相同一致也。譬如孟子云“心之官则思”，即指“心”之功能主“思”；《左传》亦有“物有其官”之说，乃指每一“物”均有相应的主管者。一知识主体司职为何，则其“官”为何，此即我们所云的“专业人”/职业人的概念。在传统礼俗规范的职业体系中，每一个体成为“专业人”是必然的，其并不因“知”之偏狭而得一负面价值评价，相反，逾越其“知”是为“非礼”。春秋后期，知识界开启了对普遍性之“道”原则的追求，虽然专业分工更趋细致繁复，但在新的知识评价体系下，道的“普遍性”受到褒扬，而“专业人”之“狭”则遭到贬斥，这显然是对应于“士”之自我主体意识的觉醒。譬如孔子有著名的“君子不器”之说，实将“士”之根本职守与求“道”对应起来，故有“朝闻道，夕死可也”之志。不过在孔子那里，作为根本职守之“求道”与日常充任之职事并无一必然的关联，士之穷/达不定，显示了士人之道只是一道德自守之“仁”，其虽有贯彻于日常“事务”之要求，而对“事务”之专业性知识实无规范。此点在后来高扬心性的孟子那里仍然表露出来，譬如孟子致力于区别士/民、劳心/劳力、心之官/耳目之官，其在在显示，虽然“士”先天地具有“恒心”，且“心之官”又优先于“耳目之官”，然士对具体事务所要求的专业性知识还是隔离的。如果“士”满足于这一特别的“治心”、“养气”之修炼者身份，其未尝不可以隔别具体“事务“之形式展开一求道之路。揆之世界宗教史，这一做法正是高级宗教早期发展之常态，譬如印度战国时代沙门思潮之兴即是一典型。但儒家之“士”还是不满足于普遍抽象之道与具体事务之专业之知的隔别，这内在地提出了“通人”与“专家”关系的问题，荀子一派则对此在理论上予以了系统之说明。这正呼应了我们前面的说法，不可满足于空泛地以制度建设义来理解荀子的“礼”。

于荀子一派，其对“官”之说法自然沿袭，然是将“官”置于一个更大的“系统”——“管”中来处理。这一官/管模式在荀子一派那里不仅是用以理解人之认知能力，且用来把握政治职能之施设。即如荀子的天君、天官之说，“耳目鼻口形能，各有接而不相能也，大是之谓天官；心居中虚以治五官，夫是之谓天君”[1]。以耳目五官为“天官”，以“心”为“天君”，此一处理有异于孟子，其关键倒不在以“天”修饰心目之功能，而在于将心/耳目置于君/官层次中。不错，孟子亦非并置心/耳目，以之有大体、小体之别，然此大小之别只指示了“官”(功能)之领域的本末、轻重的从属关系，并未强调“心”对“五官”之“治”(管控)的地位。事实上，孟子在理解“官”时，很强调“位”的概念，“官”之司者不失其位，则“官”之实施是有效的，反之则无效。譬如“心”放则失其“位”，反

〔1〕《荀子·天论》。

从属于“耳目”之“官”，故要求“求放心”。与此不同的是，荀子强调的是“心”之管控五官的功能，故心/耳目之间实成君/臣关系。以君/臣关系把握心/耳目有何特别性呢？其实此正对应于管/官。耳目作为五官，其功能乃是单一的，因各有其限，不相混杂，故可譬喻为“专家”之“士”；而心并无一个别具体之功能，其功能但在处中虚而统摄、协调五官之功能，没有心的统摄、协调，则五官之功能亦不得发挥。对此，荀子的“心有征知”说可作一个例证，所谓“心有征知，征知则缘耳而知声可也，缘目而知形可也，然而征知必将待天官之当簿其类，然后可也”[1]。“簿”，注家有解为“簿书”、“符”、“记”等，以明其“记录”义，也有解为“薄”，通“迫”也，意为“接触”、“迫近”。[2]笔者在此取“薄”解，实谓五官之接触所缘而产生感觉印象，然必待“心”之验证而知之。这样，荀子实从认知分工角度理解人之认知能力的发展，以为正是“心”与“五官”功能的分化，使得人能够知“物”。当然，人不仅能知“物”，且能知“道”，此是后面要谈到的“心”之职能。同样，在社会职能领域，荀子认为也存在这样一个官/管模式，其所谓的“官”实即从事具体事务的“专家”，即“知物者”，而所谓的“管”实即以“部门”管理者身份示人的“官人”，即“知道者”，专家应以管理者为师。在此我们看到荀子有两个序列的安排，一是依职能领域之高下，对“官人”(师/知道者)予以等第阶位的排列，一是对“师”与“专家”关系的说明。首先是前者“序官”。荀子以“大师”、“司空”乃至“治市”、“司寇”并处同一层次，因为这些“职事”之官都是某一具体事物之掌管者，而非是某一事务之具体处理者，故均有“师”之号。在此之上，则层次依次提升，分别为冢宰、辟公、直至天王，其中冢宰之责主要在于“度其功劳，论其庆赏，以时慎修，使百吏免尽而众庶不偷”[3]，辟公乃在“论礼乐，正身行，广教化，美风俗，兼覆而调一之”[4]，天王则在“全道德，致隆高，綦文理，一天下，振毫末，使天下莫不顺比从服”[5]。显然，“官”之职责之高下与掌管事务之广狭有关，其管控之域越是具体狭隘，则其职责层次愈乎其低，反之，则越高。事实上，《王制》给出的“序官”乃是基于“君”之立场的图式，尽管这一“职官”谱系似乎是逐级而升，“君”(人主)看来不过居于此谱系之最高点，其实“君”还是具有一“特权”地位，因为“君”其实是无特别之“职能”，如果说其有所谓特定之职能的话，那么其是“以官人为能者也”，具体来说即是以“量能选官”为其职所在，这就正好对应于天君/天官之模式。

〔1〕《荀子·正名》。

〔2〕 参见王天海：《荀子校释》(下册)，第899—899页，上海：上海古籍出版社，2005年。

〔3〕《荀子·王制》。

〔4〕《荀子·王制》。

〔5〕《荀子·王制》。

以“君”为“官人”者，则“百官”为“君”所选，但为“所官”者，这样，“君”虽可位百官之列而居其首，然亦可说其非“所官”者，故不在此列，享有一“特殊性”之地位。为此，荀子特别把“君”之角色形象地比作“使人”者，“人主者，以官人为能者也；匹夫者，以自能为能者也。人主得使人为之，匹夫则无所移之。百亩一守，事业穷，无所移之也。今以一人兼听天下，日有余而治不足者，使人为之也。大有天下，小有一国，必自为之然后可，则劳苦秏顇莫甚焉。如是，则虽臧获不肯与天子易执业”[1]。人主为使人为之者，而“匹夫”则为自能为能者。何谓匹夫？匹夫一般指无“职位”之“庶民”，因无“位”而但专戮力其业，譬如农人之于田亩、商贾之于货物。这里荀子以“君”与无位之“匹夫”对比，正是特别强调“君”之无专门之“守业”，其职但在选恰当之人，委其所任。在此需要说明的是，以君但在“使人为之”，并不是说君以“任”委之于“匹夫”，而只是为了说明其与匹夫之责的差异。事实上，君与匹夫是有所隔绝，并不直接接触，二者需要通过“百官”这一中间环节才能间接关联。因为君之职能在选百官（选人），百官才各治相关领域之民（治民），而民（匹夫）则专守其业（守业）。如此看来，三者职能十分清楚，不相淆乱，百官虽有治民之务，但只是“管控”庶民，而无有“选人”之能，选人之能但在于“君”。这其实就制造了两层管/官关系，一层是君与百官之间的管/官，一层是百官与庶民之间的管/官，此两层管/官关系，荀子并用，且有时杂之。如前者，强调君道之为“能群”，核心即在“善班治人”，“天子三公，诸侯一相，大夫擅官，士保职，莫不法度而公，是所以班治之也。论德而定次，量能而授官，皆使其人载其事而各得其所宜。上贤使之为三公，次贤使之为诸侯，下贤使之为士大夫，是所以显设之也”[2]。此是君以“选官”而管控“百官”，故“君人劳于索之，而休于使之”[3]。另有“百官”与“庶民”之间的“管控”关系，这更多体现为前者作为“师”的指导性。如其云：“农精于田而不可以为田师，贾精于市而不可以为贾师，工精于器而不可以为器师。有人也，不能此三技而可使治三官。曰：精于道者也，精于物者也。”[4]作为庶民的农贾自然是专务其业，精于其事，然其再“精”，也只是在其对象范围内，止于“精于物”，不能“精于道”，故不能为此领域之“管控”者，相反，作为某一事务的“掌管”者，其虽不“精于物”，然“精于道”，故为“师”。可见，“百官”之“管控”庶民，乃在以“道”对“物”的指导性。对比两种管/官模式，除去应用领域之不同外，似在理解所谓“能”之概念上还是稍有差异：“君”乃是“使人为之”，故为非“自能为能者也”；而“百官”之为

〔1〕《荀子·王霸》。
〔2〕《荀子·君道》。
〔3〕《荀子·王霸》。
〔4〕《荀子·解蔽》。

“师”则是“不能此三技而可使治三官”。“君”之不“自能”，并不意味着其“不能”，而是若“自能”，则会陷于事必恭亲，“劳苦秏顇”之地，此虽亦可理解成广义上的“不能”(即所谓分身无术，不可能全包)，然并不必然意味着其不精通此方面之事务，故可谓“非不能也，不为也”。至于“师”之“不能”，则指其不“精通”农贾之艺，“非不为也，不能也”。为何两种管/官模式有不同之“不能”表述呢？原因其实也很简单，君与百官之关系是处理“行政”职能自身之分化，意在维护“君”之权威的同时，不令其“劳累”，所谓“之主者，守至约而详，事至佚而功”[1]，至于“师”(官)与民之关系，则是要处理社会分工的复杂化对“权力”系统的冲击，意在以“道”统摄“技术”，将社会分工维持在可控制之范围内。

虽然此管/官模式有应用领域之差异，然我们也看到，二者也有相杂而用之情形，如荀子以“君子”之标准提出所谓“贤者”、“知者”、“辨者”、“察者”之“专家”概念，以为他们均非能“遍能人之所能”、“遍知人之所知”、“遍辨人之所辨”、“遍察人之所察”，而是“有所止(正)矣”[2]。所谓知有止，即是“知”有“道”之规约，合于礼义。故此，君子相地耕稼不如农人，通货贸易不比商贾，其专业之知有不及“专家”之处，然“量能授官”，令人各当其位，物不失其宜，则为君子之独擅，非君子而不能为也。在此我们看到，此处给出的“君子”实整合了“君”与“师”之职能，但总体而言，可看成是以“师”之社会分工模式涵盖“君”之行政分工模式，以“道”来“管控”物。若此，荀子之君子之为“通人”，其不惟是一“人格”概念，且有一“认知”意涵，即君子乃是“知者”。君子虽不精一官之知，而能“管摄”诸“官”之人。以此，我们不妨说，君子之与众人正是管与官之关系，众人但得一“官”之能，故为“专业人”，而君子“总管”众“官”，故为“通儒”。[3]藉此官/管之别，荀子实将上古时代“认知”分工对“职业”的依附关系纳入到“认知”分工对“人格”(荀子所谓的“人伦”)的依附关系，这要求建立起人格、认知、职业三者间的对应关系。

三、荣辱与身份认证

在战国中期，士人之身份职能其实处于一“待定”状态，如何“免辱”，这曾经是庄子一派要思考的中心议题。庄子一派即以“大而无当”之“瓠子”为喻，意欲劝说人君，予“士”独立于权力世界之“职能”，以“结构”性地维护士之尊严。庄子一派实欲以“师”自居，保持其对权力世界的独立性。然至战国后

---

〔1〕《荀子·王霸》。

〔2〕王念孙以“正”为“止”，《群书治要》本作“有所止矣”。见王先谦撰，沈啸寰、王星贤点校：《荀子集解》(上)，第122页，北京：中华书局，1997年。

〔3〕阎步克先生从官僚政治的角度，对荀子分疏“士君子”/“官人百吏”作了细致分析，以为此反映了战国时期文明的发达、社会的分化和复杂化带来的政/道之分。见氏著：《士大夫政治演生史稿》，北京：北京大学出版社，1996年。

期,知识界之观点虽歧异分杂,而“思路”均已“演化”为对既有体制之接受。荀子之以管/官模式确立“君子”之为“师”、为真正之“知道”者之地位,实剥夺了“士”独立于体制外之特权。由此,“士”之免辱即由一“结构”性的焦虑转为“技术”性的处置,亦即“礼”之人格修养。依礼而修,则“士”获得一有效之“身份认证”,即可免辱,反之则“受辱”。事实上,对于“荣辱”问题的探讨,荀子颇关联于庄子一派,甚至不妨说,荀子真正的论辩对手乃是庄子。

荀子专门讨论荣辱问题有两处,一是《荣辱》篇,一是《正论》篇中对子荣子“见侮不辱”说的批驳。我们首先看《荣辱》篇。篇中首先列举了一些“行为”样式,以辨析君子/小人之“行为”原则,其中突出的一条便是关于行为之“勇”。荀子认为,“勇而不见惮者,贪也”,此乃小人之所务,非君子所为也,其一典型表现便是无所“顾虑”的“斗”:“斗者,忘其身者也,忘其亲者也,忘其君者也。行其少顷之怒而丧终身之躯,然且为之,是忘其身也;家室立残,亲戚不免乎刑戮,然且为之,是忘其亲也;君上之所恶也,刑法之所大禁也,然且为之,是忘其君也。”[1]自然,荀子对“斗”的关注不是要解决“青春期”的年轻人为“逞强好胜”而“打斗”的问题,而是要定义“勇者”,以禁“私斗”而维持社会秩序,这显然有强化“君”之权威的意思。在荀子看来,无所顾忌的“私斗”缘于“礼义”修养之不够,所谓以“勇”为“勇”。然在荀子看来,“勇”并非是“自明”之“善”,不有规范之“勇”则不足取也,其即列举“有狗彘之勇者,有贾盗之勇者,有小人之勇者,有士君子之勇者”,尤重在区别后二者,“轻死而暴,是小人之勇也”,而“重死持义而不挠,是士君子之勇也”,是则如同上文所云“君子”之所谓“贤者”、“知”者一样,真正的“勇者”应是“有所止矣”,知道以“礼义”节其“勇”者也。荀子之论“勇者”,其实涉及个“我”之“荣誉”问题。在“封建”时代,一个人(当然特指男人)的身份维持与其“荣誉感”是联系在一起的,一个人“勇”于无所忌惮地“斗”,能够“轻死而暴”,并非如荀子所说是“三忘”之人,也非是心智错乱者,而是要捍卫其“荣誉”。在“封建”时代,被他人所“侮”而丢其“身份”,此大“辱”也,如不回击,则是缺乏“勇气”之表现,故“勇”在其时乃是一“善”之“品质”,是被正面肯定的。然于荀子,其既已强调“君”之权威,不承认“封建”时代之“身份”体系,也就不认同这一捍卫“荣誉”的“勇斗”。为此,荀子否认打斗者的“价值评价”体系,颠覆其荣辱观念,以为其“勇斗”之行“将以为荣邪?则辱莫大焉”,即其“勇”虽意在“荣誉”,实招致“耻辱”。这其实关涉到如何理解“荣辱”的问题,即何谓“荣”何谓“辱”。荀子以为,“荣辱之大分,安危利害之常体。先义而后利者荣,先利而后义者辱。荣者常通,辱者常穷;通者常制人,穷者常制于人。是荣辱之大分也”[2]。所谓

〔1〕《荀子·荣辱》。
〔2〕《荀子·荣辱》。

“大分”，即根本区别，荀子以荣辱之根本在于行为原则之取舍，以“义”为先则“荣”，以“利”为首则“辱”。事实上，荀子也并非以“定义”之形式重新“界定”荣辱概念，而是落实到何谓荣者，何谓辱者，其理则同上面所谓“勇者”、“知者”概念一样。这样，于荀子来说，荣辱就不是关于既有身份之评价，而是对行为者之行为的评价，换言之，荣辱由人，正如梁启超所云：“《荣辱篇》论荣辱皆由人所自取。”[1]

荣辱乃由人之行为是否合礼义所致，这与孔子的“自取其辱”颇有相似之处，然仍有一辨。夫子之言“自取其辱”乃基于“自耻”概念，所谓“自耻”，即是自我主动“认同”对自身所作的贬抑评价，其意在“见贤思齐”，故夫子所云“自取其辱”实是强调因为“内心”的“不自耻”，故招致“行为”层面上他人对“己”之人格的侮辱。而无论辱人还是被辱，其都导致相互的不“认同”，有碍共同体的维系。至于荀子之以荣辱皆由人所自取，乃是指由于“行为”原则之取舍而带来的“奖惩”，其“辱”更多指一窘迫之困、刑戮之伤，即如《劝学篇》所云：“故言有招祸也，行有招辱也，君子慎其所立乎！”故“荣辱”是个“我”在“生存”竞争中采取之行为策略的结果，其指向的不是共同体的维持，而是社会秩序的稳定，这显示了荀子特别的“社会学”取向。荣辱既关乎个“我”之存亡安危，则个“我”当依“义”而行，求荣去辱，不可“恃勇”而反遭其辱，此正荀子之告戒之语。然荀子之说虽如其所“非”之“十二子”一样，“持之有故，言之成理”，其也只是一家之言，其合法性是后来取得的，对子宋子“见侮不辱”说之批驳正说明此点。在《正论》篇中，荀子对当时诸种其所谓的流行之说、世俗之学予以纠谬，其中批驳子宋子“见侮不辱”说的部分颇占篇幅，足见此说在当时的影响力，以至荀子不得不对之高度重视。子宋子，先秦两汉典籍有不同之称呼，《庄子·逍遥游》《韩非子·显学》并作宋荣子，《庄子·天下》则以其与尹文子并列，而《荀子·非十二子》则名其为宋钘[2]，名称虽异而实一人也。不同文献对子宋子之学的刻画、界说或有侧重，然大体一致。在《逍遥游》中，宋荣子作为一“虚拟”之人格形象，其境界乃是“定乎内外之境，辩乎荣辱之境”，故其以荣辱评价来自于外，不因“名”而伤其身。而在《庄子·天下》中，则对宋钘之学有一系统表说：“不累于俗，不饰于物，不苟于人，不忮于众，愿天下之安宁以活民命，人我之养毕足而止，以此白心，古之道术有在于是者。宋钘、尹文闻其风而悦之，作为华山之冠以自表，接万物以别宥为始；语心之容，命之曰心之行，以聏合欢，以调海内，请欲置之以为主。见侮不辱，救民之斗，禁攻寝兵，救世之战。以此周行天下，上说下教，虽天下不取，强聒而不舍者也，故曰上下见厌而强见也。”这里明确将“见侮不辱”归于宋钘之名

[1] 转引王天海：《荀子校释》（上册），第117页，上海：上海古籍出版社，2005年。
[2] 参见王天海：《荀子校释》（上册），第205页，上海：上海古籍出版社，2005年。

下，此与《逍遥游》中“定乎内外之境，辩乎荣辱之境”形象是相符的。至于《非十二子》，则将其名与墨翟同列而被批为“不知一天下，建国家之权称，上功用，大俭约而僈差等，曾不足以容辨异、悬君臣”。墨翟尚兼爱、非乐，不重礼仪等差，荀子以宋钘与之同归一类，显然是要强调宋钘之学对儒家礼义原则的否定这一特征，故此处虽未提及“见侮不辱”说，只为论说之方便也。

综合上述诸家文献，我们以为，荀子所谓“子荣子”即庄子、韩非子所云之“宋钘”，其在当时确乎主“见侮不辱”说，且身体力行之，荀子大张旗鼓讨伐之，实非虚张声势也。荀子之批驳分三小节，每小节先引子荣子之说，再予辩驳。第一节，子荣子之言：“明见侮之不辱，使人不斗。人皆以见侮为辱，故斗也；知见侮之为不辱，则不斗矣。”[1]将“见侮不辱”与不“斗”联系起来，这倒是联系到前面所讲的恃“勇”而“斗”的问题。子荣子以为“斗”之因在于人人都把被他人所侮当成是“耻辱”，若不把被他人所侮当成是“耻辱”，则想“斗”也“斗”不起来。在子荣子看来，“侮”是指来自他人之贬抑行为，而“辱”则是“被侮者”的感受，二者非在同一层次，并不构成一必然性的因果关系，换言之，“侮”可以成立，而“辱”不一定成立，关键是个“我”之“认知”状态，其中的核心又是“价值”观的问题。对于子荣子此说，荀子的反驳理由是：“然则亦以人之情为不恶侮乎？”荀子主情欲天性说，以为人必好利而恶害，所谓“材性知能，君子、小人一也。好荣恶辱，好利恶害，是君子、小人之所同也”[2]，故子荣子的“见侮不辱”实非关“辱”（主体认知之感受）本身的问题，而是关乎“恶”（天生之情欲）。即如倡优等滑稽者“詈侮而不斗”，非“见侮之不为辱”，也是以之为“辱”，之所以没有“勇”而“斗”，在于“不恶故也”。相反，他人之窃己之猪彘，己必不避生死而逐之，此在“恶之故也”。荀子这里倒不像一个道貌岸然的卫道者，而显示了其作为语言哲学家的可爱一面，撇开其立论是否成立，此段恶/辱之辨自是颇为有趣。人皆以人之侮己为辱，在人“情”上“恶”之，故皆有一“斗”，然倡优戏子虽以人之侮己为辱，情能堪之，而不“恶”之，故无有“斗”。倡优不“恶”，非其天赋异禀，亦非后天修养习得，“角色”使然也。倡优在演戏，而非“真实”地“生活”，其表演之目的即在“逗乐”他人，故虽受他人之“侮”，以之为“辱”，然不“恶”之，且还要“逢场作戏”、嬉笑不改。若其“恶”之，则就“当真”了，“戏”也就演不下去了，不就扫了大家的兴致吗？然而生活毕竟是生活，不是演戏，少有“侮”而不“恶”者，故荀子给出一断语：“虽以见侮为辱也，不恶则不斗；虽知见侮为不辱，恶之则必斗。然则斗与不斗邪，无于辱之与不辱也，乃在于恶之与不恶也。”[3]故荀子以为，若子荣子承认人“情”之

〔1〕《荀子·正论》。
〔2〕《荀子·荣辱》。
〔3〕《荀子·正论》。

“恶”辱，则人即便认知上能“见侮不辱”，也不能止“斗”，于事无补。

荀子为何要竭力否定“见侮不辱”说的合法性呢？因为“辱”乃是属于荣辱评价，其对社会行为有一引导、指向，若不以侮为辱，则会抹杀荣辱评价之有效性，否定“礼”之重要性，这不是荀子所愿意看到的，势必破之。故于第二节，荀子继之，以为申论当以“隆正”为根本之标准，“无隆正，则是非不分而辨讼不决”。荀子之所谓“隆正”即是“王制”，要求以圣王为师，以荣辱之分为人之大节也。为此，荀子特别区分了荣辱之义执两端，“有义荣者，有执荣者；有义辱者，有执辱者”〔1〕。此义/执大致对应于“德”与“位”，前者即指人格修养状况，后者则为现实生存境遇。故荀子以为君子可有“执辱”而不可有“义辱”，小人则可有“执荣”而不可有“义荣”，至于“义荣”、“执荣”兼有惟君子可能，“义辱”、“执辱”并得则惟在小人。显然，荣辱二端之给出乃是要解决德/位之不对应问题，维护荣辱评价的合法性。荀子既区别所谓辱之与恶之，以为虽不“辱”之而必“恶”之，则人之相“斗”是一定的，要防止“斗”，不能禁欲、除欲，而只能以“礼”养“欲”。所以荀子与子荣子立论之根本差别还是要回到对“欲”(性/情)的理解，这在论辩的第三节中表现出来。“子荣子曰：‘人之情，欲寡，而皆以己之情为欲多，是过也。’故率其群徒，辨其谈说，明其譬称，将使人知情欲之寡也。”〔2〕子荣子并不否定人之“欲求”，而是认为从人之天性来讲，其之欲求其实寡淡、有限，而非“穷其所欲”，欲之“淫”乃“过”，而“过”在于人之“认识”上的误区，亦可理解为乃是后天“意识形态”教化之结果。子荣子如此辩说，无非是承认人“情”之好利恶害，故“恶”人之“侮”己；然因为人之“欲”实寡，其之“恶”侮会被“限定”在很有限范围内，从而不会引发人之相“斗”。对此，荀子的回应是，既以人之“情”寡欲，那么如何界定欲之多寡？假如以人之耳目之欲为基本之欲而不为欲多的话，则就不能认为人之欲富贵而不欲货、人之好美而恶西施，也就是说其“欲”实无有限。荀子此处的推理似乎有问题，子荣子只是以为人情之“欲寡”，但不否认现实层面人“欲”之无节度，因为这是一个后天之“认知”(以为多)问题，而荀子只以现实人“欲”之表现反驳之，反驳并不能成立。然荀子坚持己论，以为“古之人为不然，以人之情为欲多而不欲寡，故赏以富厚而罚以杀损也”，并义正词严地对子荣子之说予以定性：“今子荣子以是之情为欲寡而不欲多也，然则先王以人之所不欲者赏，而以人之所欲者罚邪，乱莫大焉。今宋荣子俨然而好说，聚人徒，立师学，成文曲，然而说不免于以至治为至乱也，岂不过甚哉！”〔3〕

〔1〕《荀子·正论》。
〔2〕《荀子·正论》。
〔3〕《荀子·正论》。

荀子终显其卫道士之本色,其攻击子荣子"聚众讲学",散布谬论,抹黑"至世",已不复有语言哲学家之幽默,此与其三为稷下祭酒而应有之雍容大度之气颇不相配。

第二节　解蔽与兼知

荀子以管/官模式处理职能分工,设君子与众人之比,将个"我"之"职业"归属纳入精神修炼意义上的"修业"归属,以此应对由于社会分工复杂化所带来的压力。然即由其对子荣子之辩驳可以看出,荀子之学处于与其他诸子之学的紧张竞争之格局下,其自身即属于战国后期"学派"分化之产物,故如何处理"学派"分化、安置不同之学说观点实成为一"具身"之核心问题。对此,荀子的做法是,区别大清明心/蔽心,以"圣人"之"兼知"来调停众人个"我"之知的"偏蔽"。

一、解蔽

我们首先要明确的是,社会分工其实有广义、狭义之分。狭义之社会分工专指"劳动职业"的分化,即如涂尔干所云,社会分工之目的实在于以职业分化来避免个体间的过度竞争,以达到社会团结。自然,分工于个人乃是利弊兼陈。就前现代社会而言,由于分工的不断细致,一个人经年累月地致力于某一行当,日精其艺,从而成为某一领域的"专家",其工作具有不可替代性;另一方面,也正是由于分工的细致,其虽成为"专家",亦只能精于一技,而非"通家",故其必须直接、间接地依靠他人的劳动,否则生活难以为继,故自我与他者的"合作"是必然的。至于广义之社会分工,我们指之为整个社会职能之分工,如人类文明早期逐渐产生具体物资生产(劳力)与社会管理(劳心)的分工,尔后,两大领域内部各自继续分化,演生出新的职能部门与实践形式。相对而言,"劳力"之域主要是生产、流通"人"之所"欲"之"物资",其分工直接具体,且有一较直观之检验机制,似具有一"天然"之"合法性",譬如农工商之分;而于"治心"之域,分工之合法性缺乏一"直观"性且检验机制复杂,尤其是"权力"系统的自我维持性,"权力"集团对此域的分工有更强的"控制"。"学派"的形成体现了此点,"学派"作为一"思想集团",本是不同个"我"因对某一观念的共同认同而形成的,其具有约翰·塞尔(John R. Searle)所云的"集体意向性"(Collective Intentionality)。不同学派的形成,无非是不同之"集体意向性"分化而成,其根本体现了不同个"我"对世界之认识、理解的"偏向"(Inclination)性。心智"偏向"不同于"谬误",其不是一认识论意义上的"真理"概念,而是"心智"哲学意义上的心智分化、朝向概念。从进化生物学的角度看，虽然大脑半球特异化(所谓不对称性)并非是人类独有之特征[1]，但这一大脑功能特异化确实在人类大脑中最彻底地实现，其对人类认知偏向的影响是深远的。自然，人类认知的偏向性不限于在人脑的结构层面上理解，更当从人类大脑海量的神经元互动机制来看，故随着人类演进到更“个体”化层次，人类心智决策之朝向就愈发多元而非单一，“学派”的形成与人类心智在观念层次上的“偏向”有关，“偏好”什么，也就相应地演生出某一学派。自然，这里也可能存在如“职业”分工中的“竞争”问题。如前所说，职业分工是通过发展出新的职业行当，以避免“同一”行当从业者的过度竞争，同样，学派的分化也有一“竞争”，即不同“集体意向性”的较量，但其解决之道不是通过“分化”，而是“辩论”。“辩论”，其实就是不同“观念”偏好之争。而对于荀子，其在处理与不同学派论辩之时，将自身置于“无偏好”的特殊者之地位，从而赋予了己说以一特权。

荀子立论始于对“人心”之“蔽于一端”之揭示，其以为“凡人之患，蔽于一曲而闇于大理”[2]，而此“蔽”又是无所不在的：“故[3]为蔽？欲为蔽，恶为蔽，始为蔽，终为蔽，远为蔽，近为蔽，博为蔽，浅为蔽，古为蔽，今为蔽。凡万物异则莫不相为蔽，此心术之公患也。”[4]荀子将“蔽”定位为“心术之公患”，可见“蔽”是指“心”之曲知一隅之状态，因此其所列举的欲恶、始终、远近、博浅、古今，其实仅是指出“心知”[5]的某一“偏向”性，只要其心知有一偏向性，即不能使“己心”处于一清明状态，故有所“遮蔽”。荀子倒是正确指出人心均是有所“偏向”这一事实，但“偏向”本身是否即是一“负面”性因素则值得商榷。事实上，荀子也不认为“偏向”就是“蔽”，其解释了“蔽”之形成：“私其所积，唯恐闻其恶也；倚其所私，以观异术，唯恐闻其美也。”“积”，习也，即“习近”者，也就是人之心智偏向，其本身并无指责之处，关键是如何“对待“的问题。若“私”之，即所谓“敝帚自珍”，则其心智偏向即成“一蔽”，而所谓的“偏向”也就成了“偏执”之“固执己见”。不过荀子虽然指出了“蔽”非直接源于“积”之“偏向”，而是“私”之的结果，其似乎认为人心“私”之的倾向是必然的。这样一来，人心之“蔽”的关键其实不是“所积”(心智偏向)，而是“私”之这一

〔1〕 Michael S. Gazzaniga, Richard B. Ivry, George R. Mangun 著，周晓林、高定国等译：《Cognitive Neuroscience: The Biology of the Mind 认知神经科学：关于心智的生物学》，第 421 页，北京：中国轻工业出版社，2011 年。

〔2〕《荀子·解蔽》。

〔3〕 俞樾以“故”训为“胡”，“胡之言何也”。见王先谦：《荀子集解》(下)，第 388 页。

〔4〕《荀子·解蔽》。

〔5〕 本书在一般性的理论论述时用“心智偏向”之说法，而在具体论述时则依叙述之文本语境而有“心知偏向”与“心志偏向”之用法之异，“心知偏向”特别偏重于“知识论”的角度，而“心志偏向”则着重于“心理学”的视角。

伦理态度,这倒与荀子"性恶"论的立场统一起来。

事实上,这里可能要辨析"偏向"、"偏好"与"偏执"三个概念,尤其是要区别后二者。即如前面所说,人心之"偏向"是人之心智演化之产物,有其客观之中性义。而"偏好",则是对某一"偏向"的喜好、认同。在一般意义上,本书将"偏向"与"偏好"作等义使用。至于"偏执",则是以己之所好为"极"是,否定其他偏好之合法性。偏好与偏执均是在"偏向"基础上发展而出,然偏执为一"意识形态"因素,而偏好则有其合理性。因为偏好正是对人类心智演化的某一朝向的主动"确认",其以"放弃"选择其他心智路径为代价,换来了在所"偏好"之域的更"专业化"的发展。若无所"偏好",也就谈不上这样的发展。然于荀子,其显然将"偏好"混同于"偏执",突出了"偏执"的"意识形态"性,而抹杀了"偏好"之心智演化的积极意义。这样,荀子也就将"人格"修养层次上的"贪鄙"与"学派"层次上的"立论"作一同类化处理,以为均是"蔽"于一端之"偏执",故其对诸子之说的"挑剔"也就不足为奇了。如其云:"墨子蔽于用而不知文,宋子蔽于欲而不知得,慎子蔽于法而不知贤,申子蔽于执而不知知,惠子蔽于辞而不知实,庄子蔽于天而不知人。"〔1〕比较可见,人格修养层次上的"蔽"乃是蔽于"欲"名利而非"不欲"名利,譬如唐鞅、奚齐之欲权、国;而学派层次上的"蔽"则是蔽于"知"此而不"知"彼,如庄子之知天而不知人。此两种"蔽"实有区别。因为在人格修养层次上,"蔽"之所在是一单一、确定之领域"名利",对"名利"之贪婪欲求则为"蔽",与之相反的则是"仁知且不蔽",即"不贪名利",故在此领域,"蔽"之是否成为一二元选择,"不贪"即不蔽,反之则蔽。与此不同的是,在学派层次,所谓的"蔽"则是指"知"之对象范围,知"此"则不知"彼",此似乎也是一二元选择,实不然也。因为虽然知"此"则不知"彼",故有所谓"知'此'"之蔽,然"不知'此'"并不意味着"不蔽",若依荀子,要"不蔽",则应"知此知彼",这自是我们下节要谈的"兼知",然其逻辑显然已有异于人格修养之"非此即彼"的逻辑。事实上,人格修养层次之"蔽"但依"义利"取舍而分,取义则无蔽,逐利则有蔽,故其最终关乎"道德"之自觉;而学派层次之"蔽",则是"观念"演化的表现,对某一观念的偏好意味着知"此"而不知"彼",其关乎心智的"兴趣"方向,所以虽然诸派确乎有"不知之蔽",然由于学派之对立分化,其"不知之蔽"实可在学派互动中消解。就此而言,对某一观念的"偏好"乃是学派形成的内在机制,其对人类心智演化是有着积极意义的。然于荀子,其混同人格修养之"蔽"与学派观念之"蔽",似乎将后者处理成同前者一样,有"欲"是"其所知"之"偏执",正呼应于篇首的"私其所积"之语。

〔1〕《荀子·解蔽》。

荀子如此处理自然也是看到了深层一面,“观念”作为一“意见”,虽不同于“名利”,亦可成为“所欲者”,“学派”之争实“所欲”之“意见”之争,故“学派”分化本身也包含有意识形态化之因素。然于荀子,其据此则过分突出了“学派”的意识形态化倾向的消极性,完全抹杀“学派”分化的积极意义,显然是不妥的。荀子此举意欲何为呢?其目的乃在于将学派观念隶从于人格修养,以“道德”来应对“知识”分化问题,即以心知之“无偏向性”克服心知之“偏向性”所带来的“蔽”。荀子的解答方案是给出“圣人”这一人格形象。人心之“蔽”乃是必然的,因为心知有“偏向性”,然荀子给“圣人”保留了一个“空位”,令其获得一豁免“蔽”之特权。此缘何也?因其“心知”处于“无偏向性”之状态:“圣人知心术之患,见蔽塞之祸,故无欲无恶,无始无终,无近无远,无博无浅,无古无今,兼陈万物而中悬衡焉,是故众异不得相蔽以乱其伦也。”[1]“无欲无恶”,此语式表达何意呢?自然,“欲”与“恶”为对立之义,“欲”者,“好”也,“不欲”即“不好”,“恶”也,而“无欲”之相对于“欲”,则指“不有”欲,其否定的对象是作为心知“偏向性”的“欲”,而非是作为心知“偏向情态”的“欲”,故其不同于“不欲”。同样,“无恶”否定的也是作为心知“偏向性”的“恶”,而非是作为心知“偏向情态”的“恶”。以是,“无欲无恶”同时从两个方向否定了心知的“偏向性”,也就意味着“圣人”摆脱了心知之“偏向性”。但正如刚才所说的,此“双无”表达否定的只是心知的“偏向性”,并不否定心知的“偏向”,如果后者也被否定了,那么荀子所讲的“兼陈万物”就无法成立。圣人之心仅是“调停”这些不同之心知“偏向”,而不表现出一特别之“偏向性”,如此,才能“众异不得相蔽”。可见,圣人之心不同于众人者在于,其心知不陷于某一“偏向性”,而是同时兼陈种种“偏向”。在此顺便指出的是,荀子“双无”之否定式表达虽然颇似佛教中观学的“双遣”(不生不灭)表达,其实是有差异的,从心智理论角度讲,双遣是对心智之“自性化”倾向的否定,而“双无”则是对心智之“偏向性”的否定。然圣人之心知处于无偏向性状态,非是指其心无有秩序,其实其心有“衡”这一“标准”来测定种种心知之“偏向”,故而能“不乱其伦”。此“衡”非他,即“道”也。也就是说,因为圣人之“心”知“道”,故得以调停种种心知之“倾向”,使其有序不乱。然圣人之心何以能知“道”呢?荀子给出了“大清明心”的概念。

在荀子看来,心之所以能知“道”,乃在于“心”之“资质”、“能力”,即其能处于“虚壹而静”之状态,正如其所描绘的“心未尝不藏也,然而有所谓虚;心未尝不满也,然而有所谓一;心未尝不动也,然而有所谓静。人生而有知,知而有志;志也者,藏也,然而有所谓虚;不以已所藏害所将受,谓之虚。心生而

[1]《荀子·解蔽》。

有知,知而有异;异也者,同时兼知之,同时兼知之,两也,然而有所谓一;不以夫一害此一,谓之壹。心,卧则梦,偷则自行,使之则谋,故心未尝不动也,然而有所谓静;不以梦剧乱知,谓之静。未得道而求道者,谓之虚壹而静”[1]。这里谈到了人心之“虚壹而静”三方面,其核心则是“虚”,而基础则是“藏“的概念。人心总是有所“知”,将之予以“记识”(志),即成为“已知”(藏),“藏”是心知“偏向”的根本保障,若无“藏”,则所谓心知之异无以保存,实际上,“藏”本身就体现了心知之“异”,且有固化之作用。心知之藏(志)、异、动结合起来就是心知之“偏向”,然荀子虽然承认心知之“偏向”这一事实,但同时认为心可对此“偏向”再作一调停,使得心处于“虚”、“壹”、“静”之“无偏向性”状态。“虚壹而静”是知“道”的“心智”条件,依此之心,则可以知“道”,故“作之,则将须道者之虚则入,将事道者之壹则尽,尽将思道者静则察。知道察,知道行,体道者也。虚壹而静,谓之大清明”[2]。严格上讲,“虚壹而静”仅是指“心”的资质、能力,是得以知“道”的心智条件,而知“道”之心方为“大清明心”,亦即圣人之“无蔽”之心。此心之境界如其所云:“万物莫形而不现,莫现而不论,莫论而失位。坐于室而见四海,处于今而论久远;疏观万物而知其情,参稽治乱而通其度;经纬天地而裁官万物,制割大理而宇宙裹矣。恢恢广广,孰知其极?睪睪广广,孰知其德?涫涫纷纷,孰知其形?明参日月,大满八极,是之谓大人。夫恶有蔽矣哉!”[3]圣人之心大矣,无蔽矣,其处于一绝对之“明”的状态,然此之“明”乃是对“圣人”自身而言,故为“自明”,对“众人”而言,他们理解不了圣人之心,故只能“仰视”。所以杨注曰:“此皆明虚壹而静通于神明,人莫能测也,又安能蔽哉!”[4]

二、兼能

荀子赋予圣人以特权,以其心为知“道”之“大清明心”,故能“不曲知一隅”而“无蔽”。无“蔽”不仅指示了“心”之“明”性,突出了圣人之“心”的纯“观者”的职能,故能知“道”,且指出了“圣人”之“心”能“兼知”万物。就此而言,圣人之“心”乃是“兼能”[5],即既知“道”,又兼知“万物”,实为“完备”之“知者”。然这样一来,圣人之“心”的“兼能”似与我们前面所述的心与五官之管/官职能分工有所冲突,对此,我们该如何解释呢?这就牵涉到对“大心”(大清明心)与“小心”(蔽心)之职能差异的理解。

---

〔1〕《荀子·解蔽》。

〔2〕《荀子·解蔽》。

〔3〕《荀子·解蔽》。

〔4〕《荀子集解》(下),第397页。

〔5〕如倪德卫(David S. Nivison)指出荀子之“心”论的二性,心既是一“观者”,又是一“指导者”,乃是对孟庄的整合。见氏著:Xunzi and Zhuangzi , Virtue,Nature and Moral in the Xunzi,Edited by T. C. Kline III and Philip J. Ivanhoe,Hackett Publishing Company,2000.

关于心与耳目之官之职能分工，孟子已有论及。其以为心之官为“思”即心之“功能”、“所司”乃是主“思”，而耳目之官则“蔽”于“物”，若心放而移其“官”，“蔽”于“物”，则“心”失其官，因其官本在“思”而非接物。故此，在孟子那里，心之官(权能)并不“知物”，“知物”之官但关耳目，这虽然予“心”之职能以一“限制”，但恰恰是突出了“心”对“耳目”的优先地位。至于庄子，我们看到，其对“心”实有一怀疑态度。庄子显然不认同孟子“心之官则思”的积极意义，因为“心”乃是隶属于个“我”，其总是表现为一“属己”性，故在庄子看来，“心”之功能实际上只是“以己为师”，强化对“我”性的维护，其实有一意识形态化之功能。实际上，相对于孟子，庄子在处理“心”之职能时考虑的不是单一“主体”的问题，而是不同个“我”之间关系的问题，故其已涉及对不同个“我”之心的调停、整合，也就与我们前面已谈的“学派”分化与心智演化之关系联系起来，从这个意义上说，庄子之学有更待揭发的思想意涵。不过庄子的处理是以一种很吊诡的方式展开的，这可能也是其被误解的一个重要原因。其一方面认为由于不同个“我”均是“师心自用”，而辩论对于消除“己心”的“自守”性又无济于事，故强调以“丧我”之法消解个“我”之心的“有待”，另一方面，庄子的“齐物论”其实是肯定了个“我”的平等性，由于“自我知识”的不可判定性，任何一“己心”，无论其有多么显赫的身份或声称绝对的承诺，其并不比其他“己心”更具判断的自明性，由此也就赋予了任何一个“我”之“心”以一合法性，具有不被否定的“权利”，这其实是以一“隐晦”的方式确认了学派分化的合法性。毋宁说，庄子其实对个“我”之心作了两维的界定：一方面个“我”之“心”有意识形态化的自我维护性，即“守己”性；另一方面个“我”之“心”体现了一心智演化的差异，故有“齐‘物论’”之说。而庄子最后的解决之道乃是，以“两行”的方式将差异之“心”予以接纳、安顿，而不诉求一“人格化”的“己心”，所谓“至人无己”。

而对于荀子，其是要调停孟、庄的思想。也许令人惊讶的是，荀子其实首先是庄子遗产的继承者，由其“解蔽”一说可见，其是认识到“心”的意识形态维护性和心智演化之事实，然荀子虽偷师庄子，而在立场旨归上却是庄子坚定的批判者，因为其“心智”有一“妄求”，不想以“两行”之方式处理学派分化之问题，而希望一超然之“圣人”能超越意识形态化之蔽，承担调停不同个“我”之“心”的任务。为此，荀子给出“大心”(大人之心)之概念，以此形式来调整孟子对“心”职能的设定，回应庄子对“心”的怀疑。这里就有一辩说，心之官虽不“知物”，但作为并具大体/小体之“总体人”，其是“知物”的。较诸孟子，“心官”模式在荀子那里得到新的表述，因为荀子不以“心之官”只在“思”，而是定其为“知”。由此，荀子对“心”之“官”实同时作了广狭之分，以此既“限制”了心之既有之“官”，同时又“扩展”了既有之“官”。从狭义的认识论来讲，荀子以天官/天君模式严分五官/心职能，所谓“心居中虚以治五官，夫是之谓天君”〔1〕,“耳目鼻口形能,各有接而不相能也,夫是之谓天官”〔2〕,以为“心”之职能在“有征知”,是对五官应物之验知,无有“心”征,则“五官簿之而不知”。而从广义之认识论来说,“心”之职能在知“道”,至于心之实际知“道”与否,则与“心”有大/小有关。故心“知”亦有偏/全,偏知即“蔽于一端”,故只是知“道”之一“隅”,全知即知“道”。这样相对于孟子对心之“官”/耳目之“官”模式,荀子给出了天君(心)/天官(耳目)之上下关系模式。而此天君/天官模式又包含两层关系:一是天君(心)与天官(耳目)的管/官关系,即“心”为管控者,而“耳目”为具体职能之执行者;二是“心”本身有大/小、明/蔽之分,故有知“道”与知“道”之一隅之别。前者其实可看成是对君/臣之行政职能分工的隐喻,而后者则可视为对学派分化(差异观念)的调停,知“道”则调停,不知“道”(仅知“道”之一隅)则不调停,实止于知“物”。事实上,荀子关注的重点是第二层关系,这里的关键在于,荀子对“物”作了新的解释。孟子是以“物”为与“耳目”对应者,即所谓色声等“可感”者,而荀子之“物”不限于“可感”者,也可是心之“可知”者,心之大小决定了其所知为“物”、为“道”。不妨说,荀子其实是以心之知“道”/心之知“物”之形式将孟子的心官之思/耳目之蔽的对立在一个新的层面上予以调停,这就把“心”的“兼知”性给凸显出来。

在“大清明心”之“万物莫形而不现,莫现而不论,莫论而失位”的境界中,我们其实已看到心的“兼知”性,而作为一“概念”,“兼知”则是在荀子“精于道”/“精于物”之比对中给出的。所谓“心枝则无知,倾则不精,贰则疑惑,以赞稽之,万物可兼知也”〔3〕,这里所讲的“兼知”是指“精于道”者(通儒)之所能,缘其心专一于“道”,故能“兼物物”,“官万物”;至于“精于物”者(专家),但“以物物”,其知于一方,故不可为师长。在此我们必须说明,荀子文本对心之“兼知”的表述还是存有 异义性， 方面针对“精于物”者(如农贾工)之精于田市器,文本认为“有人也,不能此三技而可治三官,曰:精于道者也,精于物者也”〔4〕。依此表述,则“精于道者”实无能有精于田市器之技,正如上节对“不能”的分析一样,若此,其实无知也,为何反说其“兼知”呢?这似乎还要依赖对文句的细致解读:文句云“不能此三技而可治三官”,显明“精于道者”不有“物”知,但“可治三官”。这如何理解?“三官”应指农人、贾人、工人,即三种职能之任者,“可治三官”即指“精于道”者能管控农人、贾人、工人。联系此段之前的文句“农精于田而不可以为田师,贾精于市而不

〔1〕《荀子·天论》。
〔2〕《荀子·天论》。
〔3〕《荀子·解蔽》。
〔4〕俞樾以“精于物者也”前缺“非”字,否则语义不通。见《荀子集解》(下),第399页。

可以为贾师，工精于器而不可以为器师”，则不难推出：“精于道”者通过管控“精于物”者而“兼知”，“官万物”。若此，我们以为，“精于道”者之“兼知”不等同于其在所有关于“物”的领域都取得了“精于物”者之“物知”，而只是说其能不限于某一“物知”。事实上，荀子应是承认，在某一具体之“物知”领域，“精于物”者仍是专家，乃不可取代的，“精于道”者之优势只在于“调停”诸“物知”。而且，这一“兼知”还应理解为是知“道”者非“刻意而为”之结果，是“自然”而出的，因为“精于道”者专一于知“道”，而不专知一“物”，故由知“道”反得“兼知万物”。

以“精于道”者（知“道”者）能“兼知万物”，调停诸“物知”，自是赋予了“圣人”之“心”一豁免意识形态化之“特权”，令其得以在面对学派分化时承担一“调停者”的角色，这就扭转了庄子的致思方向。同庄子一样，荀子一定程度上是承认了学派分化的合理性，接受了不同“学说”（集体化的心智偏好）存在之事实。譬如面对诸子之学，荀子虽均以“异端”之学视之，而并不完全否定这些学说的价值。但与此同时，荀子对不同“学说”的承认又是有限制的，因为其对“分化”的认可意在否认“学说”价值的“自足性”，而并非是要强化学派分化的必要。在荀子看来，“学说”未能在分化体系下定位自我，即会走向偏于一极、蔽于一端。然在如何理解此“蔽”，如何解“蔽”上，荀子走上了一条与庄子相反之路。庄子以为问题的关键在于“心”乃是不可靠的，因为“心”总是有一“师己”性、“属己”性，故由“心”作出的“判断”乃是一“有待”之“知”，其不具有一“自明”性，若不明此点，坚持“是己非彼”，则为“蔽而不明”，对此，任何“心知”都不具有一豁免之特权。这样，唯一的解决之方就是要“无己”、“丧我”，以消解“心知”的“有待”性。然在荀子看来，“学说”之成为“蔽知”，乃是“私其所积”、“依其所私”的结果，这就涉及“心知”之性质。荀子认为，不是所有“心知”均是必然有“蔽”的，“心知”之意识形态化（所谓成“蔽”）乃在于“心”对“心知”的态度，这就引出从“时间性”角度思考“心知”——“已知”之概念。所谓“已知”，也就是心智“偏向”，亦即荀子所重之“积”，“积”即是心智偏向的累加，累加效应使得“跬步致千里”、“江流成大海”，这实揭示了有效认知必须要有一积/“已知”之基础。荀子这一对“已知”的肯定态度说明，其并不以为“已知”是构成进一步认知的障碍，相反倒是其前提。不过“已知”（积）也并不自然导向进一步的认知，“心”若“私其所积”、“依其所私”，则“已知”反成障碍，因为这一“私”即是“偏好”，则“已知”乃成“一己之知”。显然，问题的关键不在“已知”本身，而在“心”对“已知”的伦理态度。若“私其所积”，即维护、珍宝“已知”，则此知成一有蔽之“已知”。反之，若不“私”之，则“积”是一积极性因素。圣人之“心”即在于充分实现了“心”之“虚壹而静”之能力而成“大清明心”，故其所成的就不是“一己之知”，而是能“兼知”。在此我们不难看出，荀子关注“心”对“心知”的“态度”，缘此态度之不同，同一知有相反之价值评价。

就此而论，心优先于知，后者隶属于前者，事实上，荀子知识论的基础实为“心论”，其对“心”乃执一肯定性态度，而完全不同于庄子对“心”的怀疑。如前所述，庄子以“心”具有“属己”、“师己”性，即便是愚夫痴汉，其“心”实犹有所“师”，其师非他，其“己”也。故在庄子看来，“心”总是“成心”，不放弃“心”的“属己”性，“心知”均是有待。虽然如此，庄子实以此乖谬的方式为不同之“心知”的存在提供了一种庇护。

然于荀子，其既予圣人之心以特权，其目的则就不似庄子，而是要对种种“心知”作一规范、约束，令其不逾越一定范围。用我们现在的术语表示的话，即是对“学说”予以“权限化”，使其作为“部分性”因素，工具性、功能化地参与、整合到一整全、完备之知中。“心知”既然由一完整的“自我知识”权限化为一更完备之知的部分，则其既有之“身份”即失去。换言之，在学派分化体系下，“心知”价值的“自足性”地位难以维持，其价值必须体现于服务一个更大的学派系统。以此而达之完备之知其实亦是一“心知”，其是以“兼知”形式而体现之无蔽之“心知”。然圣人之心知虽“无蔽”，而其“属己”性并未消除，从逻辑上讲，其仍然面临着如何克服作为“兼知”的“心知”的“蔽”性。就此而言，庄子之“至人无己”对其构成的挑战其实始终有效。“圣人”对不同“己知”予以“分工整合”，此关联到“圣人”对自身已知之兼知/专知角色的定位。圣人“兼知”，则成就最高之“一己之知”；“因知”，则因循众人之“己知”，以“专知”形式成就最高之“无己之知”。〔1〕两种思想倾向紧密关联于战国后期思想的演进。〔2〕

〔1〕 其别于庄子者在于，庄子之“无己之知”指向个体的“自保”，而黄老之“无己之知”则是落实于社会之治理。

〔2〕 比如章学诚强调专家之学/博雅之学的区分，以为“道欲通方，而业须专一”。见氏著：《文史通义·博约下》。

第四章　战国后期心志恬淡论(一):决策

作为战国后期之思想家,荀子正面处理了认知分工问题,而其工作亦特别表现出一种调停性:一方面其承认"专业"之知(精于物)的合法性,另一方面其又以为每一个己之心知有其"局限",故而赋予圣人以特权,令其以"兼知"而克服"蔽知"之偏于一端。这样,在荀子那里,认知分工问题的解决最终是落实于圣人人格之成就,是以对认知分工的否定而实现的,由此表现出一种吊诡。显然,荀子在构设圣人之"兼知"者形象时虽有圣王一致之倾向,仍是以"圣"统"王",故着眼的是"道"作为指导原则的普遍性,而对"王"之实际行政运作的复杂性估量不足。所以我们看到,在后荀子时代,随着"王"权维度的突出,对认知分工问题的处理有一专门化与操作化之倾向,而讨论的核心议题也就从"心知",转向"心志"。

"心知"与"心志"均统属于广义之"心智"范畴,前者偏于"认知"(知识),而后者偏于"心理"(情感)。所谓心志者,人心之总体趣向也。概括而言,心志无非两种状态,或恬淡平安,或得好恶(憎)之情,具体而说则为喜怒等七情。于荀子,人心之总体趣向议题虽曾提及,但并未特别展开讨论。因为在荀子那里,性、情、欲三者几为同义,虽在具体使用时有所变化,同指人之与生俱来之朝向性,如好佚恶害。人之"性"、"情"之朝向既是"确定"的,则荀子关心的只是在后天环境下如何以"礼"治之、养之,而决非灭绝之。且"性"于圣人、众人同然,均"源始朴质",所谓"性恶"也,其不同者在于"心知"之明蔽程度,故荀子用力于"心知"论,而对"心志"论无所用心。然"性"是"心"之本然状态吗?荀子以好佚恶害为人之"性",此"性"固然是"天生",非后天习得,然不可说其为"心"之"本然"之性,而只可说是人"心"之应物时的"倾向"性,二者实有分别。将"心"之应物与"心"之"本然"区分开,则"心性"问题也就摆脱了对"人性"论的依附性,获得了一种"自觉"。在战国后期,心性论的探讨实表现为"心志"论[1],是围绕"圣人"之"治世"议题,特别对"圣人"之身份与其"心志"状态的关系予以探讨。在此,又可分为两

〔1〕 如郭店楚简《性自命出》有"凡人虽有性,心无定志,待物而后作,待悦而后行,待习而后定"(简1—2)、"四海之内,其性一也,其用心各异,教使然也"(简8—9)。李零先生指出:"'心'是人的精神活动。'志'是人的主观意志。'心志'和'性情'的不同点是,'性情'是人内在固有的东西,而'心志'则受制于外物的和主观的感受,是由后天习惯培养、变化不定的东西。"以此,其说明简文突出了后天教化的重要性。见李零:《郭店楚简校读记》(增订本),北京:中国人民大学出版社,2009年。

种思路：一是以《韩非子》为代表的“因势”模式，一是以《文子》为代表的“守神”模式。前者可理解为，“圣人”通过“心术”以造“势”而“控驭他者之“心”，以得资用众人之知能，此可称为“权术心理学”；后者则可看成是，“圣人”权限其“心志”，专以“守神”为其职能所在，从而使得众人各掌其能，各用其知。本章我们先讨论前者。

第一节　积　德

《韩非子》乃是一部基于“黄老之学”[1]而专论君王南面之术的作品，其核心在于讨论作为君主(圣人)，其如何以“心术”制控他人(群臣)之心，故此特别地与“权力”的概念有关。在荀子那里，“圣人”统摄“众知”的心智条件是其达至“大清明心”状态，故能“知道”而“兼知”；因此可以说，圣人之所以能为“师”而管控精于物之“专家”，其“权力”源于“圣人”在“认知”(心知)上的优越性，故此权力非给定也。及至《韩非子》，由于讨论之范围已限于君臣关系之域，则君对臣之“权力”乃是制度性地给定的，故无关乎君之心智(心知)状态。换言之，即便君或仅有中人之才、流俗之智，也不根本妨碍其据有“君人”之位，拥有对臣的管控之权力。君之管控之权既然不来自于其“认知”之优先地位，则其制度化的“权力”如何能有效地实际使用呢？为此，《韩非子》开出了“因势”这一“心术”之方。“因势”者，藉“形势”之营造而控驭他者之心也，根据对己对人之位，其又可分为两个方面：对“己”，“圣人”之心志乃是“恬淡平安”；对“人”，则是因不示“好恶”之“意”而造“不测”之“势”，故得制人。

一、“德”与《老子》

“圣人”(君/人主)制驭他人之心的目的在于，资用众人之智能以服务其一己之身，此明示“圣人”之“智能”实有所缺，有所不能，故要待“因”人之知。“圣人”既要“因”人之知，则其对认知分工之事实显然予以了承认，也对“圣人”之职能予以了一定的“限定”，故如其云“夫为人主而察百官，则日不足，力不给”[2]。对于战国中后期日趋繁复之庶务，君主若凭借一己之力而为之，显然是烦琐难堪，势不可能，故必须考虑如何在不丧其权力的同时能佚而不劳，故“藉”群臣之智能即很重要。即如韩非子所云，“明主者，使天下不得不为己视，天下不得不为己听”[3]。人主之高明不在于“智能”必出于己，而在于让“众人”之“智能”必不为“众人”自身，而是为“人主”一己，所谓“坐集”众人之“智”。那么“人主”又如何达到此一目的呢？韩非子认为，就其自身而

[1] 王威威先生特别以“书名”的形式将韩非思想本旨点示出来。见氏著：《韩非思想研究：以黄老为本》，南京：南京大学出版社，2012年。

[2] 《韩非子·有度》。

[3] 《韩非子·奸劫弑臣》。

言，人主必须修养其心，令之处于“恬淡平安”之状态，以此不费其神而啬其谋虑。对于此点，韩非子在《解老》《喻老》诸篇中有较为集中的论述。

《解老》《喻老》是传世文献中最早对《老子》予以诠释的文本，这是其弥足珍贵之处，然其所依之《老子》究为何种版本，实是一大的问题。依学界传统之说法，《老子》乃老子一己之创作，其时间虽不可确凿而定，至少当为春秋末期之作品。对于此点，学界其实一直也有不同之意见，但由于文献不足征，不能作一更深入细致的实证研究。近四五十年来，随着简帛《老子》的相继出土，《老子》早期不同版本形态得以呈现，这告诉我们《老子》在定型为传世本之前实有一“早期传本”之演化[1]。尽管从文献学角度看，学界关于郭店楚简《老子》与马王堆帛书《老子》乃至传世本之间的传递关系仍有争论，甚至个别学者之间的见解还存有相当大之分歧，这不妨碍我们认为，郭店楚简《老子》是战国晚期（约公元前 300 年前后）的作品，乃是目前可被认定的最早的《老子》文本。至于帛书《老子》，其入葬年代在汉初，而成书虽或有早至战国晚期之可能性，然较郭店本《老子》，仍应迟后之。而韩本所引《老子》，则与帛书《老子》之《德经》部分文字内容有很多重合之处，虽不能直接认定这两个《老子》文本出于同一版本，至少可认为二者间存有一更紧密的关联，如池田知久先生虽不主郭店《老子》成书或传抄时代为公元前 300 年前后，然坚持“从《韩非子》中《解老》《喻老》使用最初的《老子》，直到甲本、乙本的抄写，这之间仅仅隔了三十年至五十年，而将《解老》《喻老》的《老子》与甲本、乙本相比较看，既有共同点，也有不同点”[2]。这样，我们即大致认为《解老》《喻老》所引之《老子》本（简称韩本《老子》）应在郭店本《老子》之后而在帛书《老子》之前的[3]，故下面主要通过比照韩本《老子》与简帛《老子》的文字内容，以期对韩非子之“解”老之侧重点作一显示、说明。由于韩本《老子》乃是韩非子以“引录”的形式给出，故其呈现出的只是“摘录”，而非“全本”，为便于比照，我们可先对这些“引录”文字依其出现之次序而作一汇总排比，以观其大概。我们先看《解老》篇：

“上德不德，是以有德。上德无为而无不为也，上仁为之而无以为也，上

[1] 对老子的“早期传本”的认定，主要基于此类《老子》传本结构上的独特性，具体是指“该类《老子》文本在分章、章序、分篇、篇序等方面尚未形成今本的结构模式”。参见宁镇疆：《老子“早期传本”结构及其流变研究》，第 1 页，上海：学林出版社，2006 年。

[2] 池田知久著，王启发、曹峰译：《道家思想的新研究——以〈庄子〉为中心》（上），第 65 页，郑州：中州古籍出版社，2009 年。

[3] 丁四新先生以为，“韩非所据之《老子》抄本可能来自三晋贵族和荀子，而荀子则很可能是在游学稷下时所得。以此论之，则韩非所据的《老子》文本约当在公元前 300 年左右流传，与郭店简本《老子》正相递接”。见氏著：《郭店楚墓竹简思想研究》，第 3 页，北京：东方出版社，2000 年。

义为之而有以为也，礼以貌情也[1]，上礼为之而莫之应，攘臂而仍之。失道而后失德，失德而后失仁，失仁而后失义，失义而后失礼。礼者，忠信之薄也，而乱之首乎。前识者，道之华也，而愚之首也。去彼取此。祸兮福之所倚，福兮祸之所伏，孰知其极。人之迷也，其日故以久矣。方而不割，廉而不刿，直而不肆，光而不耀。治人事天莫如啬，夫谓啬，是以早服。早服是谓重积德，重积德则无不克，无不克则莫知其极，莫知其极则可以有国。有国之母可以长久，深其根，固其柢，长生久视之道也。治大国者若烹小鲜。以道莅天下其鬼不神，非其鬼不神也，其神不伤人也。圣人亦不伤民，两不相伤则德交归焉。天下有道，却走马以粪也。天下无道，戎马生于郊矣。祸莫大于可欲，祸莫大于不知足，咎莫憯于欲利。道，理之者也。无状之状，无物之象。道之可道，非常道也。出生入死，生之徒也十有三，死之徒十有三。民之生，生而动，动皆之死地，之十有三。陆行不遇兕虎，入军不备甲兵，兕无所投其角，虎无所错其爪，兵无所容其刃，无死地焉，善摄生。慈故能勇，俭故能广，不敢为天下先故能为成事长。慈于战则胜，以守则固。吾有三宝，持而宝之。带利剑，资货有余。拔[2]。修之身，其德乃真。修之家，其德有余。修之乡，其德乃长。修之邦，其德乃丰。修之天下，其德乃普。以身观身，以家观家，以乡观乡，以邦观邦，以天下观天下，吾奚以知天下之然也以此。"

将《解老》篇之所引录《老子》与帛书《老子》比照可以看出，韩版《老子》章节跳跃而不全，文字内容亦有脱漏，但章序基本同于帛书《老子》"德经"部分而略有变化，其典型者便是将通行本第 38 章置于篇首，其后之文字之序则为通行本第 58 章、59 章、60 章、46 章、14 章、1 章、50 章、69 章、53 章、54 章。其中，第 14 章、1 章为帛书《道经》部分。显然，韩版《老子》乃是一"引录"本，体现了韩非子选取《老子》文字作解说时的特别视角、立场，故难见其全貌，然由此"引录"本与帛书《老子》之对照关系看，其大体乃是相似于帛书《老子》之"德经"部分，而无有帛书《老子》中的独立之"道经"部分。依此，我们大致可以认为，韩版《老子》主体内容同于帛书《老子》之"德经"而参以些许帛书《老子》之"道经"文字。此点也许说明，韩版《老子》或成书于帛书《老子》之前，其主要内容是限于帛书《老子》之《德经》部分，尚未发展出帛书《老子》之德经/道经对举那样系统化的文本格式。为了进一步说明此点，不妨再来看《韩非子》之《喻老》篇。同样，我们也是先引录其所引录《老子》文句：

---

〔1〕 此句为衍文，非引《老子》也。见陈奇猷：《韩非子集释》(上)，第 332—333 页，上海：上海人民出版社，1974 年。

〔2〕 所引之文字对应于通行本第 53 章之内容简略不全且不连续，但有"带利剑，资货有余，拔"等短语、字词，姑且直录以示其有此章之引。王先慎以为《韩非子》之引文"非必尽引《老子》成文而不节也"。见陈奇猷：《韩非子集释》(上)，第 336 页。

“却走马以粪，戎马生于郊。罪莫大于可欲，祸莫大于不知足，咎莫憯于欲得，知足之为足矣。善建不拔，善抱不脱，子孙以其祭祀世世不辍。重为轻根，静为躁君，故曰[1]君子终日不离辎重也。轻则失臣，躁则失君。鱼不可脱于深渊，邦之利器不可以示人。将欲翕之，必固张之；将欲弱之，必固强之。将欲取之，必固与之。图难于其易也，为大于其细也。圣人早从事焉，其安易持也，其未兆易谋也。见小曰明，守柔曰强。圣人之不病也，以其不病，是以无病也。欲不欲，而不贵难得之货。学不学，复归众人之所过也，恃万物之自然而不敢为也。不出于户，可以知天下；不窥于牖，可以知天道。其出弥远者，其智弥少。不行而知，不见而明，不为而成。大器晚成，大音希声。自见之谓明，自胜之谓强。不贵其师，不爱其资，虽知大迷，是谓要妙。”

《喻老》乃是以史事典故之为喻，以证《老子》之警句格言。对照帛书《老子》，我们看到，其所引《老子》之文字仍以《德经》部分为主而间杂《道经》文句，其序依次是：通行本的第 46 章、54 章、26 章、36 章、63 章、64 章、52 章、73 章、64 章、47 章、40 章、27 章。其中第 26 章、27 章属于帛书老子《道经》，其余则为《德经》。这样看来，无论是《解老》对《老子》文字之有选择地引用诠释，还是《喻老》以史事典故为喻而证于《老子》文句，其所引《老子》之内容主要还是限于帛书《老子》之《德经》部分，显示韩本《老子》全本大体不出此范围。

相对于韩本《老子》与帛书《老子》之《德经》之章序与文字对应关系，前者与简本《老子》文字内容的对应处较少，其中简本甲组有通行本之第 46 章、64 章(上半)，乙组有通行本之第 59 章、54 章，丙组有通行本之第 64 章(下半)。此中原因自然部分归于简本《老子》较为简略，另一方面似也反映了韩本《老子》虽介于简本《老子》与帛书《老子》之间，而与后者联系更紧密，特别突出了帛书《老子》之《德经》部分。事实上，如果将简本《老子》三组文字同时考虑的话，则《解老》所引《老子》之文字与简本《老子》有通行本三章文字(第 46 章、59 章、64 章)之对应，似说明韩本《老子》与简本《老子》亦有相当之关联，然此终不若其与帛书《老子》关联紧密者在于，韩本《老子》与帛书《老子》之《德经》均以《老子》通行本第 38 章为首，从而对整个文本主旨有一定调。简本《老子》三组文字内容不同，篇首文字亦有别。甲组以通行本第 19 章为首，即“绝智弃辩，民利百倍。绝巧弃利，盗贼无有。绝伪弃诈，民复孝慈。三言以为辨不足，或命之，或呼属，视素保朴，少私寡欲”[2]，显然其突出的是对思虑、机巧的否定。乙组以通行本第 59 章为首，文云“治人事天莫若啬，夫唯啬是以早服，是以早服是谓[重积德，重积德则无]不克，[无]不克则莫知其极，莫知其

〔1〕 王先慎以为此与上二句《道经》连文，不应有故曰二字。见陈奇猷：《韩非子集释》(上)，第 392 页。
〔2〕 郭店《老子》释文据雷敦龢：《郭店〈老子〉甲、乙、丙组校笺》，艾兰(Sarah Allan)、魏克彬(Crispin Williams)原编，邢文编译：《郭店〈老子——东西方学者的对话〉，北京：学苑出版社，2002 年。下同。

极可以有国，有国之母可以长[久，是谓深根固柢]长生久视之道也”[1]，此强调“啬”(省而不费)以积德，故以之治人事天。至于丙组，则以通行本之第17章、18章为首，所谓“太上，下知有之；其次，亲誉之；其次，畏之；其次，侮之。信不足焉有不信，犹乎其贵言也。成事遂功，而百姓曰：我自然也。故大道废焉有仁义，六亲不和焉有孝慈，邦家昏乱焉有正臣”，其关键点则在强调圣人不自为，只是辅助百姓之自成(自然)。统观简本《老子》三组首节，虽表述有异，其义旨实有同归，即强调“啬”而不“自为”，以此积“德”。至若韩本《老子》，则置通行本第38章于篇首，所谓：“上德不德，是以有德。上德无为而无以为也，上仁为之而无以为也，上义为之而有以为也，上礼为之而莫之应，礼以貌情也，攘臂而仍之。失道而后失德，失德而后失仁，失仁而后失义，失义而后失礼。礼者，忠信之薄也，而乱之首乎。前识者，道之华也，而愚之首也。去彼取此。”此章文字颇为重要，而在关键语句上诸本颇有歧异，影响到对章旨的把握，故值得讨论。其一，帛书甲本、乙本“上德无为而无以为”一句，王弼本与其他传本多与帛书相同，唯严遵、傅奕、范应元、楼古四本及《韩非子》之《解老》篇作“上德无为而无不为”[2]。其二，紧接“上德无为而无以为也”一句，以王弼本为代表的传世本皆有“下德为之而有以为”一句[3]，而韩本《老子》同于帛书甲本、乙本，皆无之。对于此二点歧异，高明先生作了非常细致的疏解、辨析。关于第一点，高明先生以为，“无以为”与“无不为“意义迥别，韩非子之解《老子》实取前者，即“以无为无思为虚者”，而“不以无为为有常”，至于引文反为后者，实传抄之误也。[4]至于第二点，其据帛书《老子》，以为德仁义礼四个层次差别分明，若添“下德”一句，不惟重复且造成内容混乱，故当为后人妄增。

据此，我们似可作一推论。如上所述，在郭店竹简本《老子》那里，“德”的概念已突出，然其仍然是依附于“啬”这一原则，而未抽象化为一独立之原则。事实上，对“德”之看重是侧重于“积德”，即依循“啬”(俭而不费)之原则来行事，以此“积德”。在此，“德”不惟仍有很浓的“物质”属性色彩，颇似《管子·

〔1〕[ ]内缺漏文字据高明之帛书《老子》甲、乙本勘校复原而补上。参见高明：《帛书〈老子〉校注解》，北京：中华书局，1996年。下同。

〔2〕参见高明：《帛书〈老子〉校注》，第3页。

〔3〕参见高明：《帛书〈老子〉校注》，第3页。

〔4〕参见高明：《帛书〈老子〉校注》，第4页。廖名春先生则据郭店楚简《老子》，肯定今本《老子》第四十八章的“无为而无不为”之说乃是“《老子》原本之旧”。见氏著：《〈老子〉“无为而无不为”说新证》，姜广辉主编：《中国哲学》第二十辑(“郭店楚简研究”)，沈阳：辽宁教育出版社，1999年。丁四新先生则指出，简本乙编《老子》有“亡为而亡不为”，证明《老子》原本从未讲过“无为而无不为”之语之说不成立，不过从简本甲编与帛本看，本章“道恒无为”句后，原句确无“而无不为”四字，此四字当系后来传抄衍增。见丁四新：《郭店楚竹书〈老子〉校注》，第87页，武汉：武汉大学出版社，2010年。

内业》中的“精”之概念，且明显指向一自我修为，即罗浩（Harold D. Roth）先生所谓的“自我教化”。而至帛书《老子》，德道二经之上下分篇格局已表明，“德”已从一隶属于“啬”之地位，升格为一普遍之方法原则。要理解此一转化，我们要特别注意德/礼对立之突出，因为通过这一设置，道家之修为技术（自我技术）与儒家修为技术的对比得以凸显。在“失德而后失仁，失仁而后失义，失义而后失礼”这样一种表述中，“礼”被置于最低的层次，不惟在“德”之下，且在“仁”、“义”之下，此与儒家传统将仁、义、礼并置之做法不同。原因在于，帛书《老子》不是以仁、义、礼作为并行之道德条目，乃是将之作为一修为技术或行为原则，而判别德、仁、义、礼四者高下之依据则在于四者作为修为技术或“行为”原则，其“有效性”之生发机制。在此，四者显然存有一依次而降之层次：“上德无为而无以为也，上仁为之而无以为也，上义为之而有以为也，上礼为之而莫之应，礼以貌情也，攘臂而仍之。”“德”作为一修为技术，乃是“无为而无以为”，其核心是“无为”，而“无以为”实是对“无为”的补充说明，即不将“无为”本身作为一种“有为”，否则即丧“无为”之义。而“仁”作为一修为技术，乃是“为之而无以为”，其基础是“有为”，然其虽是“有为”，而实有“无为”之效果，故较诸“德”，“仁”为其次。至于“义”，则是“为之而有以为”，即以“有为”原则践行而显“有为”之效果。最后则是“礼”，其作为一修为技术乃是“为之而莫之应，礼以貌情也，攘臂而仍之”，即以“有为”原则践行，然未得民众之回应，故要以更激烈的身体强制手段（所谓“攘臂”）来行之。不难看出，据帛书《老子》，作为修为技术，德、仁、义、礼四者之高下在于相应于“无为”的程度，其中“德”完全相应于“无为”，而“礼”完全不相应于“无为”，故有“礼者，忠信之薄也，而乱之首乎”之判定。

帛书《老子》对“礼”持如此绝对否定之态度，显示了战国后期道家对身份意识之强化，试图在与儒家之争中获得学派身份之合法性，因为修为技术之选择关乎学派身份之确立。一般来说，我们在谈论学派之身份时，总是将之与此学派之主义、学说联系起来，以其“主张”之是否来判定其学派之归属。然在实际之思想进程中，我们看到，不同学派之“主张”并非是绝然不同的，而是有重叠分享之处，此自然有“能指”虽同而“所指”有异之情形，却也说明不可单纯从“主张”来判定学派之归属。事实上，由于中国古代思想学派总是与一定的“修为”技术关联在一起，故以修为技术判别学派身份似更有其所依。罗浩先生即以为，“我们应该更多地依靠技巧，而不是从它们中产生的哲学，作为早期中国思想家群体的定义特征”〔1〕。当然，我们也不能机械地、静止地理解修为技术与学派身份之对应关系，同时应认识到，修为技术与哲学主

〔1〕 罗浩（Harlold D. Roth）著，邢文主编：《原道：〈内业〉与道家神秘主义的基础》，第163页，北京：学苑出版社，2009年。

张一样，也有一变化演进与能指/所指之不对应问题，故在处理某一修为技术与学派身份关系时，必须从一“总体性”视角出发，将修为技术视为“结构性”地关联某一学派，而非外在于其学说领域。这样，某一学说领域在扩展的同时，其修为技术必然也有相应之调整，而不可能静止不变。就帛书《老子》所反映的战国后期道家(黄老学)之形态看，其与早期道家学说之自我清修相比，特别发展了对政治领域的参与，故早期道家之服务于“自我教化”的“内修”技术也就应用于政治统治之域[1]。我们承认，从原始道家到黄老家之演化中，“内修”技术有一从“自我教化”向“统治之术”的转化，但我们更要思考的是，在此转化过程中，早期道家的“内修”技术只是扩展其施用范围而自身无有变化，还是其技术自身亦有一演化。如果只是前者，但有施用范围之改变，则不符合修为技术与思想学派的“结构性”关联原则；若是后者，则修为技术之演化涉及如何对既有技术作一权限化处理之问题。对此，同一主题文本之演化能给我们透露一些信息。我们还是以“德”为例。在简本《老子》那里，修为技术已有从“自我教化”朝政治领域转变之倾向，但尚有限度，因为“啬”之为德强调的是“圣人”自身的“俭而不费”，其所达之效果是圣人不自为而让万物自成、众人自为，故此修为技术是特殊性地“限于”圣人自身之教化，而间接地起到教化他者之功。及至帛书《老子》，“德”作为一普遍性之方法原则，乃是作为圣人之“教化”他者之原则而给出，德仁义礼四个层次之修为原则之给出正说明此点。在此，原有作为“圣人”自我教化原则的“啬”之“德”也就“普遍化”为作为最高层之教化他者之原则“德”。

二、“德”之偏狭化

韩本《老子》之内容虽大体同于帛书《老子》(《德经》)部分，然韩非子对《老子》文句尚有诠释。如果说，《老子》引文部分尚不足以体现韩非子之思想倾向的话，那么其《解老》《喻老》之解说部分则充分展现了韩非子对黄老学所作的“法家”立场的处理[2]。

帛书《老子》之德/礼对比，突出了以“无为”作为“圣人”化他行为之最高原则，其否定的是“有为”而非“欲望”，此自不同于简本《老子》之重“啬”而寡欲。因是“自我教化”，乃是针对“自己”，故而重对“欲望”之克制，要“啬”而少费；若是“教化他者”，则是指向“他人”，由此要考虑“心志”的刻意与否。故相比简本《老子》，在帛书《老子》中，我们已看到“圣人”与“众人”的博弈、竞争问

〔1〕张舜徽先生主以道家为代表之周秦诸子之道论本旨皆是“人君南面之术”，虽然其有系统化、完善之过程。见氏著：《周秦道论发微》，北京：中华书局，1982年。

〔2〕陈其猷先生以为韩非子思想脱胎于老子，其“法治”为手段，“无为而治”则为目的。见氏著：《韩非与老子》，陈鼓应主编：《道家文化研究》(第六辑)，183页，上海：上海古籍出版社，1995年。此说恐不成立。

题。然在《韩非子》那里，此问题表现得更为突出与复杂。韩非子所本之《老子》基本同于帛书《老子》之《德经》部分，且其处理的也是“化他”原则问题，但韩非子《解老》《喻老》中的“化他“不是单向度的而是具有交互性，即一方面是圣人（实更具体落实为“人主”/君之形象）之化他，另一方面则是他人（实“臣下”）对圣人之“教化”的反应、作用。这样，韩非子必须同时考虑“圣人”之自我教化与教化他者，前者要求处理“欲望”问题，以自我“欲望”之克制作为自我“化他”的前提，后者则要处理自我“心志”之刻意与否，以避免他人对圣人地位之侵夺，故“圣人”之“化他”非是单一的“化他”，其还有着在与“众人”之互动关系中维持自我“圣人”地位之要求。这样一来，迨至《韩非子》之《解老》《喻老》，帛书《老子》之作为“圣人”化他之普遍原则的“德”也就“特殊化”、狭隘化、工具化，成为一作为“人主”之“圣人”的“控驭”他人（臣下）之原则，其既非“自我教化”，亦非“教化他人”，而是“自我维护”。韩非子由此给出了应用于人主的修心之术。

首先在《解老》之首节，韩非子对“德”之概念作了一解读。何谓“德”？韩非子云“精神不乱之谓德”，实指因“神”之不动而致己身所得之境界也，故云：“德者，内也。得者，外也。上德不德，言其神不淫于外也。神不淫于外则身全，身全之谓德。德者，得身也。”而“积德”之根本在于“无为”，故云：“凡德者，以无为集，以无欲成，以不思安，以不用固。为之欲之，则德无舍，德无舍则不全。用之思之则不固，不固则无功，无功则生于德。德则无德，不德则在有德。故曰：‘上德不德，是以有德。’”广义上讲，这里的“无为”、“无欲”、“不思”、“不用”均属于作为原则的“无为”，而“为之”、“用之”、“思之”则是“有为”。如何理解作为原则的“无为”呢？显然，“无为”不同于无所作为，其是作为一原则来“支配”行为，这就牵涉到如何理解“行为”的给出。一般而言，由于“行为”总是与一认知主体（行为主体）关联，故我们总是将“行为”看成是由“认知主体”之“意愿”而“给出”。自然，行为需要“主体”之“意愿”支持，如果主体不作为，则行为也就难以“实施”、“履行”。显然，我们不是要讨论要不要“行为”，因为这关涉人的“意愿”，与人之“意志”有关系，而我们在此乃是要处理“行为”的“有效”性问题，即一个“行为”要以什么原则支配才是“有效”的。对此，不同之修身之学由于其行为目的之设定有异，自然有不同的理解。譬如印度吠檀多学派特别提出“无执之行”之概念，即以“无执”之原则指导行为，使得“行为”虽在“实施”，而主体同时又处于“无执”之中。具体而言即是，主体根据其身份之要求而履行其职能，其必须“行为”，譬如农人要种田插秧，武士则要上阵作战，至于行为之结果及更多赋予此行为之上的意义则非是行为主体之所考虑。正如大黑天（克里希那）对阿周那的劝谕：“你的职责就是行动，永远不必考虑结果，不要为结果而行动，也不固执地不行动。摒弃执著，阿周那啊！对于成败，一视同仁，你立足瑜伽，行动吧！瑜伽就是一视同仁。”[1]可见“行为”之“实施”是一个层次的问题,而“主体”以何种态度实施“行为”又是另一层次的问题。即就韩非子而言,作为行为原则的“无为”,其核心在于“虚”,即认知主体对“行为”抱一“虚”的态度。何谓“虚”?一般而言,在战国诸子那里,“虚”并非有一否定性价值意味“虚妄”,而是指相对于作为“有”之“藏”,不“有”之状态之谓“虚”,对此,荀子之“虚壹而静”之概念已说明之。荀子之言“虚”颇借鉴于庄子之“心斋”,乃是针对认知主体之“心智”(心知)状态而言,然其言“虚”仍有辨证之意味,所谓“虚而有藏”,以此确保“大清明心”的无蔽性。然于韩非子,其之言“虚”虽有得于荀子之处而又有变异,因其将“虚”之地位更加突出,从而突破了虚/藏之对举格局。不过韩非子并非是要回到庄子,因为庄子突出“虚”乃是“虚心”,其目的在于“虚室生白”,破除“有待之知”的“芒”,从而因无待之知的“明”而达“逍遥”之“游”。这个“游”,是行为主体自身因“知”之“无待”而达之行为状态,其否定了人之“行为”沦为非美学意义上的工具。而于韩非子,其并没有美学立场,考虑的只是认知主体(人主)如何以“己”之行为来控制他者,这涉及对“己”之行为的“态度”问题。人主虽欲以己之行为控制他者,而不可“着意”于其行为,相反倒是要“无意”,此即“虚”。故于韩非子,“虚”在于认知主体“意愿”之“虚”,所谓“虚意”,而非“虚心”,此即与我们前面对“心智”的两个维度:心知/心志的辨析对应起来。“虚心”乃是虚其“心知”,“虚意”则为虚其“心志”。既然是“虚意”(虚其心志/意愿),而“意愿”乃是“行为”实施的心理之源,则也就意味着认知主体对“行为”实施之“心理”机制作了一“否定”性处理,然这并不意味着对“行为”实施本身的“否定”。如果是否定“行为”实施,则意味着认知主体可以对“行为”说“不”,这个“不”也是对“行为”心理的一种否定,即针对“想”做之意愿而给出“不想”做之意愿,由此否定,故而“不作”(不为)。虽然如此,我们以为,这样一种对“行为”心理的否定其实意在对某一特殊、具体行为之否定,某人“不想”做此事也就意味着其可能“想”做彼事,而并不一般性地否定“行为”实施的心理机制。至于“虚意”,其旨趣并不在于特别地否定做某一行为的“意愿”如所谓“不想打球”(否定打球之意愿),而是普遍地否定“行为”之“意愿”机制,就此而言,与其说其要否定“行为”本身,毋宁说是要将“行为”建立在一新的“心理”机制基础上,即以“不意愿”取代“意愿”作为认知、行为主体之“行为”的心理基础。

以“不意愿”(虚意)作为行为之心理支撑,此如何理解呢?这还是要联系“意愿”来理解。基于“意愿”而行,则“认知主体”只是肯定或否定对某一具体行为之实施,体现了其对行为的控制性。至于以“不意愿”而行,则“认知主

[1] 毗耶娑著,黄宝生译:《薄伽梵歌》,第25页,北京:商务印书馆,2010年。

体”处理的是“意愿”本身，是要让“意愿”本身失其朝向性。此点说明，相对于“意愿”的行为之域，“不意愿”的行为之域乃是更为内在的“修心”之域，其要求相应之“术”的支持，而非只是一认知态度之改变，这涉及对“无为”与“有为”概念的辨析。韩非子说：“所以贵无为无思为虚者，谓其意无所制也。夫无术者，故以无为无思为虚也。夫故以无为无思为虚者，其意常不忘虚，是制于为虚也。虚者，谓其意无所制也。今制于为虚，是不虚也。虚者之无为也，不以无为为有常，不以为无为为有常则虚，虚则德盛，德盛之谓上德，故曰：‘上德无为而无不为也。’”韩非子认为“不意愿”（虚意）的核心即是“意无所制”，所谓“制”，也就是指心因其意愿某物而反被其意愿行为所制控，即便意愿的是“虚”本身。所以“虚”之为“无为”，然若“其意常不忘虚”，是制于为虚也。这样，虚也就成为不虚，无为也就成有为。而要避免无为之转成有为，则要求“虚意”之“术”，此即“啬”之原则。

韩非子以为，人主之“控驭”他人（臣下）之前提在于“人主”心智（心知道）处于“聪明睿智”状态，这要求圣人以“啬”之原则来对治己之欲望，所谓“治人事天莫如啬”，如其所释：“聪明睿智天也，动静思虑人也。人也者，乘于天明以视，寄于天聪以听，托于天智以思虑。故视强则目不明，听甚则耳不聪，思虑过度则智识乱。目不明则不能决黑白之分，耳不聪则不能别清浊之声，智识乱则不能审得失之地。目不能决黑白之色则谓之盲，耳不能别清浊之声则谓之聋，心不能审得失之地则谓之狂。盲则不能避昼日之险，聋则不能知雷霆之害，狂则不能免人间法令之祸。书之所谓治人者，适动静之节，省思虑之费也。所谓事天者，不极聪明之力，不尽智识之任。苟极尽则费神多，费神多则盲聋悖狂之祸至，是以啬之。啬之者，爱其精神，啬其智识也。故曰：‘治人事天莫如啬。’”[1]如前所说，“啬”在简本《老子》中是作为一核心之“自我教化”原则而给出，其实际意思在于“圣人”要“克制”其干预他者之欲望，以成就众人之“自化”（自为）。至于帛书《老子》，“啬”则已特别关联于“治人事天”，从属于“化他”之“无为”之德。而于韩非子，“啬”之为“德”在于，让“圣人”（人主）不费耗其精神、智识，以葆有其“认知”能力，这体现了韩非子一个特殊的视角。所谓“认知”能力，也就是认知主体参与外部世界时所表现出的知觉、记忆、推理、判断、决策等能力。自然，由于生理禀赋有异、主体身份有别以及需要解决问题之不同，不同个体之认知能力不论是在强度还是在维度上均表现出差异性，对于“人主”，韩非子特别强调其应具有“判断”以及“决策”能力。

相对于知觉、记忆、推理这些认知能力，判断、决策要求主体能在一个现实世界中对复杂的信息作出一“恰当”的处理，其中“判断”涉及对“信息”之

〔1〕《韩非子·解老》。

“有效性”作出甄别，而“决策”则是在“判断”之基础上作出一“取舍”。自然，无论是判断还是决策，均是由一“认知”主体而给出，其有效性之是否与此主体之认知目标之设定有关。韩非子之所以强调人主判断、决策之认知能力，缘于战国后期之人主位居万人之上，已将“权力”系于一己之身，故其个体之判断、决策非是儿戏，而是关乎人主“权力”之维系、自身福祸安危之是否，不可不慎之。缘此，韩非子要处理一有效判断、决策之机制问题，即正确的判断、明智的选择之根据所在。任何判断、决策都是以一定的“知觉”作为前提，只有建立在正常之“知觉”基础上才会形成有效之判断、决策。韩非子以“目”、“耳”、“心”三种知觉能力为例说明之。目明、耳聪、心智为知觉能力之正常表现，目明故能辨别黑白之色，耳聪则能区分清浊之声，心智乃能审查利害得失。值得注意的是，无论是辨颜色、听声音、审得失之地，其是一“知觉”能力之表现，而这种能力之所在即是能“识别”(知)事物，能“识别”黑白即为“明”，能“识别”清浊则为“聪”，能“识别”得失之地乃为“智”。显然，三者虽处并列之势，实有层次之别。目之辨色与耳之听声同在一个层次，但为“纯粹”之“识别”，不包含“价值”判断，而“心”之审得失之地则不然，其虽然也是“识别”，但关乎“得失”，自然相应于认知主体之“价值”诉求，合乎此者为“得”，反之则为“失”，故心之识别“得失”之地有“判断”之意味，其与耳目之“识别”似不在同一层次。既然如此，缘何韩非子将“得失之地”之识别与“声色”之“识别”并列于此，而不将之置于更高之“判断”层次呢？原因当在，“得失之地”并不等同于“得失”，“得失”是一普遍之“价值判断”，而“得失之地”则是关乎对“得失”境遇之“辨识”，即“知道”何种情况下是“得”，何种境域下是“失”，其有一“标志”显示。故心之“审”得失之地虽隐含有“价值”判断之意味，而其重在“识别”得失“标志”之能力，即所谓能“看得明白”、“看得懂”。自然，对于一认知主体来说，其“知觉”之“官”若是正常，则其“知觉”能力应无损碍，当能目明、耳聪、心智。然在韩非子看来，知觉能力之有效表现并不是单由认知之“官”所决定的，而是有一“作用”机制，用他的话来说就是，要有一个“人”之因乘“天”的过程。这里所谓的“人”、“天”，是就认知主体“知觉”活动的两个方面而言，“人”指认知主体的主动性心智活动，即“动静思虑”，“天”则指知觉能力非人之主观刻意所能为，而是源于“天赋”之耳目心之“官”，所谓“聪明睿智天也”。故此，知觉能力之实现在于人(主体之认知意欲)与天(认知之官)之配合，要“乘于天明以视，寄于天聪以听，托于天智以思虑”，如若不然，刻意突出认知主体的主观意欲，则适得其反，故“视强而目不明，听甚则耳不聪，思虑过度则智识乱”。

很显然，作为荀子的学生，韩非子的“天/人”概念多有受惠于其师，尤其是在确认“天”之不假“人为”方面与荀子似如出一辙，然其不同于乃师之处在于，韩非子没有荀子那样的天君(心)/天官(耳目)之分，并不确认“心”之由“蔽心”到“大清明心”的扩展，从而并不赋予“圣人”在“知识论”意义上的特权地位。相反，韩非子特别关注的只是认知之有效性，即目明、耳聪、心智之是否，故列“心”与耳目于同一层次，并不突出心对耳目之优先性。认知主体只有克制其认知意欲，才能使得认知能力有效表现，所谓目明、耳聪、心智。在此基础上，作为认知主体的“人主”才有可能在实际之环境中作出“正确”的“判断”，即目能决黑白之色，耳能别清浊之声，心能审得失之地，如若不然，则为盲、聋、狂。在“正确”之“判断”基础上，认知主体才能采取恰当之决策，“避昼日之险”，“知雷霆之害”，“免人间法令之祸”。

从韩非子的论述可以看出，其思路是极为清晰的：人主（认知主体）最重要的认知能力乃是“决策”（“判断”可纳入其中），“知觉”则是“决策”之前提与基础，而要确保“知觉”能力之有效实施，则要求认知主体能以“啬”的原则“治人事天”。“治人”是从认知主体的“认知意欲”角度说，要求“适动静之节，省思虑之费也”；“事天”则是从认知主体之“认知能力”方面看，所谓“不极聪明之力，不尽智识之任”。其实，“治人”与“事天”讲的是一回事，只是二者或有一前后递进关系，即由“治人”而为“事天”，因为最终还是要落实到“聪明睿智”之“认知能力”的有效实现。而无论治人还是事天，要求的原则均是“啬”，即省而不费。韩非子对“啬”极为重视，故有更进一步的论述，其以为“啬”之根本在于“神静”，从而引出动静关系问题，故云“众人之用神也躁，躁则多费，多费之谓侈。圣人之用神也静，静则少费，少费之谓啬”。因为“啬”，故而少“费神”，由此产生的相反结果便是能“积德”，故云“知治人者其思虑静，知事天者其孔窍虚。思虑静，故德不去。孔窍虚，则和气日入。故曰：‘重积德。’夫能令故德不去，新和气日至者，早服者也。故曰：‘早服是谓重积德。’积德而后神静，神静而后和多，和多而后计得，计得而后能御万物，能御万物则战易胜敌，战易胜敌而论必盖世，论必盖世，故曰‘无不克’。无不克本于重积德，故曰‘重积德则无克’。战易胜敌则兼有天下，论必盖世则民人从。进兼天下而退从民人，其术远，则众人莫见其端末。莫见其端末，是以莫知其极，故曰：‘无不克则莫知其极。’”事实上，于韩非子，“啬”、“神静”只是手段，“积德”方为目的，故“思虑静，故德不去”。

当然，韩非子虽重“积德”，并不以“积德”作为最终归宿，因为由“积德”而又可以生成“用”之功能，故有“积德而后神静，神静而后和多，和多而后计得，计得而后能御万物，能御万物则战易胜敌，战易胜敌而论必盖世”。从“积德”到“神静”，依次递推为“和多”、“计得”、“能御万物”、“战易胜敌”，此是一个由内在之“德”，到外在之“得”的过程，后者需要前者作为根据、来源，故“德”之积累与否十分关键。

第二节　集　智

韩非子的权术心理学要求人主首先要有自修之术,即以“啬”之原则而达“神静”以“积德”。人主“有德”,这是其在与人臣的权力博弈中处于控制之位的心性保障,此可谓“体”。有此“体”,人主乃得以“因势”而制控人臣,达到令众人服务于其一“己”之身的目的,此为“用”。在“用”之层次上,其实也有体用两个方面:就人主自身而言,要求心志恬淡平安,不示好恶,趋(取)舍无依;就其之针对人臣,则是依其权力,造“势“以使人臣私智不为己,贡献智能于人主。

一、恬淡平安

人总是处在行为之取舍中,取舍即是行为主体实施此行为或放弃实施此行为而实施彼行为。人包括人主之荣辱、福祸系于取舍之中,故于取舍不可不慎。取舍原则关涉人心之总体取舍朝向也就是心志之状态,或心志恬淡,或是得于好恶。

人心之趋舍无非两种,或心志恬淡,或是得于好恶。正如韩非子所云:“人无愚智,莫不有趋舍。恬淡平安,莫不知祸福之所由来。得于好恶,怵于淫物,而后变乱。所以然者,引于外物,乱于玩好也。恬淡有趋舍之义,平安知祸福之计。而今也玩好变之,外物引之,引之而往,故曰:‘拔。’至圣人不然,一建其趋舍,虽见所好之物不能引,不能引之谓不拔。一于其情,虽有可欲之类,神不为动,神不为动之谓不脱。为人子孙者体此道,以守宗庙不灭之谓祭祀不绝。”〔1〕韩非子把“人”之“心志”状态分为两个维度朝向:一是好恶,一是恬淡。心志处于“好恶”状态,则“行为”之给出(趋舍)表现为行为主体为“物”所控,“怵于淫物,而后变乱。所以然者,引于外物,乱于玩好也”。因为对“物”有好恶之心,故其行为之取舍依此好恶而来。若心志处于“恬淡”状态,因心无好恶,故其行为取舍有法度依循,不会淆乱。此之法度即是作为客观性原则之“道理”,对立于主观性原则的“好恶”。韩非子再三强调,祸福成败之关键在于“缘道理”,而非任其意愿,如其所云:“众人之轻弃道理而易忘举动者,不知其祸福之深大而道阔远若是也,故谕人曰:‘熟知其极。’人莫不欲富贵全寿,而未有能免于贫贱死夭之祸也,心欲富贵全寿,而今贫贱死夭,是不能至于其所欲至也。凡失其所欲之路而妄行者之谓迷,迷则不能至于其所欲至矣。今众人之不能至于其所欲至,故曰‘迷’。”〔2〕心志若处于“得于好恶”,则求富贵安康而反致贫贱死夭。“人”皆有发展、实现自我之欲求,而不希望自我之不实现,然“人”之主观意图与其实际所成并不总是一致,即“行为

〔1〕《韩非子·解老》。
〔2〕《韩非子·解老》。

动机”(意图)与“行为结果”乃是南辕北辙。那么“行为”有效性的基础在哪里呢?这还是涉及上节所云的“行为原则”问题,要求我们辨析行为之“意愿”、行为之“动机”以及行为之“心志”条件。

所谓行为“意愿”,指主体履行某一行为的意志倾向,通俗地说即是“想做某事”。“行为”之实施、履行需要有行为(认知)主体之“意愿”作为支持,如果主体不想(不有意愿)做某事,则这一“行为”也就无法给出,如果他“不想”做但“被迫”做了,则此“行为”可以理解为他的行为“意愿”非是自主,乃是被“他者”的行为“意愿”所强迫,其实是充当了实现“他者”行为“意愿”的工具,从这个意义上讲,这一行为依然有一主体行为“意愿”作为支持。可见,行为之履行、实施的主体“意愿”支持并不等同于行为之“动机”原则(意图),这是需要特别加以辨析的。“意愿”使得一个“行为”得以“给出”、“实施”,但其并不必然与行为主体的“动机”一致,因为我“想”(意愿)做某事使得某一行为得以启动,我“不再想”做某事也就终止了这一行为,故“意愿”是“主体”对“行为”的一种承诺态度,这种承诺使得“行为”或实施或停止。而行为的“意图”,则是指行为的“动机”,乃是主体做某一事情、实施某一行为的“目的”,即“因为……考虑”而做某事。是否任何行为均可还原为一“意图”分析呢?这涉及“意愿”是否可化约为“意图”的问题。事实上,我们是因“意愿”而“行事”,不必有“意图”在内。人类很多行为只是出于“惯习”(Habit)而给出,这个广义上的“惯习”是指习得而内化于个体之行为心理倾向,其特别以“个人癖好”的形式表现出来。基于“惯习”的制约,我们的很多行为给出只是出于“个人癖好”,虽然是有“理由”根据,但并不具有所谓“动机”性,就此而言,这些行为的给出不是所谓“行为者‘因为……考虑’而做某事”,而是对“惯习”自身的满足[1]。故此,行为的给出必须要有“意愿”的支持,而不必有“意图”的存在。对行为之“意愿”、“意图”之涵义的辨析告诉我们,我们“意愿”做某事时未必有“意图”隐含,而以一“意图”来支持某一行为,此行为也未必是有效的,即不能取得与意图相应之结果。正如韩非子所分析的,“人莫不欲富贵全寿”为主体之行为意图,“贫贱死夭”乃是行为之结果,“是不能至于其所欲至”则显示行为意图的不能实现、落实。可见,韩非子并非是要否定人之“欲富贵全寿”之“意图”,而是指出“意图”自身不能必然落实、实现之事实。韩非子的意思其实是,“行为”之有效性并不取决于行为主体之“意图”,而是与“主体”的“心志”之恬淡抑或好恶状态关联。

心志状态可以理解为人“心”总体性的“朝向”,恬淡平安指“心”自守而静,而“好恶”则指“心”骛外欲物,故对比后者,恬淡平安正可谓是不示“好

〔1〕 皮埃尔·布迪厄指出,习性(habitus)作为一行为倾向系统,是作为实践活动和表象的生成和组织原则起作用。参见氏著:《实践感》,第80页,南京:译林出版社,2003年。

恶”。一个行为的给出是需以“意愿”作为支持的,“意愿”决定了一个“行为”的实施与停止,然一个“行为”的有效性并不取决于主体的行为“意愿”,也不关系于主体的行为“意图”,而是受制于主体的“心志”状态。对心志与行为有效性之关系的思考,并非是韩非子法家之绝学,而是道家之学术传统,前者实受惠、启发于后者。在被学者视为早期道家文本的《管子·内业》[1]中,我们看到关于“心之形”的概念:“凡心之刑(形),自充自盈,自生自成。其所以失之,必以忧乐喜怒欲利。能去忧乐喜怒欲利,心乃反济。彼心之情,利安以宁。勿烦勿乱,和乃自成。”《内业》关注“心之形”的问题,这是很独特的,文本作者以为“心”为“精舍”,若“修心静意”,则“精气”(道)止于心,故而有“德”,其表现为“心之形”的“充和”,与之相反,若心处“忧乐喜怒欲利”之不“静”状态,则“心之形”的“充和”即失,表现为一“亏阙”。若“心之形”(心形)为“和”与“亏”之对比的话,那么“心志”则为“安宁”(安静)与“忧乐喜怒欲利”(六情)之对立。自然,“心形”与“心志”是互为作用的,“心和”则“心安宁”,反之亦然,然从修心之次第来讲,显然是先正“心形”,后安“心志”。“心志”安后,人之“心智”(心知)活动才有一个合理的安顿,所谓“定心在中,耳目聪明”、“我心治,官乃治。我心安,官乃安”,我们的心智活动才不会“以物乱官”。在此我们看到,在“心志”与“心智”(心知)这层关系之上,《内业》特别突出的是“心形”与“心志”的关系,后一层关系决定了前一层关系,这或许是《内业》作为道教文献的一个特殊之处。不过,这样一种双层关系的设计在稷下学派那里不见了,而是化约为单一的第一层关系,即“心志”与“心智”活动的关系。韩非子思想深受黄老学影响,其关注的自然也是第一层的“心志”与“心智”活动之关系。

如前已述,韩非子已论及了人之不同层次认知能力之关系。人主之认知能力最重要在于“决策”,其落实即是“行为”(取舍)。有效之“决策”乃是基于“判断”,而“判断”的前提在于“正常”的“知觉”,要确保“知觉”之“正常”,则要求“神静”。此“神静”就是我们现在所讲的“心志”的“安宁”。前面谈“神静”,是偏于从“积德”角度处理,关注人主之“自修”。现在谈“心志”之“安宁”则侧重于“用”,看人主在应对群臣时如何在“行为”上不显其“心志”,不“示”其好恶之“情”。如韩非子所云:“喜之则多事,恶之则生怨。故去喜去恶,虚心以为道舍。”[2]人主心志之“恬淡平安”,不示以情,要求人主始终处于“不私”之状态,无论与其己身关系如何之亲近,不可“示情”、“显志”,否则即为内宠近

〔1〕《管子·内业》一般被视为稷下黄老学派作品,罗浩先生则将其定为早期道家的代表文献。见氏著,邢文主编:《原道:〈内业〉与道家神秘主义的基础》,北京:学苑出版社,2009年。

〔2〕《韩非子·扬权》。

臣所惑,所谓"凡奸臣皆欲顺人主之心以取亲幸之势者也"[1],"人主之患在于信人,信人则制于人"[2]。韩非子列出"八奸",其中之一为"在旁"。所谓"在旁",即指娱乐人主之"优笑侏儒",其职能之所即在以滑稽行为取笑自我,逗乐君主,故在此场景下,人主必有欢娱之情,且娼优必知人主之喜好,是能极承意搞笑之能事。故对"在旁",韩非子警告人主:"优笑侏儒,左右近习,此人主未命而唯唯,未使而诺诺,先意承旨,观貌察色以先主心者也。此皆俱进俱退,皆应皆对,一辞同轨以移主心者也。为人臣者内事之以金玉玩好,外为之行不法,使之化其主,此之谓在旁。"[3]"优笑侏儒"作为"在旁",其实就是"弄臣",其虽悉知人主之癖好,然本身不构成对"人主"之权力的侵夺,原因在于:让人主在"游戏"中示其"情"是必然的也是必需的,否则即是"弄臣"之过,不是能力不及即是没有尽其职责。而且反过来说,若人主始终处于"心志恬淡"、不示其情之状态的话,那也是不近人情,实难堪忍。若此,"弄臣"之娱乐搞笑正是服务于人主,让其暂时放松、稍作调节,而不致于真的丧失"表"情之能力。然"弄臣"虽或无侵削人主之图,而缘其特殊之身份,人臣可藉其为中介,窥知人主之意,潜侵人主之权。所以这本身也是矛盾,人主身份要求不示人臣以情,然其同时又"制度"性地需要"娱乐"以宣泄其"情",时刻对他者的提防反倒要求对"在旁"的不设防。韩非子既看到此一症结所在,并以"八奸"视之,不就将"人主"根本置于防范天下人之境吗?如此,最彻底的解答也许就是:人主必须放弃"娱乐",成为"绝情"之人。

二、因势

人主处于"恬淡平安"状态,故"行为"不示有好恶之情,这是人主从自身出发,不欲被人臣制衡、侵削。而就人臣来讲,众臣下既不见人主之情,不揣人主之意,则不会考虑用智能而制衡人主,其智能自然不被"私用"而全然服务于"人主"一己之身。在此方面,韩非子特别强调人主"因势"之术。

人主与人臣处于一权力博弈之中,人主时刻提防人臣对其权力的侵削,故要制衡之;然另一方面,人主"需要"人臣,因为人主一人的"智能"是有限的,不得人臣之众智,其事难成。相反,人主虽为中人之资,能用众人之智,此即"因势"。"势"者,外在于"己意"之权力空间场域也,其非由"我"出而可为我所"藉"。如韩非子所云:"人主者,非目若离娄乃为明也,非耳若师旷乃为聪也。目必,不任其数,而待目以为明,所见者少矣,非不弊之术也。耳必,不因其势,而待耳以为聪,所闻者寡矣,非不欺之道也。明主者,使天下不得不为己视,天下不得不为己听。故身在深宫之中而明照四海之内,而天下弗能

---

〔1〕《韩非子·奸劫弑臣》。
〔2〕《韩非子·备内》。
〔3〕《韩非子·八奸》。

蔽、弗能欺者何也?闇乱之道废而聪明之势兴也。"[1]依韩非子,人主之"治"在于不恃一己之知,不矜其能,故得以用众人之智能,极知外在世界,无有所蔽。否则,单恃己能,则所知有限,必陷蒙蔽之境地。在此,我们注意到其所提倡的人主智能局限论有两点需要特别说明:一是强调"人主"乃是中材之人,故不"尚贤"。此不"尚贤"原则既针对使用众人,也应用于自身。就人主自身而言,韩非子讲得很清楚,人主不必有离娄之明、师旷之聪。离娄自然"目明",师旷当然"耳聪",故为异于常人之"贤人"。然所谓"明"、"聪"一定要达到离娄、师旷之水准方以为是吗?显然不是。事实上,按照前面所说的,韩非子以为耳目知觉能力之正常实施的关键在于心志状态即"神静",而并不特别强调耳目知觉能力之"天赋禀赋",故不以离娄、师旷为标准也隐含了这样的意思:离娄虽明,师旷虽聪,若其"神"不"静",则其耳目知觉能力难以确保。这也是韩非子不尚贤的一个原因。二是,韩非子在突出人主因势故有不蔽之知时,强调的是"知"之"广"(范围),未有盲区。这一思想有点荀子"兼知"之意味,而实大不相同。荀子是赋予"圣人"以特权,因圣人能以"知道"而超越"知物"之专家之知,故得"兼知"。故于"圣人"一人,其既是"兼知"者,则也就意味着其克服了"知"的有限。然于韩非子,人主即便"知广"而无蔽,只是"因势"而成,而这些众人之"智能"还是外在于人主。就此而言人主只是"因势"者,而非"兼知"者。人主对于众臣的特权不在于"知识论"上"知"的完备,而是因"神静"而能"因势",其胜在"心术"。

自然,"因势"也不纯是对既有之"势"的一种藉用,其也涉及在现有条件下,如何"造势",以便使得众臣能更积极地以其智能服务于人主一己之身。因为"君臣之交,计也"[2],此要求人主给出"赏罚"之二权柄,由此就涉及对"物"的理解。于韩非子,赏罚是人主制衡人臣之重要手段,其之被称为"权柄",正说明人主之"权力"需要藉一简捷可控的形式来"时时"展开,否则即如蓄高峡之水而不用之,但观设耳,故云:"明主之所导制其臣者二柄而已矣。二柄者,刑、德也。何谓刑、德?曰:杀戮之谓刑,庆赏之谓德。为人臣者畏诛罚而利庆赏,故人主自用其刑德,则群臣畏其威而归其利矣。"[3]刑德概念之对举,《左传》已见之,然作为一"制度化"的社会治理之"术",则是出现于战国后期黄老学的文献中。在黄老学中,因有道家倾向与法家倾向之不同,对赏罚的处理又有差异。或将赏罚置于阴阳五行体系下,令其依乎"时序"原则,君主亦不得以其个人好恶而逾越这一原则,此在《管子》《吕氏春秋》等中多见。至于韩非子,则将赏罚与君主之意志联系起来,要以赏罚来贯彻君主的

〔1〕《韩非子·奸劫弑臣》。
〔2〕《韩非子·饰邪》。
〔3〕《韩非子·二柄》。

意志，此就完全无关“时序”原则。韩非子将赏罚譬喻为虎之爪牙，人主之能制臣，即在此爪牙也，若人主释其爪牙，弃其权柄，“则君反制于臣矣”。

韩非子对主臣间的紧张权力博弈可谓洞察至极，其不认同儒家人士以“礼”规范人之行为，正名分以定君臣关系，其中一个很重要的原因即在于，君臣虽可“合”而达成一“同盟”关系，此仅是“利益”计而无“义”之原则作为连接纽带。事实上，在战国后期征战频仍之情形下，君臣实组成了一“军政组织体”，二者实是一“合伙人”之关系，故其既不同于一“修道共同体”，譬如夫子之“君子之结盟”、庄子的“相与为友”，亦非是一“社会”构建，如荀子所设计的“君师一致”的“社会组织”模式，而是一以“富国强兵”为目的之“军政体”。在此“军政体”中，“君主”为权力集中之所在，君对臣之制衡关系成为维持此“军政体”的必要前提。其实，对比上面所言之“修道共同体”、“社会组织”，我们看到，法家设计的此一“军政体”模式中，缺失了“师”这一“集团”。夫子的“君子之结盟”，实即“师”集团也，其意在对“邦”之维系确立一“道”原则之基础；庄子逍遥于世，非自乐也，其之“相与为友”实要在王权之外建立一“友谊共同体”，为“士”确立一独立之域；至于荀子，虽有君（王权）与师（道）的调停，其意仍是以“师”来统摄“王”，故而突出圣人之“知”的优先性。凡上所言，均涉及“师”（道）之“集团”与“王”（权力）的博弈，而对“师”之价值的确认则是无疑的。然在韩非子之叙述中，我们看不到“师”。秦朝有“以吏为师”之令，溯其源，则战国法家已揭其旨。事实上，在早期人类文明演进中，社会职能有一互相制衡之结构性，即如印欧比较神话学家乔治·杜美齐尔所倡之“印欧三种职能神话”说所论，诸多印欧神话文本中隐含了对祭祀神职集团、国王武士集团、平民集团三种职能结构的确认，体现了印欧民族一稳定的心智结构模式。杜美齐尔的“三种职能”心智模式其实不必限于印欧文化圈，而是早期人类文明所共有，但有显明隐晦之差异表现耳。三种职能核心其实是“祭祀神职”集团，在印欧文化圈中，这一集团在文明的演进中虽有形态之变异，而始终葆有其相对的独立性，而于汉文化圈，则所谓的“巫史”集团在春秋战国的社会进程中逐渐“扁缩化”，进而被“士”集团所取代。“士”集团虽有与权力系统的纠缠关系，实际承担了制衡“君”（国王武士集团）之职能，此在从孔子到荀子之论中已明示。然于韩非子，其取消了“士”作为“师”集团的独立合法性，从而将原有的“三种职能”（王/师/平民）转化为另样的三种职能（君/臣/民），在此“转化”过程中，“王”（武士集团）本身“减缩”为“人主”一人，其原有的“成员”降为“臣”，而“平民”则由原来纯粹的“治生产业”，转而同时承担生产、通货与服役征战之职，至于“师”则完全失去其原有独立之“职能”地位，而纳入“臣”之范围。

不难看出，在此转化过程中，既有原有职能集团的化约，也有原有职能集团的分化。王（武士集团）分化为“君”（人主）与“臣”的对立，实际反映了由于“军政事务”的复杂化，客观上要求“武士集团”要有一更细致的职能分化，但这同时制造了君/臣之间的权力博弈关系;而"师"集团之化约进"臣"集团,则可看成是由于"王"(武士集团)的膨胀,其将"师"之职能之独立性取消,从而令其职能只是服务于"君";至于"平民"集团,其"治生产业"的独立职能亦失去,而是服务于"富国强兵"之军政事务,故而成为广义之"臣"(臣民),然其与"人主"没有权力博弈关系,而是完全地服务于"人主",从这个意义上讲,"民"成为"君主"天然的"同盟"。由此可见,既往之王/师/平民三种职能中王/师之制衡关系,现在转为君/臣/民三种职能中君(人主)/臣之制衡关系,"师"失去其独立之职能,而是依附于"臣"这一职能集团中。若依印度四种姓神话,则王师之职能制衡可以"手口"关系隐喻之:"师"对应于"口"者,因为"师"(神职集团)主司人与"神"或"天"之沟通,乃是要藉助"语言"(包括非文字的"口语")而进行的,故"师"往往具有"听说视"等方面特异之能力;而"王"对应于"手"者在于,"王"为"武士",即荷戈而战者,故是"孔武有力"之形象。概括而言,"师"是"观"者,而"王"是"行"者,先"观"而后"行"。可见,在上古王/师关系中,"师"具有一优先性,其对"王"有一"指导"性,然总体而言,二者是一合作支持关系。而战国后期的君臣关系,则可以不同之"决策者"间的博弈譬喻之,其中"君"为"主导","臣"为"依从"。无论主导还是依从,均是"决策者",而决策之能即在心与五官,心为"静神",而"官"为"辨物",所谓聪明睿智正是指心与五官之认知能力。君/臣虽同有"决策者"之"资",而在现实世界中则有决策与被决策之权力格局,然这种权力关系不是"确定不变"的,而是需要"维持"的。若"君"(主导者)之"脑"不正常,无有聪明睿智,则其"决策者"之地位丧失,反为"被决策者"(臣)所控制。可见,在韩非子给出的君臣关系中,上古王师的"口手"支持关系不复存在,而呈现出不同"个体"之间的紧张博弈,无论是"君"还是"臣",其自身均是一"自足"之"决策者",而非分任不同之职能,故君臣的博弈不是不同职能间的制衡,而是同一职能之"决策者"地位的竞争,"君"要竭力维持其"决策者"之主导地位,"臣"则要伺机改转此一格局,以"臣"之"名"而行君之"权"。在这一"军政体"中,得"决策者"地位者即为"君",被决策者即为"臣",君之职能即在于最大限度地控制群臣,以使得众臣之"智能"贡献于"人主"一己之身。就此而言,"君"作为"因势"者,即是"集智"者,是将本该服务于己之决策的种种智能均服务于"人主"一人之决策。人主由此"坐集"众智,其决策无蔽也,"且上用目则下饰观,上用耳则下饰声,上用虑则下繁辞。先王以三者为不足,故舍己能,而因法数,审赏罚。先王之所守要,故法省而不侵。独制四海之内,聪智不得用其诈,险躁不得关其佞,奸邪无所依。远在千里外,不敢易其辞;势在郎中,不敢蔽善饰非"[1]。

---

[1]《韩非子·有度》。

法家之强化“人主”一人之权力地位与突出“法”的公共性是相应的，因为确认“人主”之地位，实是军政体内部成员“妥协”之结果，其目的在于将“决策权”让度于“一人”，以避免不同决策者之间无休止的竞争。然“一人”之决策权与“决策能力”之间有着巨大差距，故要求“一人”必须能“集”众智，否则即难以有效维持。对“法”之“公”的强调正在于制止“智能”之消耗于“私己”之域而未贡献给“一人”。

第五章　战国后期心志恬淡论(二)：守神

"法家"之心志恬淡论指向的是君主的"决策"，即一种有效的认知行为，心性修养仅是手段而非目的，其功利主义色彩是显然的。人主在与群臣之竞争、博弈中垄断了"决策"之特权，而将"群臣"置于为其所操纵之地，令其"无私"贡献智能于人主。如此，"人主"是唯一的决策者，"群臣"则成为服务此一决策的智能来源，而失去其决策者之身份。在此，对"权力"的据有与否决定了"决策者"之身份。既然"决策者"具有"集智"之可能，而获得"决策者"身份之依据在于"权力"，则"贤明"于"人主"是无需的。"人主"既不必"尚贤"以制造对其个人权力的制衡，也不必以"贤人"自居而约束其自我意志，如此，对于"人主"来说，作为一独立职能集团的"师"即失其合法性。事实上，战国晚期道法融合乃是一思想大势，"归本于黄老"的韩非之学亦是道法融合之产物，但偏向于"法"之一极而已；相对于此，战国晚期道法融合的另一朝向便是突出"道"的维度，此即我们一般所讲的"黄老"家。而重"法"抑重"道"，就涉及对三重职能结构中圣(师)/王关系的处理。相较法家对"师"之职能的否弃，战国后期倾向"道"维度的黄老学在一定程度上有一对"师"之权威的坚持，对传统的三重职能结构模式中"圣"(师)之职能的维护。

第一节　简帛《老子》与"师"

据学界已有观点，黄老之学的称呼不见于战国，乃汉人对起于战国后期而延至汉代一学派的命名。如蒙文通先生云"'黄老'本来就是战国后期才形成的学术，是到汉代才有的名称"〔1〕。陈丽桂先生亦云："'黄老'其实可以说是战国秦汉间的道家后期思想，因此，汉人也称之为'道家'。'道家'之称和'黄老'一样，都是汉人才开始的，先秦以前没有。"〔2〕学人都指出了"黄老之学"在战国后期虽无其"名"而有其"实"之状况，且普遍以为战国黄老之学即《论六家要旨》中所讲的"道家"，其思想特征乃是"因阴阳之大顺，采儒墨之善，撮名法之要"。可见，黄老之学乃是学宗道家而又融通诸子，突出"道法结合"，以道家个体"修养"原则而参与政治哲学领域，故其要点不在"老"而在

〔1〕 蒙文通：《略论黄老学》，载于氏著：《佛道散论》，第70页，北京：商务印书馆，2011年。
〔2〕 陈丽桂：《战国时期的黄老思想》，序第2页，台北：联经出版事业股份有限公司，2005年。

“黄”[1]。事实上,早有学者如侯外庐先生等以“黄老刑名之学”命名“黄老之学”[2],指示了其区别于《老子》之学的特质。这样看来,黄老之学乃依托早有之《老子》之学而发展出有别于后者的另一学术之路,即所谓“道法家”,其与《老子》之学的界别很清楚。虽然如此,黄老之学的概念其实还是有笼统不清之嫌,这表现在:一方面部分学者特别提出“稷下”黄老之学,将之与慎到、田骈、宋钘等战国中后期稷下学者联系起来;另一方面则有学者突出所谓“后期”黄老之学,关注战国末期的《文子》《鹖冠子》《尹文子》《吕氏春秋》以及成书于汉代的《淮南子》等黄老典籍[3]。对此两个黄老之学概念,陈鼓应先生曾有所指示,以为稷下道家为黄老之学的代表,而黄老之学指绵延一时的思想潮流,故二者有别。[4]虽然陈先生作了一圆通工作,但对此两个黄老概念的关系,我们以为仍有说明的必要。据白奚先生的研究,黄老之学为战国中后期的显学,其成于并大盛于齐之稷下学宫,其中慎到、田骈、宋钘等为稷下黄老学的主要人物。此一学说的成立乃是齐之道家学者“为适应当时的政治需要,将老子之学同春秋以来流行的‘黄帝之言’结合起来进行综合改造的结果”[5],而《黄帝四经》则为此一学派的奠基之作。以稷下道家学者具有极浓的“齐学”色彩,这自是肯定的,但如何理解“齐学”与老子之学的关系还是一个问题。傅斯年先生亦曾著文,以为战国学术有一“空间”系属性,大体儒出于鲁,道出于齐,其所谓的“道”乃指“黄老之学”,而以老子之学本来面目即是治国处事之术,非玄谈也,故则其“战国末汉初黄老之学实为齐学”之说就直接将老子之学划归齐学的范围。显然,傅先生这一观点还是有讨论的余地。鉴于学界现有对稷下黄老之学与老子之学(《老子》之学)关系的说明尚不足够令人信服,本书以为可以考虑其他思路,将稷下黄老学的成立与同期的庄子学派联系起来,限于篇幅,我们在此分别援引《史记》《庄子·天下》《荀子·解蔽》《荀子·非十二子》关于稷下三子之学的描述,对之稍作简略分析,以期说明本书所提出的观点。

首先是《史记》。在《史记·孟子荀卿列传》中,司马迁专门提到稷下学者,“慎到,赵人。田骈、接子,齐人。环渊,楚人。皆学黄老道德之术,因发明序其指意”[6]。司马迁称慎到、田骈等俱“学黄老道德之术”,“各著书言治乱之事,以干世主”,显示其学说很强调的“政治”指向性,但对个人具体所学没

---

[1] 白奚:《稷下学研究——中国古代的思想自由与百家争鸣》,第93页,北京:三联书店,1998年。
[2] 侯外庐:《中国思想史纲》,第67页,北京:上海书店出版社,2008年。
[3] 以《盍庐》为代表的一批战国后期兵书亦深受黄老之学的影响。参见邵鸿:《张家山汉简〈盍庐〉研究》,北京:文物出版社,2007年。
[4] 陈鼓应:《管子四篇诠释——稷下道家代表作解析》,第6页,北京:商务印书馆,2006年。
[5] 白奚:《稷下学研究——中国古代的思想自由与百家争鸣》,第96页。
[6] 司马迁:《史记·孟子荀卿列传》。

有区别。至于《荀子》,对于三人之学则有区别。《荀子·非十二子》以慎到与田骈同列,其学说是"尚法而无法"、"终日言成文典",《荀子·解蔽》亦有"慎子蔽于法而不知贤"之断语,可见荀子似乎说二人虽然"以法为上"而实不"循法"而好作为,故自相矛盾。至于宋钘,如前文已述,其主"情欲寡浅"说,实与荀子强调"礼"的"评价"作用相冲突,乃是荀子批评之重点,故《荀子·解蔽》以为"宋子蔽于欲而不知得",且在《荀子·非十二子》被指斥为"忍性情"、"優差等"而与墨子同列。虽然三子学说或有差异,但还是体现出一种共同性,那就是不以"差异性"的"礼"而是以"同一性"的"道法"作为一社会普遍共同之规范原则,此正体现了三子的"道法家"特征。至于老子之学,荀子但于《天论》中言其"有见于屈,无见于伸"。而相对于《荀子》之评的"政论"色彩,《庄子·天下》对田骈、慎到、宋钘的学说有更专业的"学术史"的界说,显示了庄子学派对稷下学者学说的熟知。同《荀子·非十二子》一样,《庄子·天下》也是把宋钘单列,而将田骈、慎到并列,然对前后两组人物的轻重处理不同。《天下》将宋钘与尹文并列,以其学之核心在于"以禁攻寝兵为外,以情欲寡浅为内",基本同于《荀子》之判定。但不同于《荀子》对宋钘之学竭力批驳,《天下》篇更关注的是后一组人物彭蒙、田骈、慎到,且强调三子俱为"齐万物以为首",显示其学说与庄子之学有某种相似性。对此,钱穆先生有相当充分的考证[1]。具体来说,慎到之学乃是"弃知去已,而缘不得已。泠汰于物,以为道理",即否定"已知"的有效性,而纯因"外物"而转,故此被批评为"慎到之道,非生人之行,而至死人之理"[2]。至于田骈,学于彭蒙,其说乃是"所谓道非道,而所言之韪不免于非",似类同慎到而主弃"已知"。这样看来,《庄子·天下》更多是从"知识论"角度对上述稷下学者作定位,强调"彭蒙、田骈、慎到不知道",而不同于《荀子》"礼/法"之辨的视角。而值得注意的是,《天下》篇作者提出了老子(老聃)、关尹一派,此派之主张乃是"建之以常无有,主之以太 "、"以濡弱谦下为表,以空虚不毁万物为实",作者以赞赏之口气称此二人为"古之博大真人哉"。

从以上三种文献对稷下三子之学的评述可见,由于评述者之身份不同,则对三子之学的理解、定位也就有差异。荀子曾三为稷下学宫祭酒,故对三子的评说乃是对稷下学派内部的清理、整顿,亦可言是以儒家立场对稷下黄老与儒家之学予以调停。而荀子自身既强调"明于天人之分",又以"庄子蔽

[1] 参见钱穆:《先秦诸子系年》,"一三九 田骈考",北京:商务印书馆,2001年。

[2] 钱穆先生以为慎到开后来道法之学,然其活动时间在前,"其实慎到为稷下学士,尚在前,老聃韩非道德刑名之学自在后。汉人误认老子在孔子前,遂若慎到学老子而韩非采慎到。以荀卿之论定之,可知其误也"。钱穆先生以为著《老子》书者不惟晚于孔子,且尚在庄周之学既盛之后,而《老子》之书,"盖兴于齐,出于庄周宋钘之后,荀卿已及见",则《老子》当见于庄荀之间,故《老子》之学当在慎子之学后。钱穆:《先秦诸子系年》,第495页。

于天而不知人”，似表明荀子最大的对手实是庄子，则庄子学派在当时思想界格局中的地位可以想见，而老子之学未见较大影响。而就《庄子·天下》来看，其作者则是站在庄子学派的立场，对“不同道”的稷下学者予以评说，作者虽以他们为“不知道”，然相对其他诸子，可说给予了稷下黄老学者以最大的关注。虽然荀子与庄子学派对稷下学者的定位不同，然从他们的表述中均看不出稷下学者与老子之学有何特别关联。前者评论了与其同期及之前的几乎所有重要学人，而只稍带提及老子，自然也就未涉及所谓老子之学与稷下学者的学术关联；而后者则明确将老子之“术”学[1]区别于稷下学者的“知”学，以为二者乃是“道术为天下裂”之后不同维度朝向的“方术”，“譬如耳目鼻口，皆有所明，不能相通”，故二者间没有学术传承关系。事实上，将稷下黄老学与老子之学建立起一学术谱系关系的乃是后来的司马迁，而这显然与黄老学大盛于汉初有关。司马迁对“黄老”学的界定乃是建立在以老子之学为宗的基础上，从其对老子之学的描述看，所谓“老子所贵道，虚无，因应变化于无为”[2]，似将老子之学即等同于汉代之“道家”（黄老）概念，所以其称韩非子“喜刑名法术之学，而归本于黄老”[3]，而申子（申不害）之学亦是“本于黄老而主刑名”，此二子与庄子之学虽有侧重，“皆原于道德之意，而老子深远矣”。可见，司马迁所用“黄老”实乃是其所理解的“老子”之学的另一表述，其所谓的“世之学老子者则绌儒学，儒学亦绌老子”与班固评价司马迁“论大道，则先黄老而后六经”之尊老贬儒立场相呼应，正说明其将“黄老之学”同于“老子之学”。若此，则司马迁说慎到、田骈等“皆学黄老道德之术，因发明序其指意”，实指稷下诸子学宗老子之学（黄老道德之术）而有所“发明”，然并无单列“稷下黄老”之学而有别于作为“黄老”之学的“老子”之学的意思。显然，司马迁对“黄老”学的理解乃是沿用了其父司马谈《论六家要旨意》以“家”为“学说宗旨”的做法，并基于此而进行学术传承谱系的编撰。然事实上，《老子》之学与稷下黄老学不相类也，对此，蒙文通先生实有说明。蒙先生对战国道家思想有精深之研究，其特别从地域空间角度区别了南北道家，以为田骈、慎到、接予之学为北方道家，而庄周、老子为南方道家，前者区别于后者在于主“因循”之说，而后者无有此旨，但知“虚无”。蒙先生以庄老俱主“虚无”未必确切，然其点示北方道家的“因循”之义则是颇有启发意义的。以此，蒙先生以为，“知以诸儒之盛，聚于稷下，而黄老之说以兴。实后来所称黄老之学，始于稷下。凡称黄老，皆出汉人书，晚周无言黄老者。盖黄帝、老子之书皆晚出，以稷下此诸家者，皆合黄老意，遂以黄老后来之名，被之前人。非此诸家之学出于黄

[1] 傅斯年先生指出，《庄子·天下》所称老聃之言只是“论事”。见氏著：《战国子家叙论》。
[2] 司马迁：《史记·老子韩非列传》。
[3] 司马迁：《史记·老子韩非列传》。

老也”[1]。蒙氏将稷下黄老学置于《老子》之学之前,实有孤明先发之义。事实上,由于“老子”之学是司马迁黄老学谱系构拟的基础,故其必以《老子》成书甚早,然近几十年来的简帛《老子》研究已基本认同《老子》最早文本形成于公元前300年甚至更晚,故《老子》之学本身也是形成于战国晚期,不可能对之前的稷下学者有影响。以此,稷下黄老学与《老子》之学无关。

虽然没有《老子》之学的依托,我们认为“稷下学者”之“黄老”学其实是以另一种“道法融合”的形式实现的,即如裘锡圭先生所说的“道法家的形成途径很可能是多元的”[2],其说的虽然是《庄子》某些篇章中也所包含了一些“道法”思想,但也给我们相当的启示。稷下黄老之学的形成既与《老子》之学没有特别关系,则似存在与庄子学派关联的可能性。蒙文通先生特别指出“是稷下各派学者集合(或融合)而形成了黄老一派;不是先有黄老学,田、慎、宋、尹诸人从黄老出。不是黄老之学在先,而是百家融为黄老”[3]。强调“不是黄老之学在先,而是百家融为黄老”意味着什么呢?实指稷下黄老之学“是由各种学派渐趋接近的结果,而不是由一个道家杂取各家学说而后形成”[4],此正与该学派的“因循为用”的思想原则有关,而反衬了庄子学派“不仅不能兼取百家之长,更不能因时因物”。此或可理解为,稷下黄老之学与庄子之学实代表战国后期思想界的两种主导倾向,稷下学者虽未正面吸收庄子之学,然也正是在与庄子学派之对立论辩中分化而成,此从《庄子·天下》对稷下学者予以最多的关注可看出。[5]从这个意义上讲,荀子不仅可视为是以“儒家”之身份而对稷下黄老学与儒家之学予以调停,且可在更大范围内看成是对稷下之学与庄子学说作了一调停。至于所谓“后期”黄老之学,则是在《老子》文本形成、演化之基础上,黄学与老学的合流[6],相对于稷下黄老之学可谓是“名至实归”,其典型表现便是包括《文子》在内的一批黄老学经典的

[1] 蒙文通:《杨朱学派考》,《佛道散论》,第65页,北京:商务印书馆,2011年。

[2] 裘锡圭:《马王堆〈老子〉甲乙本卷前后佚书与“道法家”——兼论〈心术上〉〈白心〉为慎到田骈学派作品》,《古代文史研究新探》,570页,南京:江苏古籍出版社,2000年。

[3] 蒙文通:《略论黄老学》,《佛道散论》,第70页。

[4] 蒙文通:《略论黄老学》,《佛道散论》,第80页。

[5] 尽管《庄子·天下》对稷下黄老的批判似乎表明庄周学派在稷下黄老之后,但情形显然应该是:庄周学的组成包括了庄子及其后学,批驳黄老者为后学,其与稷下黄老派同期及稍后。至于庄子本人的思想,则应在稷下黄老之前。刘笑敢将庄子后学分为述庄派、无君派、黄老派,其以为《天道》《天下》等七篇属黄老派。见《庄子哲学及其演变》第九章。

[6] 当然,对此黄老合流学者的理解也尽相同。金春峰先生以为,“所谓‘黄老’,正是《老子》思想向法家、兵家发展并与之相互结合的结果”。见《帛书〈黄帝四经〉的思想和时代》,《汉代思想史》,北京:中国社会科学出版社,1997年。萧汉明先生则认为,黄老学乃是“黄学”与“老学”的合流,这有一个二者从形式到内容的的真正融通。见氏著:《马王堆四篇古佚书与黄老思潮》,丁四新主编:《楚地出土简帛文献思想研究》(一)。

出现[1]。如果我们将出土帛书《老子》乙本卷前四篇佚书(所谓《黄帝四经》)[2]也包括在内的话,则可见"后期"黄老之学内部也存在着差异性。事实上,《老子》(特别表现为帛书《老子》)亦属于"广义"后期黄老学的范围,汉人视《老子》为黄老之学,乃治国处世之术而非玄谈哲学之作,今人则曾出于儒/法之争的考虑,将《老子》定为黄老著作,而将马王堆出土帛书《老子》乙本卷前四篇佚书视为"法家"著作,强调汉代统治思想的"道表法里"的实质。[3]这样看来,简帛《老子》亦未尝不可看成属于"广义"上的战国后期之"黄老"之学,而四篇古佚书则是体现了战国后期"黄老"学中更为"法家"化的思想向度,只是后者与作为"法家"的韩非之学仍有区别。缘此,本书特别关注战国"后期"黄老学中偏"道家"化的学说与简帛《老子》的密切关联,而要讨论前者中的"师"职能,当先处理简帛《老子》中的"师"职能。

对于简帛《老子》文本之演化与各组主题之差异,学界已有相当深入的探讨,尤其针对简本三组《老子》,学者或关注各组论"道"之"体"、"用"之轻重,或区别各组治国、修道、道论主题之偏重[4],我们这里的讨论所选取之视角聚焦在文本对"身份"(角色)与"职能"关系的表述,而这与学者既有的研究是可以相呼应的。在简帛《老子》中,我们看到涉及的人物角色主要有三:圣人、侯王、民,与之相应的是,讨论之议题主要有二:一是"圣人"之示范治世原则,二是"王"如何依循"道"之原则。乍一看,由于后世圣/王一致的形象,我们看简帛《老子》时会将圣人与王等同起来[5],以为圣人即指侯王。其实简帛文本在使用"圣人"、"王"(侯王)两个语词时是有区别,乃是应用于不同之领域,显示出圣/王职能之差异。当然由简本《老子》到帛书《老子》有一文本之演化,

---

[1] 白奚先生将马王堆《老子》乙本卷前后四篇佚书(所谓《黄帝四经》)视作稷下学的奠基作品。见氏著:《稷下学研究——中国古代的思想自由与百家争鸣》第六章第二节。而陈鼓应先生也以《黄帝四经》为初期之作品,为现存最早的一部黄老之学著。见氏著:《先秦道家研究的新方向——从马王堆汉墓帛书〈黄帝四经〉说起》,陈鼓应主编:《道家文化研究》第六辑,上海:上海古籍出版社,1995年。裘锡圭先生以为《老子》甲乙本卷前后佚书(主要是乙本佚书四篇与甲本佚书《九主》)多谈"形名",与作为法家的慎不害、慎到的思想密切关联,而《管子》中的《心术上》《白心》都谈"形名",则为早期道法家的作品,出于慎到、田骈一派之手。

[2] 萧汉民先生不认可《黄帝四经》之说,以为四篇佚书中只有《十四经》(《十大经》《十六经》)属于"黄帝书"的一种,其他三篇根本不是"黄帝书"。见氏著:《马王堆四篇古佚书与黄老思潮》。

[3] 参见康立、卫今:《法家路线与黄老思想——读帛书〈法经〉》,马王堆汉墓帛书整理小组编:《法经》,北京:文物出版社,1976年。

[4] 分别参见丁四新:《论简本与帛本、通行本〈老子〉的思想差异》,丁四新主编:《楚地出土简帛文献思想研究》,武汉:湖北教育出版社,2002年;王博:《关于郭店楚墓竹简〈老子〉的结构与性质——兼论其与通行本〈老子〉的关系》,陈鼓应主编:《道家文化研究》第十七辑("郭店楚简"专号),北京:三联书店,1999年。

[5] 李泰棻先生以为《老子》乃是一本对"有国者"的告诫之书,故所谓圣人、万乘之主、侯王、我、吾、若等都是指他们。李泰棻:《老庄研究》,北京:人民出版社,1958年。参见胡道静主编:《十家论老》,上海:上海人民出版社,2006年。

对圣/王之处理亦稍有变异,这正可显示三种职能结构模式的变迁。以下,我们分别对简帛《老子》之涉及圣/王/民三个角色的相关文字作一引述,再作相应分析。

一、郭店简本《老子》

在郭店《老子》甲、乙、丙三组文字中,甲本篇幅最长,涉及相关主题内容最为完整,故我们的分析以甲组为主[1]。

1. 关于"民"

1.1 绝知弃辩,民利百倍。绝巧弃利,盗贼无有。绝伪弃诈,民复孝慈(甲Ⅰ,1:1—24,今本第19章)

1.2 天地相合也以逾甘露,民莫之令而自均焉。(甲Ⅹ,19:8—24,今本第32章)

1.3 夫天下多忌讳而民弥叛,民多利器而邦滋昏。(甲ⅩⅥ,30:11—28,今本第57章)

1.4 是以圣人之言曰:我无事而民自富。我无为而民自化,我好静而民自正,我欲不欲而民自朴。(甲ⅩⅥ,31:15—28,32:1—22,今本第57章)

2. 关于"圣"(圣人)

2.1 圣人之在民前也,以身后之。其在民上也,以言下之。其在民上也,民弗厚也。其在民前也,民弗害也。(甲Ⅱ,3:13—29,4:1—21,今本第66章)

2.2 为之者败之,执之者远之。是以圣人无为故无败,无执故无失。(甲Ⅵ,10:22—30,11:1—15,今本第64章)

2.3 圣人欲不欲,不贵难得之货;教不教,复众之所过。是故圣人能辅万物之自然,而弗能为。(甲Ⅵ,11:29—31,12:1—29,13:1—2,今本第64章)

2.4 大小之,多易必多难,是以圣人犹难之,故终无难。(甲Ⅷ,14:22—33,15:1—7,今本第63章)

2.5 是以圣人居无为之事,行不言之教。(甲Ⅸ,16:31,17:1—13,今本第2章)

3. 关于"王"(侯王/人主)

3.1 以道佐人主者,不欲以兵强于天下。善者果而已,不以取强。(甲Ⅳ,6:17—27,7:1—12,今本第30章)

3.2 道恒无为也,侯王能守之,而万物将自化。(甲Ⅶ,13:3—18,

[1] 据雷敦龢之校笺本。

今本第 37 章)

3.3 道恒无名,朴虽微,天地弗敢臣。侯王如能守之,万物将自宾。(甲Ⅹ,18:9—24,19:1—7,今本第 32 章)

3.4 天大,地大,道大,王亦大,国中有四大焉,王居一焉。(甲Ⅺ,22:16—34,今本第 25 章)

从以上引录文字可以看出,“民”、“圣”、“王”三种角色似有职能之分工。“民”这一角色与“利”与“安”相关,其职能似在“自利”、“自安”,即依其技能而“治生产业”。“圣”之角色为“教化者”,其职能则在于以“无为”原则而行不治之治。至于“王”,亦即“人主”,为邦或国之执政,其职能自然是“治国”(“治民”),而其中一主要之处理事务即是“用兵”。对比三种角色职能,不难看出,其与杜梅齐尔的“印欧神话三种职能”颇为对应,只是“圣”与“王”之角色似稍有重合,需要辨析。显然,相对于“民”,“圣”与“王”均是“治者”而非“被治者”,故文本没有将“民”与对“道”的要求关联起来,但对后二者与“道”的关系则予以特别强调。从文本对“圣”的描述可以看出,“圣”已是“得道者”,故得以“无为”之行而令“民”自化。在此,“圣”之角色职能似乎同于“王”,也是“治民”,其实不然。“圣”之“治民”非在实际事务上“治民”,而其实是给出一“治民”原则——无为而令其自化——故“圣”之“治民”实为“化民”,其乃是一“教化者”,这正对应于“三种职能”中“神职”集团的职能。而对比“圣人”,“侯王”虽为“执政”,其显然不等同于已“得道”,从文本对其行为常用“能”、“如能”之词以修饰正说明,“王”应依循“道”之原则,但实际上未必然,故可能是“不能”循道。事实上,由于职能身份之不同,文本对“王”之要求仅是“守道”即可,而非如“圣”一样“得道”。“圣人”乃是“教化者”、“道”原则之“示范者”,其并无有一特别之职能,故在“化民”时但示以“无为”之原则。而对“侯王”来说,其有具体之治理“职能”,譬如“兵事”,故侯王之所应为者无非是以“道”之原则来履行这些“职能”。就此而言,“圣”是“道”原则之“演示”、“示范”者,“王”只是“道”原则之应用、实施者,前者对后者具有一“指导”地位的优先性,这似乎隐含了一个“圣”为“体”、“王”为“用”之“体用”关系,只是圣/王分立,非由一身份所兼也,体现了对传统“三种职能”结构的一种维持。

二、帛书《老子》

以上为简本《老子》情况,我们下面再来看看帛书《老子》。帛书本《老子》有甲、乙组,两组之章节顺序、文字内容大体相同,与通行之王弼本虽有“德经”、“道经”倒置之不同,而文字内容大体一致,故其各自之残缺部分可对照通行本而勘补。对比简本,帛书《老子》文本之最大特点在于分“德经”、“道经”之二篇,以“德经”置于“道经”前,这样一种处理对于圣/王/民三种职能结构模式显然是有影响的。我们还是先引录关于“民”、“圣”、“王”三种角色的材料,再作相应之分析。引录分别从“德经”与“道经”两部分展开。

(一)德经

1. 关于“民”(人/百姓)

1.1 夫天下[多忌讳]，而民弥贫。民多利器，而邦家兹(滋)昏。(甲本，今本第57章)

1.2 人多知，而何(奇)物兹(滋)[起。法物滋彰，而]盗贼[多有]。(甲本，今本第57章)

1.3 是以[圣]人之言曰：我无为而民自化，我好静而民自正，我无事而民自富，我欲不欲而民自朴。(乙本，今本第57章)

1.4 其正(政)閵閵(闷闷)，其民屯屯(惇惇)。其正(政)察察，其[民狭狭]。(乙本，今本第58章)

1.5 治人事天莫若啬，夫唯啬，是以蚤(早)服，蚤(早)服是胃(谓)重积[德]。(乙本，今本第59章)

1.6 非其鬼不神也，其神不伤人也。非其神不伤人也，[圣人亦]弗伤也。(乙本，今本第60章)

1.7 [故]大邦者，不过欲兼畜人；小邦者，不过欲入事人。夫皆得其欲，[大者宜]为下。(甲本，今本第61章)

1.8 [道]者万物之注(主)也，善人之葆(宝)也，不善人之所葆(保)也。(甲本，今本第62章)

1.9 美言可以市，尊行可以贺(加)人。人之不善也，何[弃之]有。(甲本，今本第62章)

1.10 是以耶(圣)人欲不欲，而不贵难得之货；学不学，复众人之所过；能辅万物之自然，而弗敢为。(乙本，今本第64章)

1.11 故曰：为道者非以明民也，将以愚之也。民之难[治也，以其]知(智)也。故以知(智)知(治)邦，邦之贼也；以不知(智)知(治)邦，[邦之]德也。(甲本，今本第65章)

1.12 是以圣人之欲上民也，必以其言下之；其欲先[民也]，必以其身后之。(甲本，第66章)

1.13 故居前而民弗害也，居上而民弗重也。天下乐隼(推)而弗猒(厌)也。(甲本，今本第66章)

1.14 小邦寡(寡)民，使十百人之器毋用，使民重死而远徙。(甲本，今本第80章)

1.15 又(有)周(舟)车无所乘之，有甲兵无所陈之，使民复结绳而用之。(乙本，今本第80章)

1.16 甘其食，美其服，乐其俗，安其居，哭(邻)邦相朢(望)，鸡犬之声相闻，民至[老死不相往来](甲本，今本第80章)

1.17 耶(圣)人无积，既以为人，己俞(愈)有；既以予人矣，己俞(愈)

多。(乙本,今本第81章)

1.18 故天之道,利而不害;人之道,为而弗争。(乙本,今本第81章)

1.19 善为士者不武,善战者不怒,善胜敌者弗[与],善用人者为之下。(甲本,今本第68章)

1.20 [是]胃[谓]不诤(争)之德,是胃(谓)用人,是胃(谓)天,古之极也。(甲本,今本第68章)

1.21 吾言甚易知也,甚易行也;而人莫之能知也,而莫之能行也。(甲本,今本第70章)

1.22 民之不畏畏(威),则大畏(威)将至矣。(乙本,今本第72章)

1.23 [若民恒且不畏死],奈何以杀愳(怯)之也?若民恒是死,则而为者吾将得而杀之,夫孰敢矣。(甲本,第74章)

1.24 若民[恒且]必畏死,则恒有司杀者。夫伐(代)司杀者杀,是伐(代)大匠斫也。夫伐(代)大匠斫者,则[希]不伤其手矣。(甲本,今本第74章)

1.25 人之饥也,以其取食递(税)之多也,是以饥。百姓之不治也,以其上有以为[也],是以不治。(甲本,今本第75章)

1.26 民之巠(轻)死,以其求生之厚也,是以巠(轻)死。夫唯无以生为者,是贤贵生。(甲本,今本第75章)

1.27 人之生也柔弱,其死也葴(筋)仞(肕)贤(坚)强。万物草木之生也柔弱,其死也楎(枯)槀(槁)。(甲本,今本第76章)

从以上“德经”部分论及“民”之文字可以看出,“民”与“人”及“百姓”基本通约使用,反映出“民”由一特殊之“治生产业”之职能集团“泛化”为一非“职能”性之“民众”概念。同简本《老子》之重以“无为”原则而令民“自化”不同,帛书《老子》突出了民之“难治”,因为“以其知(智)也”,故“治民”之要在于“愚之”而非“明之”。这里很明显地透露了一个信息:在郭店简本《老子》中,圣人是没有对“民”的担心之虞的,因为圣人既已是得道者,其仅是“示范”此一原则。至于作为“执政”的王,其问题也只在“能否”按圣人已演示的原则将之具体履行于其职能的施行中,也没有对“民”之担心。而至帛书《老子》,我们看到了一种“担心”,即对“民”之难治的担心,与其说执政是要“治民”,毋宁说其在考虑如何“制民”,执政与民始有一博弈,这是颇值得注意的一种心理状态。

2. 关于“圣”

2.1 [圣]人恒无心,以百省(姓)之心为心。(乙本,今本第49章)

2.2 [圣人]之在天下,㥲㥲焉,为天下浑心。(甲本,今本第49章)

2.3 百姓皆属耳目焉,圣人[皆孩子]。(甲本,今本第49章)

2.4 是以[圣]人之言曰:我无为而民自化,我好静而民自正,我无事而民自富,我欲不欲而民自朴。(乙本,今本第57章)

2.5 非其鬼不神也,其神不伤人也。非其神不伤人也,[圣人亦]弗伤也。(乙本,今本第60章)

2.6 天下之难作于易,天下之大作于细,是以圣人冬(终)不为大,故能[成其大]。(甲本,今本第63章)

2.7 [为之者败之,执之者失之。是以圣人无为]也,[故]无败[也];无执也,故无失也。(甲本,今本第64章)

2.8 是以耶(圣)人欲不欲,而不贵难得之货;学不学,复众人之所过;能辅万物之自然,而弗敢为。(乙本,今本第64章)

2.9 是以圣人之欲上民也,必以其言下之;其欲先[民也],必以其身后之。(甲本,今本第66章)

2.10 圣人无积,[既]以为[人,己愈有;既以予人矣,己愈多]。(甲本,今本第81章)

2.11 是以圣人披褐而褱玉。(甲本,今本第70章)

2.12 是以圣人之不病,以其[病病,是以不病]。(甲本,今本第71章)

2.13 [是以圣人自知而不自见也,自爱]而不自贵也。故去被(彼)取此。(甲本,今本第72章)

2.14 [是以圣人为而弗有,成功而弗居也,若此其不欲]见贤也。(甲本,今本第77章)

2.15 故圣人之言云,曰:受邦之訽(垢),是胃(谓)社稷之主;受邦之不祥,是胃(谓)天下之王。(正言)若反。(甲本,今本第78章)

2.16 是以圣右介(契),而不以责于人。(甲本,今本第79章)

同《德经》中"民"之角色职能有变一致,《德经》中的"圣"(圣人)之角色职能也有变化。在郭店简本中,"圣"是一"教化者"角色,"无为"只是其对"道"原则的"演示",其仅是"给予"民众;而至帛书本,我们看到,"圣"转而成为"民"的竞争者,"圣"之用"无为"不再是"教化",而是作为在与民之博弈中胜出之"手段"。类似"是以圣人冬(终)不为大,故能[成其大]"之语句很明显透露了"圣人"之"无为"的指向。且从语法上看,关联于"圣人"的总是"是以……"之句式(有时用"故……")[1],隐含了一因果推论思维,所以我们当联系上下文来把握"是以……"之句。譬如,"[是以圣人为而弗有,成功而弗居也,若此其不欲]见贤也"(甲本,今本第77章)一句,其所在章完整文字实由

[1] 瓦格那(Rudolf Wagner)指出,"与今本《老子》相比,郭店《老子》中'是以圣人'一语用得相当少"。见《郭店老子:东西方学者的对话》,第158页。

三段文字构成:“天下[之道,犹张弓]者也。高者印(抑)之,下者举之;有余者敗(损)之,不足者补之。故天之道,敗(损)有[余而益不足。人之道则]不然,敗(损)[不足而]奉有余。孰能有余而有以取奉于天者乎?[唯有道者乎]。[是以圣人为而弗有,成功而弗居也,若此其不欲]见贤也。”(甲本,今本第77章)对这章理解的关键在于,此解说圣人“取法”于“天道”而成功者也。其中帛书“孰能有余而有以取奉于天者乎?”一句不同于今本之句“孰能有余以奉天下”,据高明先生,今本“‘奉’前丢‘取’字,则经义全失”,而诸家对之考证皆不可信。其以为,由于“奉”、“法”古音相同通假,故“取奉”当读为“取法”,“取奉于天”即“取法于天”,即以“天”为模范。[1]高氏之解虽不能说是定论,仍有可商榷处,如前后“奉”字作不同解似有不协,但其说大体可接受。事实上,“孰能有余而有以取奉于天者乎?”一句正接上句“[人之道则]不然,敗(损)[不足而]奉有余”,正是对比给出,“敗(损)[不足而]奉有余”之“奉”乃“给奉”之义,对应于前面的“补”、“益”字,而“孰能有余而有以取奉于天者乎?”则指圣人效仿于天,主动“损己”之“余”而非“给奉于“己”。正因为“圣人”(所谓“有道者”)能够“损己”之“余”,才有下面的总结之句:“[是以圣人为而弗有,成功而弗居也,若此其不欲]见贤也。”此“成功”,指成就“功德”(“功业”)也,无论是单指成就圣人“纯粹”个人之“功德”,还是包含圣人之“治民”之“功德”,其都指示了这样一个事实:“圣人”不是一“已得道者”,一纯粹完全“利他”之“教化”者,而是一因“有道”而自我成就者,故帛书文本反复强调圣人之“无失”、“成其大”,以是“圣人”之与“众人”实构成了一竞争、博弈之格局。在此,我们看到了帛书《老子》之“圣人”乃是以“有道“作为“手段”而“成就”自己,实是将简本《老子》中相对独立之“圣人”职能与既有“王”之职能作了一结合,从而使得“圣人”角色承担了“王”之职能。虽然如此,在帛书《老子》中“圣”与“王”是否还是有一区分呢?由此,我们要再看看帛书对“王之描述”。

3. 关于“王”

3.1 昔之得一者,天得一以清,地得[一]以宁,神得一以霝(灵),浴(谷)得一以盈,侯[王得一]而以为[天下]正。(甲本,今本第39章)

3.2 其致(诫)之也,胃(谓)天毋已清将恐[裂],胃(谓)地毋[已宁]将恐[发],胃(谓)神毋已霝(灵)[将]恐歇,胃(谓)浴(谷)毋已盈将恐渴(竭),胃(谓)侯王毋已贵[以高将恐蹶]。(甲本,今本第39章)

3.3 故必贵而以贱为本,必高矣而以下为基。夫是以侯王自胃(谓)[孤]寡不橐(谷)。(甲本,今本第39章)

3.4 天下之所恶,唯孤寡不橐(谷),而王公以自名也。(甲本,今本

〔1〕 参见《帛书〈老子〉校注》,第205—206页。

第 42 章)

3.5　[江]海之所以能为百欲(谷)王者，以其善下之，是以能为百浴(谷)王。(甲本，今本第 66 章)

3.6　故圣人之言云，曰：受邦之訽(垢)，是胃(谓)社稷之主；受邦之不祥，是胃(谓)天下之王。(正言)若反。(甲本，今本第 78 章)

"德经"部出现"王"字较少，从上引文句可以看出，帛书本突出的是"王"的"自贱"而"受辱"，以此而成其"贵"。这与对"圣人"的处理还不完全一样。"圣"仍是具有一"教化者"之形象，而"王"之为"王"在其高贵"身份"，然其应听从"圣人"之教导，所以"故圣人之言云，曰：受邦之訽(垢)，是胃(谓)社稷之主；受邦之不祥，是胃(谓)天下之王。(正言)若反"，这段话将圣王之"言者"与"听者"之角色作了一区别。尽管如此，相对于简本《老子》中圣王较清晰的角色职能之别，帛书《老子》其实已相当程度上模糊了圣王之角色职能之别，即以圣之角色职能同于王，无有不同。当然考虑到现实层面上王无有"德能"，不堪此任，故以有德无德区别之，即"有德司介(契)，[无]德司徹(彻)。夫天道无亲，恒与善人"(甲本，今本第 79 章)。

(二) 道经

1. 关于"民"

1.1　不尚贤，使民不争。不贵难得之货，使民不为盗。不见可欲，使民不乱。(乙本，今本第 3 章)

1.2　[恒]使民无知无欲也，使[夫智不敢，弗为而已，则无不治矣]。(甲本，今本第 3 章)

1.3　天地不仁，以万物为刍狗；声(圣)人不仁，以百省(姓)[为刍]狗。(甲本，今本第 5 章)

1.4　修(涤)除玄蓝(鉴)，能毋疵乎？[爱民治国，能毋以智乎]？(甲本，今本第 10 章)

相对于"德经"部分对"民"之"难治"之强调，故要对圣人或王有所要求，"道经"部分则直接申之以使"民"处于"无知无欲"之状态，且自信"则无不治矣"，突出的其实是"民"之心智状态，换言之，"治民"者"治民"之"心"也。

2. 关于"圣"。

2.1　是以声(圣)人居无为之事，行[不言之教]。(甲本，第 2 章)

2.2　是以声(圣)人之[治也，虚其心，实其腹，弱其志]，强其骨。(甲本，第 3 章)

2.3　天地不仁，以万物为刍狗；声(圣)人不仁，以百省(姓)[为刍]狗。(甲本，今本第 5 章)

2.4　是以声(圣)人芮(退)其身而身先，外其身而身存。(甲本，今本第7 章)

2.5 是以声(圣)人之治也,为腹不[为目],故去罢(彼)耳(取)此。(甲本,今本第 12 章)

2.6 绝声(圣)弃知(智),民利百负(倍)。绝仁弃义,民复畜(孝)兹(慈)。绝巧弃利,盗贼无有。(甲本,今本第 19 章)

2.7 是以声(圣)人执一,以为天下牧。(甲本,今本第 22 章)

2.8 是以声(圣)人恒善怵(救)人,而无弃人,物无弃财(材),是胃(谓)愧(袭)明。(甲本,今本第 27 章)

2.9 楃(朴)散[则为器,圣]人用则为官长,夫大制无割。(甲本,今本第28 章)

2.10 是以声(圣)人去甚,去大(泰),去楮(奢)。(甲本,今本第 29 章)

2.11 是[以]声(圣)人之能成大也,以其不为大也,故能成大。(甲本,第 34 章)

"道经"部分对"圣人"之定位大致同于"德经"部分,但淡化了与"民"竞争博弈之色彩,特别突出了"圣人之治",尤其是"是以声(圣)人执一,以为天下牧"(甲本,今本第 22 章)显示"圣人"之"牧民"者之身份,故仍带有点"教化"之责,所谓"是以声(圣)人居无为之事,行[不言之教]"(甲本,第 2 章),只是"言教"要纳入到作为"行为"的"治"中。所以同样是"治民","是以声(圣)人恒善怵(救)人,而无弃人"、"声(圣人)不仁,以百省(姓)[为刍]狗"等表述体现了与"德经"略有差异的风格,其没有圣人对民之难治的心理焦虑,相反显示了圣人对民真正的"救护":所谓圣人恒善救人,而无弃人。由此,尽管圣人也是"治民"者,但似乎还更多保留了"圣人"之"教化者"之角色,而不同于"德经"部分"圣人"与"王"的同化。对此差异,我们的理解是,德经与道经的分立本身已说明了《老子》文本在演进过程中对"三种职能"结构的"二元化"处理,"德经"部分突出了"王"的优先性,而"道经"部分则还保留了"圣"之形象。

3. 关于"王"

3.1 [道大],天大,地大,王亦大,国中有四大,而王居一焉。(甲本,今本第 25 章)

3.2 若何万乘之王,而以身巠(轻)于天下? 巠(轻)则失本,趮(躁)则失君。(甲本,今本 26 章)

3.3 以道佐人主,不以兵[强于]天下,[其事好还。师之]所居,楚朸(棘)生之。(甲本,今本第 30 章)

3.4 君子居则贵左,用兵则贵右。故兵者非君子之器也,[兵者]不祥之器也,不得已而用之,铦袭(恬淡)为上。(甲本,今本第 31 章)

3.5 道恒无名,握(朴)唯(虽)[小,而天下弗敢臣。侯]王若能守之,万物将自宾。(甲本,今本第 32 章)

3.6 道恒无名,侯王若守之,万物将自𢡺(化)。(甲本,今本第 37 章)

据上引述,很显然,"道经"部分强调了"王"之对"道"的依从,即应"受道",特别是依"道"之原则来"用兵",这都体现了一种有意识地对"王"之职能作一"约束",不令其过于膨胀。而围绕"兵事","圣人"之职能在"治丧"上则有特别之表现。如紧接"君子居则贵左,用兵则贵右。故兵者非君子之器也,[兵者]不祥之器也,不得已而用之,铦袭(恬淡)为上"(甲本,今本第 31 章),而下为:"勿美也,若美之,是乐杀人也。夫乐杀人不可以得志于天下矣。是以吉事尚左,丧事尚右。是以便(偏)将军居左,上将军居右。言以丧礼居之也。杀人众,以悲依(哀)立(莅)之。战胜,以丧礼处之。"在圣人看来,"用兵"即要杀戮,故不得已而用之,而配合"兵事",则要对杀戮示以"哀情",处以"丧礼"。显然,执丧礼之职者非"王"者,乃"圣"者也,王葆玹先生即以为《老子》论"丧礼"正反映了老子的"史官"背景[1],本书则进一步指出,这似乎体现了"圣"在与"王"的博弈中,其职能有一"特殊化"倾向。为了说明此点,不妨将此段文字与简本中的相应内容作一对比。简本丙组第三节(今本第三十一章)有:"君子居则贵左,用兵则贵右。故曰:兵者[不祥之器也,不]得已而用之,铦䜩为上。弗美也,美之是乐杀人。夫乐[杀人不可]以得志于天下。故吉事尚左,丧事尚右。是以偏将军居左,上将军居右,言以丧礼居之也。故杀[人众]则以哀悲莅之,战胜则以丧礼居之。"显然,除了虚词使用之异,简本此段文字与帛书本几同,反映了后者乃是对前者的修饰而来。[2]然简本甲组、乙组均无有相对应之文字,似表明在处理圣与王之关系时,早期简本《老子》尚未特别把执"丧礼"作为圣人之职能来考虑,而到后期简本《老子》则有此特殊化的处理。

综合对帛书《老子》德经、道经两部分的分析,我们可以看出,总体而言,相对于简本《老子》,帛书圣/王趋于重合、同化,"圣"之作为"师"的独立身份职能渐失,圣/王/民之三重角色职能结构也就转化为王(圣人)/民之二元结构。当然,由于德经/道经分立之文本结构之设置,也表明圣/王之间还是存有一种紧张,圣并非完全同化于王,仍葆有其一定的独立性,只是其"职能"有一特殊化之倾向。"王"主战争,因其在战争中扩展了其职能,"圣"则反之,以此抑制其职能之扩展。如果对比法家化倾向的《经法》等四篇古佚书对战争的积极态度[3],则帛书《老子》之以治"丧礼"为圣人职能所在正与战国后期道家倾向的黄老家对战争的消极态度一致。至于《盍庐》等兵书以王/师对话形式讨

〔1〕 王葆玹:《黄老与老庄》,第 12 页,北京:中国人民大学出版社,2012 年。

〔2〕 王葆玹先生指出郭店甲本《老子》较为原始,"而郭店丙本则与帛书系统一致,当为马王堆帛书所代表的传本系统的祖本"。见氏著:《黄老与老庄》,第 163 页,北京:中国人民大学出版社,2012 年。

〔3〕 参见汤新:《法家对黄老之学的吸收和改造——读马王堆帛书〈经法〉等篇》,马王堆汉墓帛书整理小组编:《经法》,北京:文物出版社,1976 年。

论“用兵”之“道”，虽包含有以“道”规约王之行为的思想，仍不免“圣”之“职能”的“军师”化命运。

第二节　择人与守神

简帛《老子》中的圣师关系表明，至战国后期，上古三种职能结构中“圣”(神职)对“王”(武士)的指导制约性已遭到破坏，“王”的主导性得以突出，以至于要将“圣”纳入“王”的系统中，是故“圣”若要继续葆有一独立性，其必须在“职能”上有所定位选择，上节所云的“丧礼”之职未尝不可看成是一种设想。不过更为系统性地对“圣人”职能之定位乃见于《文子》《吕氏春秋》等此类“后期”黄老经典，这些文本实承认了“王”权一统之合法性，但又通过“君圆臣方”的形式对“王”(武士集团)予以了职能分工处理，将“王”独立于“行政”系统，以是赋予“王”以既有之“圣”的职能。如此之做法实是将上古一外在形式的三种职能结构转化为一内在形式的三种职能结构，即将圣/王关系“置换”为君/臣(相)关系，从而在“认知分工”意义上重置了圣/王的职能分立。

一、择人之能

如前所说，荀子曾三为稷下学宫祭酒，乃稷下学后期领袖，故我们可以将荀子视为以“儒者”身份而对“稷下黄老”之学与庄子之学予以调停，因此荀子对“稷下黄老”学者所涉及的一些议题也有论述。事实上，荀子亦在处理圣王、君臣职能关系。荀子以官/管之别、天官/天君之设解说其认知分工论，其既是一隐喻之法，又是一政治认识论。“精于道”者“兼知”而“无蔽”，堪为人师，应列君位，这同《理想国》中的“哲学王”其致一也。不过仍需要指出的是，在荀子“圣王”合一模式中，“圣”(知/教)对“王”(政)具有优先性，故其知识论与其政治哲学虽是一对应关系，而前者仍葆有其相对的独立性。相对于此，战国后期黄老家之知识论的探讨则直接是围绕君/臣职能分工问题展开，其核心之旨便是规约“君王”之认知权限，此类黄老诸多典籍中经常涉及的一个议题是君主之“择人”职能，而颇不类同《经法》等四篇佚书之以“道生法”的重“法”倾向。如反映后期黄老思想的《管子》[1]的一些篇章有云，“是以为人君者，坐万物之愿而官诸生之职者也。选贤论材而待之以法，举而得其人，坐而收其福，不可胜收也。官不胜任，奔走而奉，其败事不胜救也”[2]，其结论是“是以明君审知胜任之臣者也”。择人、选贤本有专门之“官”，君为一国之主，何以其权能所司局限于此？从社会史的角度说，君之重才选能与春秋战国以

〔1〕 关于《管子》一书与战国黄老学的关系，参见陈丽桂：《战国时期的黄老思想》第三章。另，陈鼓应先生将《管子·形势》诸篇与《管子》四篇区分开，特别指出前者提出了“君道分工原则”，为稷下道家早期作品。见氏著：《管子四篇诠释——稷下道家代表作解析》，第58页。

〔2〕《管子·君臣上》。

来诸侯国富国强兵之任、君王权力膨胀有关，得人才之辅，则君威而国强。不过当知识界将君之职能限为“择人”，君不与“诸臣”争能时，显有对膨胀“君”权予以限制之意。为何要对君权予以限制呢？因为随着战国中后期社会的日趋分化复杂，君之权能在膨胀的同时，其亦承担相应之职，由于政务日繁、庶事愈密，君虽欲日理万机而实不堪其负，其累可知矣。虽然随着政务之繁而催生了“宰相”之职以辅君[1]，然“宰相”与君之权限如何界别仍是一问题。这不只止于对君权/相权施行范围的技术性规定，更关涉到在理论层面对君/相职能分工的界定说明。在一般常识中，我们是把君/相视为“政治”运作的主/辅两个方面，君主“政”，而相则为行(施行/落实)“政”。主政即指不直接统领百官处理政务，但有最终的决定权与否决权；行政则指宰相负责直接统领百官，处理政务，但其无最终决定权与否决权。[2]二者配合以完成“政治”运作。若如此，则君实不参与到狭义的政治运作(行政)中，行政完全由“相”这一系统控制。在此意义上，我们能否说，君/相职能之分工虽不出“政治”之外，但已不是在“行政权”内部的分工，实是将行政权分出/让度于“君”权之外，转由“相”所司。“君”既不司“行政权”，而另有所司，此即选官/择人权或广义上的“选举权”。

在荀子那里，选贤择人已被列为君主之职，如“主道知人，臣道知事”[3]、“人主者，以官人为能者也；匹夫者，以自能为能者也；人主得使人为之，匹夫则无所移之”[4]。君主在选官任能，而非自逞其能，这与荀子知识论上的精于道者/精于物者之比是相应的。不过我们还是注意到，荀子虽以君主职在“选官任能”，并非是要限制君之权能，实是说明：君主/圣人藉他者之“官”而扩展“己”之能，这与其所云的圣人因“兼知”而“管万物”境界是一致的。事实上，如前面所说，由于荀子将“人格修养”/知/职位对应起来，其理想中的“君”即是“圣人”，故“君”应是“遍知”而“无蔽”者，其权能正在“主控”，而非“权限化”。对比之下，战国“后期”黄老家明确提出了“君”之权限施行范围的问题，并以“君道主圆，臣道主方”的原则将君之“择人”权予以规范表说。如“论材量能，谋德而举之，上之道也。专意一心，守职而不劳，下之事也”[5]，这里将君/臣分能为“上之人明其道，下之人守其职”。又有，“主执圆，臣执方，方圆不

〔1〕 齐思和先生以为，“相”官之制，始于战国之初。见氏著：《战国制度考》，《中国史探研》，石家庄：河北教育出版社，2003 年。

〔2〕 关于君臣分职之说明，参考祝总斌著：《两汉魏晋南北朝宰相制度研究》，北京：中国社会科学出版社，1996 年。

〔3〕《荀子·大略》。

〔4〕《荀子·王霸》。

〔5〕《管子·君臣上》。

易，其国乃昌”[1]，所谓“圆道”，指其为“举人”，所谓“方道”，则指其为“应事”。对此圆/方之道，汉初的《淮南子》有继承与进一步的表彰。君之职能既为择/举人，则将此职能最彻底地贯彻落实到君自身，即是要给君本人选择一“继承人”，“禅让”说与黄老学的因缘关系如是建立，此正对比于法家的“不尚贤”。这一因缘关系不仅说明了禅让说出现的时代问题[2]，更主要是揭示了禅让说与战国政治分工论之间的关系。事实上，当时诸子有不同的政治理念与对君主职能的理解，故多有藉“禅让”这一元素做文章，以申各自之政治哲学。

“后期”黄老家既明君/臣之道，则其肯定的是不同职能存有界限，不可逾越淆乱，否则国将不治。[3]若此，君之为君但在其能履行其职能，其与臣一样，均应“专一”各自之“业”，并无“官万物”之优越。君之职能既在“择人”，而非“应事”，则“君”相应之“知”为何？黄老家以为，其乃一“因知”。“因”或“因循”乃是黄老学标志性的思想原则，其早出现于稷下黄老之学，蒙文通先生称“因循”乃黄老一派独有之精义，庄周一派无有此说。其以为在《管子》“内业”等四篇及稷下学者田骈、慎到的议论中均提到“因”之重要，如对《管子·心术》之“静因之道”，蒙氏解为“因也者，舍己而以物为法者也”。蒙文通先生特别以“因循”区别南北道家，差异稷下黄老学与庄周学派，这是尤有启发意义的。如前文已述，稷下黄老学或与庄周学派有关，二者的差异主要体现于“知识论”上，即对待“己知”的态度上。“稷下黄老”学对“己知”的合法性表示一“怀疑”态度，故主“弃知去己”而“齐物”，而庄子之学同样是持“怀疑”立场，故强调“无正知”。然前者走向的是对法/人之别，故“因循”于公共性的“法”，而后者则是对天/人之辨，重“丧我”而“和之以天倪”。两派相异而又确实相关，对此，陈鼓应先生虽然以为稷下黄老乃是基于老学而来，也承认彭蒙、田骈、慎到三子最有代表性的学说是“齐万物以为首”，然其认为稷下学者的“贵齐”有别于庄子且对后者产生影响。[4]当然情形可能正好相反，是庄子之学的“齐物”论对稷下学者产生影响。

如果说稷下学者由“齐物”论而指向一“因循”之思想原则的话，那么正如上节所说，所谓的稷下黄老不是建立在《老子》之学的基础上，而是齐地学者以“因”之思维改造庄子之学而成，在此基础上，荀子又将稷下学者之“因”思

〔1〕《吕氏春秋·圆道》。

〔2〕顾颉刚先生以“禅让”说首出于战国时代，乃墨家声张“尚贤”说之“托古”。见氏著：《战国秦汉间人的造伪与辨伪》，《古史辨·自序》，石家庄：河北教育出版社，2002年版。

〔3〕王中江先生已指黄老家从“因能”思想中发展社会分工、职分和绩效的思想。见氏著：《简帛文明与古代思想世界》，北京：北京大学出版社，2011年版。

〔4〕陈鼓应：《老庄新论》，香港：香港中华书局，1991年。参见胡道静主编：《十家论老》，上海：上海人民出版社，2006年。

维以“积”的形式表现，从而落实其对庄子之学的批判[1]。至于“晚期”黄老之学偏“道家”之学说乃是建基于《老子》之学的基础上的同时，又吸收了稷下黄老学“因”的思想原则，并将之更具体地落实到对政治运作的思考中，这特别表现在“因知”的概念中。“后期”黄老家对君之“已知”予以权限化，即意味着对个别的众人之已知的合法性予以认可。如《淮南子》云，以汤、武之圣不能如越人之行舟，伊尹贤相不能如胡人骑射，孔墨博通不能如山人居山涉险，由此观之，“则人知于物也浅矣，而欲以遍照海内，存万方，不因道之数而专己之能，则其穷不达矣。故智不足以治天下也”[2]。一言以蔽之，“工无二技，士不兼官”，故每一个体当“各守其职”，专于所专，而不必以一己之力“兼知”。如果说，荀子是将众人之“己知”转为“已知”而“积学”，以扩展“圣人”一己之知的话，那么“后期”黄老家则是将“圣人”之知权限化为一“因知”，“因”众人“已有”之知而成就之。

二、守神

“后期”黄老家以“君”之职能在于“择人”，故其不崇“己知“而“因“他人(臣)之知。不过问题是，黄老家之“君”为何愿意接受对其职能权限的“权限化”呢？这就涉及“王”(君)之“圣”化问题，此为“后期”黄老与法家之区别所在。君之职能本不同于圣，一旦其以“君“之身份而行“圣”之职能，则其可以放弃其原有君之职能而以“圣”者自居。依后期黄老家，“知”非最高智慧，但任聪明之知则“累”，故在心“知”之上设立了一更高一层：“神”。作为“圣”的“君”，其自修之责但在“守神”。

“神”乃是黄老学一个重要的思想概念，司马谈在其《论六家要旨》中贞定“道家”(实即黄老家)之旨要，即有“动合无形，精神专一”之语。黄老家之“神”是在与“形”对举中给出，如所谓“神贵于形也。故神制则形从，形胜则神穷，聪明虽用，必反诸神，谓之太冲”[3]。在此，我们显然不能将黄老家之形/神简单对等于身/心[4]，以为即是表述身体/心智之关系。因为“神”虽非“有形”，但并非一纯“意识”，其仍是一“物”——精气，而“形”则指包括“心”在内的“形身”，如“故心者，形之主也；而神者，心之宝也”[5]。若排比的话，则形、心、神构成了一个由低向高的序列，其中“心”为“精舍”，而“精”(神)在“心”

〔1〕迟田知九先生虽然以稷下学者为早期道家人物，先于庄子，然特别指出了荀子学派对庄子“万物齐同”思想的批判。见《道家思想的新研究——以〈庄子〉为中心》(上)，第五章第五节，郑州：中州古籍出版社，2009年。

〔2〕《淮南子·主术训》。

〔3〕《淮南子·诠言训》。

〔4〕张岱年先生以为“形神问题即身心问题”，此说似可商榷。见氏著：《中国哲学大纲》，北京：中国社会科学出版社，1997年。

〔5〕《淮南子·精神训》。

外，通过心之“居”神，神与形结合起来，故心是关联形/神的中介。由此，神/形关系仅是精气/形身之关系。缘此，“聪明”之知乃是基于“形身”，而非“神”。神在知上，安神而因知则无累。黄老家将“知”置于低于“神”之层次，这使得其对“知”的处置视角有异于荀子。荀子重在“知”之完备性，众人之“知”是不完备的，总是“有蔽”的，但“完备”之知可以通过圣人之“兼知”而实现，只是这样一来，“完备”之知只限于“圣人”一己之知。不妨说，荀子是“主智”主义者，其相信治之根本在于去蔽而达完备之“知”。不过在此，荀子之说似乎存有一理论难题。荀子既以“己知”(自我知识)之“蔽于一端”，故需要“解蔽”，但此“解”非由众人自身作出，而是由“圣人”给出的。圣人既解众知之蔽，故得“兼知”。问题在于，相对于众人之知，圣人之知虽是一“无蔽”之知，但圣人之知其实也是一“己知”(自我知识)，其自身不能豁免“蔽于一端”之命运。换言之，“圣人之知”对自身亦是无有“判定”性的，此可用哥德尔不完全性定理说明之。[1]于此，我们似乎又重新遭遇到庄子关于“己知”不可判定的质难。在此情形下，我们是重新回到庄子的立场，悬置小知/大知之辩，还是另有出路呢？

黄老家的“神在知上”实给出了新的解决方案，即将“己知”限定在一个有限范围内，而在“己知”之上再设一“神”。这样的处理，需要建立起神与道的等同关系。我们看到，《管子·内业》特别提出一“神”(精/道)的概念，以为其乃修身治身之“根本”，得之则治，失之则乱。心则为“神”舍，若“除其舍”，则“精将自来”。在此，我们看到黄老家所给出的心/道关系模式，即以道/神与心乃是所居与能居，故心与道的认识论关系(所谓心能知道)，即转变为一心与道之修为“结合”关系，这显然有别于荀子。据荀子，大心(大清明心)乃是知“道”之心智条件，知“道”则是最终完备之知的实现。而据《内业》，心只是“精舍”，心之得道乃是认识的前提，而非认识的最后实现，当道居于心中而不失时，有效之“知”才生，所谓“精也者，气之精者也，气，道乃生，生乃思，思乃知，知乃止矣”。故黄老之“圣人”非是“兼知”者，而是“守神”者：“是以圣人内修其本，而不外饰其末，厉其精神，偃其知见。故漠然无为而无不为也，无治而无不治也。”[2]“本”即“神”，“末”即“知”，任知实为“末事”，守神方为“务本”，

〔1〕如侯世达(Dougas R. Hofstadter)先生对哥德尔定理的汉语表述“数论的所有一致的公理化形式都包含有不可判定的命题”，其证明的关键在于“能写出一个自指的数学陈述，就像说谎者悖论是语言中的自指语句一样”。见氏著，郭维德等译：《歌德尔、艾舍尔、巴赫——集异璧之大成》，第22页，北京：商务印书馆，1997年。

〔2〕《文子·原道》。而由《文子》精整而成的《淮南子·原道训》的表述为：“是故圣人内修其本，而不外饰其末，保其精神，偃其智故，漠然无为而无不为也，澹然无治也而无不治也。所谓无为者，不先物为也；所谓无不为者，因物之所为。”

圣人务“守神”之本,故“无为”而“治”。对此,今本《文子》有很丰富的论述〔1〕。

《文子》“守神”思想乃是通过对《老子》的阐释展开的。在《文子》文本中,我们注意到一个有趣的现象,《文子》之立论乃是以《老子》为本,其形式颇相似于《韩非子·解老》,不过二者之“解老”不仅旨趣不同,且形式有异。相对于《解老》对《老子》原文的严格引录且区别引文与“解释”,《文子》对《老子》的引用不惟有广义之“间接引用”之义,且颇多有不见于《老子》诸本之文句。最为关键的是,文本每卷均以“老子曰”开头,而其所谓的“引用”与对“引文”的演绎又衔接间杂,不作区分,显示了《文子》乃是欲以对《老子》之“改写”而自成之意。如此,我们在处理《文子》思想时,也就没有必要刻意区别所谓的“引文”与“演绎”,而是作一总体观。《文子》首先对“道”之为“物”作了一“刻画”:“有物混成,先天地生。惟象无形,窈窈冥冥,寂寥淡漠,不闻其声,吾强为之名,字之曰道。”此段文字主要是对《老子》“有物昆(混)成,先天地生,绣(寂)呵缪(寥)呵,独立[而不改],可以为天地母。吾未知其名,字之曰道,强为之名曰大”(今本第25章)的“改写”,其差异处主要在于突出“道”在存在状态上的“寂寥淡漠”,其表现为有象而无形。有象而无形体现在,“故道者,虚无、平易、清净、柔弱、纯粹素朴,此五者,道之形象也”,而道之形象可落实为“心志”状态,正如文本所说的,“虚者,中无载也。平者,心无累也。嗜欲不载,虚之至也。无所好憎,平之至也。一而不变,静之至也。不与物杂,粹之至也。不忧不乐,德之治也”。这样,作为根本法则之“道”也就转化为心志之“本真”状态,而圣人即为达此心志本真状态而能“守神”之“真人”。所谓“神”,乃是相对于“情欲”,“心志”之本真状态即是“恬淡寂寞”,而“神”则是居于心并守护此一状态者,故“守神”即得以维护心志的“恬淡寂寞”,反之,若不守神,令神失其所,则心志处于情欲滋盛之状态下。故云:“真人者,知大己而小大卜,贵治身而贱治人,不以物滑和,不以欲乱情,隐其名姓,有道则隐,无道则现,为无为,事无事,知不知也。怀天道,包天心,嘘吸阴阳,吐故纳新,与阴俱闭,与阳俱开,与刚柔舒卷,与阴阳俯仰,与天同心,与道同体。无所乐,无所苦,无所喜,无所怒,万物玄同,无非无是。夫神伤乎寒暑燥湿之虐者,形苑而神壮,神伤于喜怒思虑之患者,神尽而形有余。故真人用心仗性,依神相扶,而得终始。”〔2〕

〔1〕 由于竹简《文子》的出土,今本《文子》的文献价值重新得到重视,学者更进一步从学派发展的角度对《文子》与《老子》之思想关联作深入分析。参见丁原植:《就竹简资料看〈文子〉与解〈老〉传承》,陈鼓应主编:《道家文化研究》第十七辑(“郭店楚简”专号),北京:三联书店,1999年;葛刚岩:《〈文子〉成书及其思想》,成都:巴蜀书社,2005年。

〔2〕《文子·道原》。

真人之责即在“与道同体”，将基于情欲之行为造作转为“无情”之行，故关键即在“守神”。黄老家之“圣人”既将“已知”权限化为“守神”，则其也就定位了自我的知识人的“专士”形态，只是此“专士”非一般之“专士”，而是“精神专一”之专士。专士之“因知”有别于大人之“兼知”，二者体现了对“认知分工”的不同态度，这有点类似哈耶克(F. A. Hayek)“知识分工论”之肯定“分立的个人知识”，否弃“完备知识”。[1]不过必须指出的是，战国后期黄老家在承认认知分工合法性的同时，虽然否定了圣人“兼知”的特权，但还是必须确认“圣人”独特性的守神专士地位。

〔1〕关于哈耶克的“知识分工”的概念，参见马永翔著:《心智、知识与道德:哈耶克的道德哲学及其基础研究》，北京:三联书店，2006年。

结语："集体化心智"与学派演化

在本书最后两章论述中，我们已经可以看到，在战国时代，思想"文本"与"学派"之间并无有后世所谓的必然对应关系，这特别表现在针对《老子》文本，不同学派实有各自的借用以申其说。譬如《韩非子·解老》意在从不同"认知主体"的博弈角度讨论"君"如何处"恬淡寂寞"之心志状态，制驭"群臣"以"坐集"众人之智；而以《文子》等所代表之黄老家则在"改写"《老子》之过程中，突出不同认知主体之权能所在，以"职能"之"圣化"形式对"君"权予以一定的限制。战国时代思想"文本"与"学派"之间这种不必然对应关系其实说明，在经典传世本确立之前，思想文本仍处于演化、变易之中，故有同名而异构之事实，而这本身表明思想文本不是"给定"的，乃是形成于一生成、演化机制。文本之差异演化其实与"文本制造者"（非近代意义上的"作者"）的心智朝向维度有关，如是，不同文本之"形成"即可理解为不同心智朝向之竞争、选择的结果。自然，这里所讲的"心智"非是"个体心智"（Individual Mind），而是"集体心智"（Collective Mind），"学派"的形成、演化正是建立在"心智"之"集体化"（Collectivization）基础上。

一 "集体化心智"与学派

1. 集体心智

迄今为止，"集体心智"（Collective Mind）仍然是一个意义不确定的概念，不同学者从各自的学科角度出发对之作出了不同的解释，本书对"集体心智"的理解侧重于：个体"心智癖好"的"集体化"（Collectivization）。不过在正式阐述此论之前，我们还是需要对"集体心智"之概念作一学术史的回顾。就此概念的提出看，其并非如大众所设想的与心理学的精神分析学派的关联，而是与人类学尤其是认知人类学有特别的关系。结构人类学家列维·斯特劳斯（Claude Lévi— Strauss）在探讨人类神话（主要限于美洲领域）时，藉助结构主义语言学的语言（Langue）/言语（Parlole）之分，特别区别了神话结构/神话变体，以为前者乃是"神话"之深层的共时性"无意识结构"（Unconscious Structure），而后者则是"神话"的历时性任意"表述"，"神话是用第三种参照系把前三者的属性组合在一起的"[1]。列维·斯特劳斯给出"无意识结构"，其实是为对抗欧洲近代以来膨胀发展的自明性的"主体意识"，强调"我思"的非自明性，故要以一"象征"中介来迂回地展开"反思"，所谓"象征有益于思"。结构人类学家对"象征"、"无意识结构"的关注，显示了他们是要探讨支撑"制度"(尤其是异域之制度)的心智基础，在他们看来，所谓的不可思议的、奇怪的制度表现其实是可理解的而非不可理喻，正如列维·斯特劳斯指出的，"因此，倘若我们发现同样一种荒谬的情况一次又一次地出现，这种情况就不会是彻底荒谬的，否则它就不会反复出现"[2]，由此其"尝试去发现隐藏在表面上的无秩序背后的一种秩序"[3]。若此，则我们不妨说，结构人类学家乃是藉对"制度"(狭义主要指亲属制度，广义则可将神话、仪式等纳入其中)而处理人类之"心智"运作机制问题。尽管人类学界对结构人类学的"集体意识"(无意识结构)概念有不同看法，并不完全认同之，譬如罗伯特·莱顿(Robert Layton)即特别以"章节"标题的形式指出"不存在集体意识"[4]，但此一概念的给出是有价值和启发性，其需要的只是要进一步处理集体心智与制度的历时性的演化维度关系以及主体对制度的"认同"机制问题。其中作为新制度经济学家的诺思(Douglass C. North)特别从集体信念、认同等方面处理了"制度演化"的问题[5]，而作为分析哲学家的约翰·塞尔(John R. Searle)则对"集体意向性"(Collective intentionality)[6]与"制度"(社会实在)之关系作了颇别出心意的探讨，似乎弥补了结构人类学对"制度"的"主体"认同机制有所忽略之不足。

约翰·塞尔虽然是一分析哲学家，然并不局限于狭隘的语言哲学分析与孤立的心灵哲学探讨，而是将其意向性理论与"言语行为"理论、社会实在理论统一起来，从一个分析哲学家的角度正面处理了"实在世界"的问题。塞尔承认"世界"的实在性，但其对实在世界的存在样态作了一区别，即有不依赖

[1] Claude Lévi-Strauss. The Structural Study of Myth, Structural Anthropology, P. 209, translated by Claire Jacobson and Brooke Grundfest Schoepf, Basic Books, Inc., Publishers, New York, 1963. 参见列维·特斯劳斯：《神话的结构研究》，叶舒宪编选：《结构主义神话学》，第17页，西安：陕西师范大学出版社，1988年。

[2] 李维史陀(Claude Lévi-Strauss，列维·斯特劳斯)著，杨德睿译：《神话与意义》，第30—31页，台北：麦田，城邦文化出版，2010年。

[3] 李维史陀(Claude Lévi-Strauss，列维·斯特劳斯)著，杨德睿译：《神话与意义》，第30—31页，台北：麦田，城邦文化出版，2010年。

[4] 罗伯特·莱顿(Robert Layton)：《他者的眼光——人类学理论导论》，第181—182页，北京：华夏出版社，2008年。

[5] 参见道格拉斯·诺思(Douglass C. North)著，钟正生等译：《理解经济变迁过程》，北京：中国人民大学出版社，2013年。

[6] 译者译为"集体的意向性"。

观察者和依赖观察者之不同实在世界。所谓不依赖观察者的实在世界乃指纯粹的物理世界，譬如氢原子、地壳运动板块、病毒、树木、银河等，其之存在完全不依赖于我们人类和我们的态度。而所谓依赖观察者之实在世界，则指社会与制度性存在，譬如货币、财产、刀子、椅子、足球赛，其乃是有赖于"观察者"(主体)的制造、使用、设计，故在根本上关联于人的意向性，特别是集体意向性。塞尔所谓的"意向性"，乃是特别指示心灵以一定的方式将我们与环境、特别是与他人联系起来，故其云"我的主观状态使我与世界的其他部分相联系，而这种关系的一般的名称就是'意向性'。这些主观状态包括信念和愿望、意图和感受以及爱和恨、恐惧和希望。再说一遍，'意向性'是表示心灵能够以各种形式指向、关于、涉及世界上的物体和事态的一般性名称"〔1〕。据此，其认为意向性"都具有'我意图'或'我相信'或'我希望'等形式"〔2〕，至于"集体意向性"，则其形式表现为"我们意图"、"我们相信"、"我们希望"。不过对于西方哲学将"集体意向性"还原为"个体意向性"的传统，塞尔并不认同，其以为，虽然存在着所有"意向性"都是在个人主体的头脑之中这个事实，而不必假定所有意向性都具有"我意图"这种形式，而可以以"我们意图"形式表现，概括而言即是"关于所有意向性都在个人主体的头脑中的要求有时被称之为'方法论的个人主义'要求，但这一要求并不需要所有意向性都必须以第一人称单数来表达。并不存在什么东西妨碍我们在我们个体的头脑中具有'我们相信'、'我们意图'等形式的意向性"〔3〕。塞尔对个人头脑中"集体意向性"的强调其实是说明人类"合作"的心智基础，交响乐队的演奏、足球队的比赛最典型地说明了，要使得"团体"之"演出"具有有效性，团体中的每个成员必须在相互协调中"各司其职"，以此成就"和声"，孤立的独奏是无效的，故云"你要使人们合作，你就有集体的意向性。你要使人们共享他们的思想、情感等，你就有集体的意向性。事实上，我要说，集体的意向性是一切社会活动的基础"〔4〕。塞尔之谈集体意向性不惟限于具有显明性合作机制的"演奏"、"比赛"领域，更关涉不具显明性合作机制的制度性的实在，譬如货币、大学、政党等，基于集体意向性而给出"功能归属"与"建构性规则"，一个制度性实在得以从"无情性事实"(物理世界)中"突现"，譬如一张作为"物理"材质的

〔1〕[美]约翰·塞尔(John R. Searle)著，李步楼译：《心灵、语言和社会——实在世界中的哲学》，第81页，上海：上海译文出版社，2001年。

〔2〕《心灵、语言和社会——实在世界中的哲学》，第112页。

〔3〕《心灵、语言和社会——实在世界中的哲学》，第114页。

〔4〕《心灵、语言和社会——实在世界中的哲学》，第115页。

“纸”成为具有制度性功能的“货币”[1]。

显然，作为分析哲学家的塞尔并非是一纯概念的玩家，而是有一政治立场的，其对“制度性”实在与“集体意向性”关系的说明意在认同对这一世界（制度世界）的“维系”，而制度世界“维系”的根本在于人类之“合作”心智[2]。如果从批判理论与后结构主义的角度看，塞尔可能会被认为忽略了“制度”建构的意识形态性，对“知识”与“权力”之间的复杂关系未能洞察。虽然如此，塞尔对“集体意向性”的探讨还是有其积极意义的，因为每一个思想家均有其特别之立场、视角而非完全处于“无立场”状态，塞尔的贡献正在于从正面角度处理了人类“制度”达成之心智条件中的“技术性”因素。不过也正是在这一方面，我们觉得塞尔的理论犹有未尽之处，因为塞尔的“制度”概念还是偏于处理“同一性”，而对“差异性”无所措辞，故未能应对制度的“演化”（Evolution）问题。依从于其“社会实在”之视角，塞尔的“制度”主要指向货币、大学、政党、民族国家等形式，虽然这些制度形式乃是现代人类文明社会的基本制度组成，但不容否认的是，这些制度在很大意义上具有浓郁的近代西方社会的归属性。塞尔并不考虑这些制度形式的“地方性”背景，而以之为人类普遍之“集体意向性”的表现，显然也就将人类的“集体意向性”抽象化、非历史化，由此也就未能处理不同时段、不同“地方”的集体意向性的差异演化问题。由此，虽然塞尔“集体意向性”概念有不尽圆满之处，未必一定需要从“知识”与“权力”关系角度批判之，而是可以对此概念作一技术化处理，以便解决“集体意向性”与“制度演化”关系之关系。由此，我们必须对塞尔普遍、抽象性的“集体意向性”予以“差异化”，以便处理“集体意向性”与共时性下不同制度形态的并存竞争格局之关系。在同一时段的不同“地方”，其实存在着不同制度形态，对此，结构人类学其实已予以解答。但正如前文已谈到的，结构人类学的立场是对“主体性”的否定，故其不考虑制度之是否需要有主体之心理认同问题，原因在于，列维·斯特劳斯主要是处理作为“冷”（Cold）的无文字社会文明，而非作为“热”（Hot）的西方文明及非西方的东方文明。就此而言，作为当代人文科学认识论的结构人类学是有其更普遍的价值，而其具体研究方法则是有其适应领域的。这样我们也就可以理解，作为人类学家，列维·斯特劳斯关注的是“无作者”的“神话”而非关联“作者”的“思想学说”，虽然“神话”有着种种差异的文本表现，甚至神话文本本身存在一“演化”，但总体而言，列

[1] 维特根斯坦（Ludwig Wittgenstein）对“言语行为”（action of language）中 inorganic part 与 organic part 的区别似乎有点相似，同样考虑到了使得一个纯粹的“声波振动”具有可交流性、意义的问题。参见 Barry Stroud ，Mind，meaning and practice， 载于汉斯·斯鲁格、大卫·G. 斯特恩编：《维特根斯坦》，北京：三联书店，2006 年。

[2] 张东荪先生曾从知识社会学角度指出“制度”需要有一“同意”之基础。见氏著：《思想与社会》，沈阳：辽宁教育出版社，1998 年。

维·斯特劳斯还是强调不变的"无意识结构"的优先性。不过既然结构人类学对"制度"之差异形式有一等而视之的态度，这还是予我们以一很大启发，只是不必如结构人类学那样坚持将此差异性制度还原为一不变之"无意识结构"，而是相反，将之视为心智不同选择朝向的结果，这就涉及本书所采用的"集体心智"概念。我们所说"集体心智"既非是结构人类学家的"无意识结构"，也非是分析哲学家的"集体意向性"，而是指"个体心智癖好的集体化"(The collectivization of individual mind inclination)〔1〕。在此，我们其实是要将结构人类学对"制度"差异性的理解与塞尔的"集体意向性"加以结合，以便处理作为"制度"的"学派"(School)问题，因为学派的形成实乃个体心智癖好的"集体化"，而此"集体化"实乃"结构性"地排斥其他个体心智癖好的过程，我们必须处理这一选择排斥机制。

2. 心智癖好的"集体化"与学派

根据结构人类学家的观点，在"冷社会"里，观念的表达是以"象征"的形式展开，其特别表现为神话这样的叙述系统。尽管神话文本有种种地区差异之表现，也存在着演化之轨迹，但这种差异演化指向的仍然是对事物"对立"性的调停、转化，甚至差异之神话文本的对立也可在一更大之神话文本中得到调停。若此，个体观念实难以表现出来。而在"热社会"里，观念系统有一对"集体象征"形式的突破，尤其是伴随着"个体"身份的自觉，个体心智的倾向性(癖好)获得了发展的空间，而不同个体对某一种心智癖好达成认同进而在此基础上申言立说即成"学派"。换言之，学派即是心智癖好的集体化。自然，人类存在着不同的心智癖好，故在同一时间内接受、认同此种心智癖好即意味着排斥彼种心智癖好，学派其实也就是在这样一种心智癖好的选择排斥中形成的。

这里还是需要对"心智癖好"概念再作一个界说。即如前文所说，"心智"(Mind)乃是对人的心理活动的统称，主要包括知、情、意三个方面，即人的认知、情感与意志，本书所用的"心知"与"心志"即分别对应于"认知"与"情感与意志"，之所以用"心智"而不用"心理"、"心灵"这些等义词，主要还是想突出人心与世界之间的广义"认知"关系。人类的心智自然具有一普遍的特征和相同的构成，然由于文化及体质上的不同，不同"部落"人群的心智还是会表

〔1〕 有学者亦提出"个体认识群体化"的概念，其相对于"群体认识个体化"，乃指"群体内的一定的个人以自己的新的社会思维定向和新的思维模式渗透和影响群体的认识，引起推动群体的思维定向、思维模式发生改变，直至创立新的群体认识规范的过程"。见王霁：《认识系统运行论》，第 63—64 页，北京：中国人民大学出版社，1990 年。"个体认识群体化"其实是从认识系统动态运行的角度出发，处理社会政治运动及科学研究中的"先觉"之知如何获得"大众"的认同、接受的议题，而非从"演化"角度思考"个体"之知如何成为"集体"之知，其也未顾及不同之"先觉"之知之间的竞争、选择问题。

现出在维度朝向上的差异，即在心智活动与能力上的诸多方面敏感于或偏向于某一方面，此即所谓“心智癖好”（心智偏好）。不难看出，“心智癖好”与所谓的“心理特质”似乎有某种外在的相似性，但实有区别。一般来说，学界多从文化心理学角度比较不同文化族群的心理特质，由于这一研究的“单位”乃是一自然演化而成的“文化族群”，故其所处理的“心理特质”乃是体现于文化习俗这一层次，未能推进到“思想学派”层次；更由于这一比较研究的文化模式取向，对“心理特质”有一静止、非演化的眼光。究其实，文化心理学还是将“心理”依从于“文化模式”，故只能在“族群”这一层次把握心理的差异朝向，而未能正面处理“心理”之差异朝向与个体之精神自觉的问题。我们这里所云的“心智癖好”则是特别关联于“学派”，其实关注的是心理差异朝向本身的“制度化”，即基于对某一心智癖好的认同而结成一“修道共同体”。于古典中国哲学，“学派”即是一“修道共同体”，属于广义上的“制度”，“学派”之形成即是心智癖好的“集体化”。在此可以看到，我们这里所给出的“集体心智”与塞尔所云的“集体意向性”均关联于“制度”的成立，但二者的着眼点不同，故需要作一辨析。

要谈“意向性”概念，则必然涉及“意识”概念。若“心智”是对人之心理活动及能力之总称的话，则“意识”（Consciousness）特别指涉人之心理活动及能力的根本特征性，即表现为有一主观体验性，用塞尔的话来讲就是“本体论的主观性”，有学者还区分了“意识”一词的“及物”与“不及物”用法以说明“有意识”未必意味着“意识到某物”，“意识到某物可衍推出有意识，但不能倒过来”〔1〕。至于“意向性”（Intentionality／intentionalität）概念，则特别由德国现象学派所提出，其作为现象学不可获取的起点概念和基本概念，“标志着所有意识的本己特性，即所有意识都是‘关于某物的意识’并且作为这样一种意识而可以得到直接的指明和描述”〔2〕。据此，“意向性”揭示了最确切意义上的“意识特征”，即“意识始终是关于……的意识”〔3〕。不过对于现象学派的“意向性”概念，分析哲学家并不认同，譬如塞尔就指出，“并非所有意向状态都是有意识的，也并非所有的意识状态都是有意向性的”〔4〕，其主张“意向性自然化”，即将“意向性“自然化为一种生物学现象。显然，塞尔的“意向性”概念并不指示了“关于某物的意识”，而强调的是信念、愿望等关联世界的主观状态，其突出的是“意向性”的“行为”特征而非“纯思”性，显示了其与欧陆哲学气质

〔1〕诺曼·马尔科姆：“意识”一词的两种用法，载于高新民、储昭华主编：《心灵哲学》，第342页，北京：商务印书馆，2008年。

〔2〕倪良康著：《胡塞尔现象学概念通释》，第249页，北京：三联书店，1999年。

〔3〕《胡塞尔现象学概念通释》，第251页。

〔4〕《心灵、语言和社会——实在世界中的哲学》，第82页。

上的差异。“意向性”的“行为”特征性颇启发于牛津日常语言学派的“以言行事”,而“集体意向性”则更进入到对制度性社会实在的构建,故总的来讲,塞尔以“集体意向性”作为社会认同之心智基础。然就像前面所述,塞尔的“制度”缺乏一历史维度与演化性,未考虑到不同“地区”之差异性制度形态,所以其“集体意向性”概念同样也是未处理“差异”的“集体意向性”之并存与竞争的问题。换言之,其“集体意向性”概念虽然指出个体头脑中存在着“我们意图”、“我们相信”之形式,而此“我们”其实并非是“普遍”的,而是带有极大的“集团性”,进言之,“我们意图”的抽象性是以对其他“集团”的“我们意图”的否定或排斥作为代价的。有鉴于此,我们采用的“集体心智”概念乃是要考虑“差异性”问题,即不同的制度形态之并存以及不同的“心智癖好”的取舍。相对于“集体意向性”之“我们意图”的形式,“集体心智”其实并不设定“我们”,因为所谓的“集体心智”其实并不对立于“个体心智”,其无非是一个体心智癖好之“集体化”。自然,由于存在不同之个体,理论上也就存在着种种差异之心智癖好,然在具体的社会时空环境下,心智癖好的“集体化”必然是表现为“有限”的几种,所谓的“学派”,也就是“集体心智”的制度形式。

必须指出的是,与“学派”关联之心智癖好不是任意的,其内容是有特别指向的,实是关乎“自我技术”(Self Technique)与“自我知识”(Self Knowledge),这也就意味着心智癖好之选择排斥是有特别之政治伦理“立场”与“视角”,故由心智癖好之“集体化”而成的学派不仅仅是对个体心智癖好的简单“垒加”,实有一个系统化、体系化的推进过程,更有一自觉之自我维系的再生产诉求。这样,学派必然表现出某种“偏向性”而非完备无缺,对此,庄子后学即有所指示:“天下大乱,贤圣不明,道德不一。天下多得一察焉以自好。譬如耳目鼻口,皆有所明,不能相通。犹百家众技也,皆有所长,时有所用。虽然,不该不偏,一曲之士也。判天地之美,析万物之理,察古人之全。寡能备于天地之美,称神明之容。是故天下之人各为其所欲焉以自为方。”[1]所谓“天下多得一察焉以自好”其实正指出,每一学派不能全面完备地把握“道”之大全,而只能依其所长,恃其所好而窥道之一斑,触道之一处,此即所谓“心智癖好”。庄子后学虽然肯定了“心智癖好”有一定程度的有效性,所谓“皆有所长,时有所用”,而在根本上指出其仅是一曲之说,不得大道之全。而更为严重的情形是,因为“天下之人各为其所欲焉以自为方”,对各自的“心智癖好”执持不舍,奉为至术,从而造成不同学派的是彼之争、紧张博弈。

〔1〕《庄子·天下》。

二 论辩与结盟

将“学派”视为个体“心智癖好”之“集体化”，这其实涉及如何理解思想“学派”的生成、维持机制问题。于此，我们的思考需要有一方法论上的更新，必须认识到，“学派”只是一表面之“身份”归属，而支撑此学派的实是更为基础的“心智”之“偏向”性。故学派的生成演化非是单纯思想谱系之传承所致，而更是一“集体心智”之达成、维持，是在“竞争”、“博弈”之心智运作格局中，某一心智癖好被知识界所更多认同。由此，学派之有效成立在形式上要依乎“论辩”，而这根本决定于心智运作的伦理朝向，即我们是否愿意“结盟”(Alliance)。[1]

1. 论辩与结盟

个体“心智癖好”的“集体化”过程乃是处于一思想生态系统中，由于存在着对不同“心智癖好”的选择排斥，故不同“心智癖好”之间存有竞争，其“集体化”之是否以及“集体化”之程度都是不一的。那么是凭由什么机制来评判不同“心智癖好”的“集体化”呢？我们以为，主要还是藉助“论辩”(Argument)这一形式。论辩是“学派”树立已说评斥他见之主要手段，其在“形式”上要求的是“讲理”，就此而言，学派之一己之“好”本身不能为其他学派所共享，其必须申辩其“所好”、“所欲”之理由。我们甚至可以说，正是通过“论辩”、“说理”，心智癖好的“集体化”才指向“学派”的成立。在此我们必须辨析心智“癖好”与“固习”，以说明“学派”自身的合法性与“学派”之“意识形态化”之区别。

关于心智“癖好”，我们前面已讲了，其乃是在“自我修为”这一层次领域内心智的某一特别朝向维度。同样是关于“自我”之修为，不同学派有不同之侧重点，发展出不同的“自我技术”，此即源于不同的心智癖好。心智癖好反映的是人类进入到一个更高的个体自觉阶段后，其心智演化有一更高的“自主性”，其特别表现为个体自我本身的“选择性”，即倾向此而排斥彼仅依乎其个人的“好恶”。虽然心智癖好带有很浓的主观性，其实是包含了一客观化的“认知技术”因素，就此而言，心智癖好本身乃是“价值”中性，借用塞尔的语言，我们不妨可以说，心智癖好虽是一主观选择，其实仍可“自然化”。事实上，人类的认知总是要以一心智癖好作为前提，社会分工正是对心智癖好差异性的认同，故术业有专攻是受到欢迎的；同样，在涉及“自我”及普遍性“道”的领域，我们也必须承认心智癖好差异性的存在，故应容许不同学派的存在。

---

[1] 论辩表现出一种对立、冲突、斗争，但正如霍耐特所说的“为承认而斗争”，通过“斗争”，主体其实是要获得“承认”。见阿克塞尔·霍耐特(Axel Honneth)著，胡继华译，曹卫东校：《为承认而斗争》，上海：上海人民出版社，2005 年。据此，论辩包含了对“承认”的诉求以及“无意识”的对“对方”与“结盟”的肯定。

自然,正如同强调社会分工的重要并不意味着对“盗窃”一职的肯定一样,对学派的多样化存在的看重也不是要赋予“谬论”、“谎言”的制造者以合法性,因为“盗窃”正是对“分工原则”的否定,“谬论”集团之成立则恰恰也是与学派之依乎“技术性”因素相对立。正缘于此,我们就涉及了心智癖好的“意识形态化”(Ideologization)问题。心智癖好既是心智对某一维度的特别倾向,则其虽有技术性因素,但也有其权限范围,意识此权限所在,则学派即为有反思、自我批判性的学派;反之,若不意识其心智癖好之权限所在,未能有效安立之,则其心智癖好即会逾越其权限所在,此即心智癖好的“意识形态化”。此颇似印度中观学大师龙树(Nāgārjuna)菩萨对假名/戏论的辨析,假名(Prajñapti)仅是对世界的指称安立,有其合法性,而一旦将此指称安立“自性化”,以为有一必然之名义对应关系,即逾越了“假名”之权限,成为“戏论”(Prapañca)。龙树要批判的不是“假名”,而是“戏论”。同样,心智“癖好”有其合法性,而“逾越”其权限即成“固习”,此是要否定的。

事实上,任何一种心智癖好在其“集体化”过程中均有“意识形态化”的倾向,不过此一倾向似乎也有强度之“强型”“弱型”之分。学派总是强调其“所好”、“所欲“之有效性,所谓“是己”,而在此基础上,对其他学派则有两种可能的态度:一种“集体化”是“是己”而同时“非彼”,否定其他学派之所好的合法性。这是一种“强”型“意识形态化”,其实隐含了将己之学派之所好“普遍化”,即将“所好”由一“区域性”之集体化“上升”、“扩展”为一“全局性”之集体化。另一种“集体化”是“是己”,然并不必然“非彼”,因为“不是彼”不等同于“非彼”,我可以“不倾向于”对方之心智癖好,但未必一定要“否定”之、“取消”之,只是不“美之”而已。对比心智癖好之“集体化”过程中的强弱两种意识形态化倾向,我们可以认为,“强”型“意识形态化”乃是完全否定拒绝“论辩”这一评价形式,故其对心智癖好之“集体化”的实现乃是诉求与权力的结合,最彻底地将“学派”身份转化为“意识形态工具”,从而消解了自身学派身份的合法性。至于“弱型“意识形态化”,虽然有“是己之所好”之心,但还是考虑到了每种“所好”(心智癖好)均处于竞争对立之格局这一事实,所以在形式上还是对“论辩”予以接纳。“论辩”的给出,突出了“学派”之身份意识,显示了不同学派之心智癖好之权限所在,这客观上使得不同学派以一“竞争”形式达成“结盟”。从这个意义上讲,正是论辩使得心智癖好之“集体化”有一强烈的“身份”归属性,从而产生了对此“集体化”过程的“塑形”、“规约”作用。如果没有论辩,则心智癖好之“集体化”即难以有效地展开,其会表现为“集体化”的“不及”或“过之”。所谓“集体化”的“不及”,即由于缺乏“论辩”,故而心智癖好之“集体化”缺乏一动力激励机制,其结果是无论就“集体化”的规模还是“集体化”的品质看,其只是一个未充分实现的学派;而所谓“集体化”的“过之”,则同样是由于缺乏“论辩”,已占据“有利”地位的学派无须对己之“所好”

作出辩护,而会顺势进一步扩大其“集体化”之规模、范围,其导致的是自身身份的“泛化”,从而放弃了自身学派的身份。要让“集体化”处于一非“过之”亦非“不及”之状态,必须确保“论辩”的存在。

2. 心志恬淡与“结盟”的瓦解

对论辩的“接纳”态度要求,任何学派应该“出言”,要以“言语”来表述、申辩其心智癖好之合法性,这也就意味着,任何学派必须将心智癖好之“集体化”的竞争让度于人类“心智”自身的力量,即相信心智自然选择的有效性,这体现了对“心智运作”伦理朝向的认同:坚持不以“心智”之外的因素来进行心智癖好之“集体化”的竞争。坚持“心智运作”的伦理朝向,其实就是对人类心智更高层次的追求,故其并不以某一特别之心智癖好“集体化”的实现与否为目标旨归,而是可以主动、自觉地对自身心智癖好作一限定。不过,限定自身的心智癖好并不意味着完全放弃自身的心智癖好,如放弃自身之心智癖好,没有了“立场”,看似对他者展示一种开放性,其实是另一种变相的心智怯弱,归根结底还是不欲与他者结盟。在此,我们必须谈到战国后期思想中的“心志恬淡论”,其表现形态虽然有异,而在根本上体现了对“心智癖好”的放弃,通过这样一种心智运作的策略,达到取消“学派”论辩的瓦解“结盟”的目的。为此,我们必须区分所谓的“无辩”与对“论辩”的豁免。

在处理关于战国学派对“论辩”的消极态度议题时,学人往往会特别提到庄子,以其持“无辩”而将其定位于一论辩之否定者。诚然,庄子基于“知识论”的反思,指出任何一种观点、学说均有“属已性”,故可称为“自我知识”(已知),然此“自我知识”虽然在“指他”上具有有效性,而在“自指”时缺乏自明性,故任何一种观点、学说就其自身而言实是“非正知”。正因为如此,论辩者在论辩过程中往往是“是此而非彼”,坚持其自身立场而不变,缺乏对“已知”(自身论点)的真正客观化把握。在这种情况下,辩论双方虽然“出言”,而实未作出对评判权的让度。事实上,庄子乃是“士”之独立职能的坚持者,否定“辩”的有效性实是要在更高层次上“安立”不同言说之合法性,其恰是学派多元化存在的捍卫者。可以说,庄子之为人误解者久矣。从心智运作之偏向性讲,庄子一派乃是强调“属已”之“知”的“有待”性,故否定任何一个“自我知识”具有一凌驾于其他“自我知”的特权,其维护的是“认知分工”的合法性,指向的是“士人”之间的“结盟”。就此而言,庄子之“无辩”倒是以另一种形式为论辩保留了一空间。对比之下,对“论辩”的豁免乃在予某一个别之“已知”以一“普遍性”的特权,以此确保“已知”不必参与论辩而获得其合法性地位,荀子可谓是此一心智运作模式的理论总结者。在《解蔽》篇中,荀子混同“心智癖好”与“固习”,否定个人“癖好”的合法性,以“完备之知”的姿态将其他“自我知识”贬斥为“蔽于一端”,消解其独立存在的“合法性”,实现以一已之知——圣人之知——来统摄种种“自我知识”。荀子知识论的政治意涵乃是要将“士人”纳入到“体制”内,予其一“规定”之“身份”,故反对“士”之间的结盟。因此,也就不奇怪,荀子一派批评的主要对象是“思孟”,而其真正的目标乃是庄子一派。事实上,庄荀二家知识论不是纯“理论”的探讨,而是要落实于对“诸子”的“判释”,以此实现对自身学派的“安顿”问题。

我们知道,由于“道术为天下裂”,战国后期诸家各以其“所欲”、“所好”为“方”,适成有“用”(术)而无“体”(道),其“自我知识”(己知)但为“意见”,故“己知”间的竞争博弈成为战国哲学知识论特别展开的领域。由于已由庄子所揭示的“己知”之“是己性”的不改,不同“己知”之论辩最终指向的不是超越不同“己知”的“普遍之知”,而是仍有“自我”身份归属性的“己知”,这表现在战国知识界,不同学派特别以“判教”的形式对不同学派的“己知”作了一安立,其典型表现在《荀子・非十二子》与《庄子・天下》两种判教形式[1]。在荀子判教模式中,作为“判释者”的荀子之学处于一“完备”之状态,故其置身于所判释诸子之外,而作为被判释者的“诸子”之学则处于一有“蔽”之“不完备”状态,虽然“持之有故”、“言之成理”,但是“邪说”、“奸言”,无有其合法性;至于作为庄子后学的《庄子・天下》,在肯定诸学派之合理性之同时指出其“多得一察焉以自好”,对“整全”之“道”有所分裂,所谓“古之道术为天下裂”。不难看出,《荀子》将“完备之知”最终落实为其一己之学,而《庄子》对包括“庄子”在内的诸家“方术”均有点评,虽有高下之别,然以为“方术”终不能尽整全之“道”,故此任何一“自我知识”无有与“道”合一的特权。此或说明,《天下篇》虽然指示了“道术为天下裂”之状况,而并未以“庄子”之学具有绝对的优先性,故仍保留一定的论辩空间,然从早期中国思想的后期演进看,《荀子》式的判教模式实成为主流,其已蕴涵了其后的“心志恬淡”论。

就荀子而言,其虽以“判释者”自居,否定其他“心智癖好”的合法性,实际是将自身之心智癖好置于一特权地位。因为荀子之“圣人”乃是一“知道”者、“兼知者”,圣人之心处于“大清明”状态表明,圣人不是没有“心智癖好”,而是能“藏(志)而虚”以自我调停,这表明“圣人”之为“圣人”,乃在其心智上的特权,具体来说即是圣人由于“虚”其“心”,故其“心”可“知道”,其“心知”达至“完备”。毋宁说,由于“心志”之“虚”,故而“心知”至于“完备”。而至战国后期的“心志恬淡论”,我们看到的则是“圣人”对“心知”之“完备”的放弃,转向对“心志”本身的追求,通过对自身“心智癖好”的放弃,以此豁免于与其他心智癖好的竞争。不可否认,战国后期的心志恬淡论是有差异之表现形态与不同之政治价值取向的,法家乃是意在服务于人主之认知决策以便坐集众智,

---

〔1〕 钱锺书先生即指出,于司马谈《论六家要旨》之前,“于一世学术能概观而综论者,荀况《非十二子》篇与庄周《天下篇》而已”。见氏著:《管锥篇》(第一册),第 389—390 页,北京:中华书局,1994 年。

而黄老家则在于将“君”(王)圣化以对君权有所限制,两相比较,我们自然是取黄老之学而舍法家之术。虽然如此,从心智之运作逻辑来讲,我们以为二者还是分享了一个共同的思路,那就是否定“心智癖好”的合法性,将己之学派豁免于论辩之格局中。即以黄老家来说,其反复强调“圣人”之“心志”乃是“寂寥淡漠”、“无所好憎”,“无所喜怒”,既如此,则“圣人”乃是无有“心智癖好”,也就谈不上对其“心智癖好”作一“集体化”之工作,自然无所谓与其他“心智癖好”之竞争问题。显然,通过这样一种策略,“圣人”其实获得了特权性地位,其因无有“心智癖好”、无有立场而无须参与“论辩”。当然问题是,圣人之所谓的无有“心智癖好”到底何指?是指“真的”无有“心智癖好”呢,还是指“不示”其“心智癖好”?可以说,法家心志论重“不示”,而黄老家则是“不有”。不过若我们以为黄老家之“心志恬淡论”乃是指圣人“真的”无有“心智癖好”,则也就意味着圣人实已与“道”一体,故无有偏私之好、一曲之得。

圣人无有“心智癖好”,故圣人乃是外在于“学派”之人,而非是“学派”之中之人,其不承担将“心智癖好”集体化之责任,也就无须考虑他者之心智癖好的合法性。就此而言,虽然司马谈在《论六家要旨》中特别从“学派”角度对汉初思想学说形态予以了界定,似反映了战国诸子的余晖,然其对“以虚无为本,以因循为用”的“道家”(黄老家)主导性地位的确认还是提醒我们,“心智癖好”之“集体化”机制实被制止,取而代之的是对“无心智癖好”之“超学派”的“意识形态”的竞争[1]。由此,“子学”实成为《汉书·艺文志》意义上的“家学”,从而以狭义“子学”之内容、“官学”之形式实现了对前诸子时代“王官之学”的回归。

---

〔1〕 葛兆光先生指出,“百家争鸣”的结束不仅是一“政治”行为之结果,也是“由于折中与融通已经兼容了各家,使各家界限日益淡化的结果”。见氏著:《中国思想史》(第一卷),第216页,上海:复旦大学出版社,1998年。不过作者以为“思想的统一往往是以特色的泯灭为代价的,但这是无可奈何的事情,而无可奈何的事情常常就是历史”,这其实又将“思想”的演化问题还原为政治权力的介入。

参考文献

A

阿克塞尔·霍耐特(Axel Honneth)著,胡继华译,曹卫东校:《为承认而斗争》,上海:上海人民出版社,2005年。

阿拉斯戴尔·麦金太尔著,万俊人、吴海针、王今一译:《谁之正义? 何种合理性?》,北京:当代中国出版社,1996年。

阿拉斯戴尔·麦金太尔著,龚群、戴扬毅等译:《德性之后》,北京:中国社会科学出版社,1995年。

埃利亚斯著,李康译:《埃利亚斯与现代社会理论》,北京:北京大学出版社,2011年。

艾米尔·涂尔干著,渠东译:《社会分工论》,北京:三联书店,2009年。

艾兰(Sarah Allan)、魏克彬(Crispin Willams)原编,邢文编译:《郭店老子:东西方学者的对话》,北京:学苑出版社,2002年。

B

白奚:《稷下学研究——中国古代的思想自由与百家争鸣》,北京:三联书店,1998年。

Barry Stroud, Mind, meaning and practice, 汉斯·斯鲁格,大卫·G.斯特恩编:《维特根斯坦》,北京:三联书店,2006年。

毕来德(Jean François Billeter)著,宋刚译:《庄子四讲》,台北:联经出版事业股份有限公司,2011年。

波兰尼(Michael Polanyi)著,许泽明译:《个人知识——迈向后批判哲学》,贵阳:贵州人民出版社,2000年。

C

陈昊志主编:《哲学与文化》月刊(457)"儒道思想与巫文化专题",2012.06。

陈鼓应:《管子四篇诠释——稷下道家代表作解析》,北京:商务印书馆,2006年。

陈鼓应主编:《道家文化研究》第十七辑("郭店楚简"专号),北京:三联书店,1999 年。

陈鼓应:《先秦道家研究的新方向——从马王堆汉墓帛书〈黄帝四经〉说起》,陈鼓应主编:《道家文化研究》第六辑,上海:上海古籍出版社,1995 年。

陈国庆:《汉书艺文志注释汇编》,北京:中华书局,2006 年。

陈嘉明:《知识与确证:当代知识论引论》,上海:上海人民出版社,2003 年。

陈来:《古代思想文化的世界:春秋时代的宗教、伦理与社会思想》,北京:三联书店,2002 年。

陈丽桂:《战国时期的黄老思想》,台北:联经出版事业股份有限公司,2005 年。

陈奇猷:《韩非子集释》,上海:上海人民出版社,1974 年。

池田知久著,曹峰译:《池田知久简帛研究论集》,北京:中华书局,2006 年。

迟田知久著,王启发、曹峰译:《道家思想的新研究——以〈庄子〉为中心》,郑州:中州古籍出版社,2009 年。

Chris Franser(方克涛):Action and Agency in Early Chinese Thoughts,刘笑敢主编:《中国哲学与文化》第五辑("六经注我"还是"我注六经"),桂林:广西师范大学出版社,2009 年。

崔大华:《庄子歧解》,北京:中华书局,2012 年。

Claude Lévi-Strauss. Structural Anthropology, transated by Claire Jacobson and Brooke Grundfest Schoepf, Basic Books, Inc. , Publishers, New York, 1963.

D

David S. Nivison. Xunzi and Zhuangzi , Virtue, Nature and Moral in the Xunzi, Edited by T. C. Kline III and Philip J. Ivanhoe, Hackett Publishing Company, 2000.

戴维·李明(David Leeming)著,杨立新、冷杉译:《欧洲神话的世界》,北京:三联书店,2010 年。

道格拉斯·诺思(Douglass C. North)著,钟正生等译:《理解经济变迁过程》,北京:中国人民大学出版社,2013 年。

迪迪耶·埃里邦著,孟华译:《神话与史诗——乔治·杜梅齐尔传》,北京:北京大学出版社,2005 年。

丁山:《古代神话与民族》,北京:商务印书馆,2005 年。

丁四新:《郭店楚墓竹简思想研究》,北京:东方出版社,2000 年。

丁四新:《论简本与帛本、通行本〈老子〉的思想差异》,丁四新主编:《楚地出土简帛文献思想研究》,武汉:湖北教育出版社,2002 年。

丁四新:《郭店楚竹书〈老子〉校注》,武汉:武汉大学出版社,2010 年。

段玉裁:《说文解字注》,上海:上海古籍出版社,1998 年。

F

方万全:《庄子论技与道》,刘笑敢主编:《中国哲学与文化》(第六辑)“简帛文献与新启示”,桂林:广西师范大学出版社,2009 年。

斐迪南·滕尼斯著,林荣远译:《共同体与社会》,北京:北京大学出版社,2010 年。

冯铁流:《先秦诸子学派源流考——对先秦诸子学术活动的新认识》,重庆:重庆出版社,2005 年。

弗雷格(Gottlob Frege)著,王路译,王炳文校:《弗雷格哲学论著选辑》,北京:商务印书馆,2001 年。

傅斯年:《民族与古代中国史》,石家庄:河北教育出版社,2002 年。

F. 瓦雷拉、E. 汤普森、E. 罗施著,李恒威、李恒熙、王球、于霞译:《具身心智:认知科学和人类经验》,杭州:浙江大学出版社,2010 年。

G

高明:《帛书〈老子〉校注解》,北京:中华书局,1996 年。

葛刚岩:《〈文子〉成书及其思想》,成都:巴蜀书社,2005 年

葛兆光:《中国思想史》(第一卷),上海:复旦大学出版社,1998 年。

顾颉刚:《古史辨·自序》,石家庄:河北教育出版社,2002 年。

顾颉刚:《顾颉刚读书笔记》,北京:中华书局,2011 年。

郭齐勇主编:《中国古典哲学名著选读》,北京:人民出版社,2005 年。

郭齐勇主编:《儒家文化研究》第二辑(“儒家政法思想与现代经学研究专号”),北京:三联书店,2008 年。

郭庆藩撰,王孝鱼点校:《庄子集释》,北京:中华书局,1997 年。

H

韩禄伯(Robert G. Henricks)著,邢文改编,余瑾翻译:《简帛老子研究》,北京:学苑出版社,2002 年。

何怀宏:《选举社会及其终结——秦汉至晚清历史的一种社会学阐释》,北京:三联书店,1998 年。

何乐士:《古汉语语法研究论文集》,北京:商务印书馆,2000 年。

何宁:《淮南子集释》,北京:中华书局,2006 年。

侯世达(Dougas R. Hofstadter)著,郭维德等译:《歌德尔、艾舍尔、巴赫——集异壁之大成》,北京:商务印书馆,1997 年。

胡道静主编:《十家论老》,上海:上海人民出版社,2006 年。

黄易青:《上古汉语同源词意义系统研究》,北京:商务印书馆,2007 年。

J

姜玢编选:《革故鼎新的哲理——章太炎文选》,上海:上海远东出版社,1996 年。

姜广辉主编:《中国哲学》第二十辑(“郭店楚简研究”),沈阳:辽宁教育出版社,1999 年。

姜义华主编:《胡适学术文集·〈中国哲学史〉》,北京:中华书局,1991 年。

焦循撰,沈文倬点校:《孟子正义》,北京:中华书局,2004 年。

金春峰:《帛书〈黄帝四经〉的思想和时代》,《汉代思想史》,北京:中国社会科学出版社,1997 年。

L

劳思光:《新编中国哲学史》(一卷),桂林:广西师范大学出版社,2005 年。

黎祥凤撰,梁运华整理:《管子校注》,北京:中华书局,2006 年。

李零:《中国方术考》(修订本),北京:东方出版社,2000 年。

李零:《郭店楚简校读记》(增订本),北京:中国人民大学出版社,2009 年。

李维史陀(Claude Lévi－Strauss,列维·斯特劳斯)著,杨德睿译:《神话与意义》,台北:麦田,城邦文化出版,2010 年。

李锐:《战国秦汉时期的学派问题研究》,北京:北京师范大学出版社,2011 年。

李幼蒸:《仁学解释学》,北京:中国人民大学出版社,2004 年。

李泽厚:《己卯五说》,北京:中国电影出版社,1999 年。

刘宝楠:《论语正义》,上海:上海书店,1992 年。

刘景钊:《意向性:心智关指世界的能力》,北京:中国社会科学出版社,2005 年。

刘武撰,沈啸寰点校:《庄子集解内篇补正》,北京:中华书局,2006 年。

刘师培:《刘师培史学论著选集》,上海:上海古籍出版社。

刘笑敢:《庄子哲学及其演变》(修订版),北京:中国人民大学出版社,2010 年。

刘笑敢:《老子古今:五种对勘与析评引论》,北京:中国社会科学出版社,2006 年。

刘志基主编:《中国出土简帛文献引得综录·郭店楚简卷》,上海:上海人民出版社,2012 年。

刘翔:《中国传统价值观诠释学》,上海:三联书店,1996 年。

罗尔斯著,托马斯·内格尔编,左稀、仇彦斌、彭振译:《简论罪与信的涵义》,北京:中国法制出版社,2012 年。

罗伯特·莱顿(Robert Layton):《他者的眼光——人类学理论导论》,北京:华夏出版社,2008 年。

罗浩(Harlold D. Roth)著,邢文主编:《原道:〈内业〉与道家神秘主义的基础》,北京:学苑出版社,2009 年。

M

马永翔:《心智、知识与道德:哈耶克的道德哲学及其基础研究》,北京:三联书店,2006 年。

马小虎:《魏晋以前个体"自我"的演变》,北京:中国人民大学出版社,2004 年。

蒙罗(Donald J. Munro)著,庄国雄、陶黎铭译:《早期中国"人"的观念》,上海:上海古籍出版社,1994。

蒙文通:《先秦诸子与理学》,桂林:广西师范大学出版社,2006 年。

蒙文通:《佛道散论》,北京:商务印书馆,2011 年。

Michael S. Gazzaniga、Richard B. Ivry、George R. Mangun 著,周晓林、高定国等译:《认知神经科学:关于心智的生物学》(Cognitive Neuroscience: The Biology of the Mind),北京:中国轻工业出版社,2011 年。

N

倪良康:《胡塞尔现象学概念通释》,北京:三联书店,1999 年。

宁镇疆:《老子"早期传本"结构及其流变研究》,上海:学林出版社,2006 年。

诺曼·马尔科姆:《"意识"一词的两种用法》,高新民、储昭华主编:《心灵哲学》,北京:商务印书馆,2008 年。

P

彭裕商、吴毅强:《郭店楚简老子集释》,成都:巴蜀书社,2011 年。

皮埃尔·布迪厄(Pierre Bourdieu)著,蒋梓骅译:《实践感》,南京:译林出版社,2003 年。

毗耶娑著,黄宝生译:《薄伽梵歌》,北京:商务印书馆,2010 年。

Q

齐思和:《中国史探研》,石家庄:河北教育出版社,2003 年。

钱穆:《先秦诸子系年》,北京:商务印书馆,2001 年。

钱锺书:《管锥篇》(第一册),北京:中华书局,1994 年。

乔治·H. 米德著,赵月瑟译:《心灵、自我与社会》,上海:上海译文出版社,1997 年。

裘锡圭:《说“格物”——以先秦认识论的发展过程为背景》,《文史丛稿:上古思想、民俗与古文字学史》,上海:远东出版社,1996 年。

R

日知:《中西古典学引论》,天津:天津教育出版社,2006 年。

S

S. 列特尔顿:《迪缪塞尔教授与新比较神话学》,叶舒宪编选:《结构主义神话学》,西安:陕西师范大学出版社,1988 年。

松泽哲郎著,梁世英译,王道还内容审定,吕佳蓉编译监修:《想象的力量:心智、语言、情感,揭开“人”的秘密》,台北:经济新潮社,2013 年。

邵鸿:《张家山汉简〈《盍庐》〉研究》,北京:文物出版社,2007 年。

释德清:《庄子内篇注》,上海:华东师范大学出版社,2009 年。

司马迁:《史记》,北京:中华书局,1994 年。

T

汤姆·L. 彼彻姆著,雷克勤、郭夏娟、李兰芬、沈珏译:《哲学的伦理学——道德哲学引论》,北京:中国社会科学出版社,1990 年。

汤新:《法家对黄老之学的吸收和改造——读马王堆帛书〈经法〉等篇》,马王堆汉墓帛书整理小组编:《经法》,北京:文物出版社,1976 年。

陶磊:《巫统、血统与古帝传说》,杭州:浙江古籍出版社,2010 年。

童恩正:《童恩正学术文集·人类与文化》,重庆:重庆出版社,2004 年。

涂又光:《楚国哲学史》,武汉:湖北教育出版社,1995 年。

W

王葆玹:《黄老与老庄》,北京:中国人民大学出版社,2012 年。

王博:《庄子哲学》(第 2 版),北京:北京大学出版社,2013 年。

王国维:《释史》,《观堂集林》(一),北京:中华书局,1999 年。

王健文:《流浪的君子——孔子的最后二十年》,北京:三联书店,2008 年。

王利器:《文子疏义》,北京:中华书局,2000 年。

王聘珍撰,王文锦点校:《大戴礼记解诂》,北京:中华书局,1998 年。

王天海:《荀子校释》,上海:上海古籍出版社,2005 年。

王威威:《韩非思想研究:以黄老为本》,南京:南京大学出版社,2012 年。

王先谦:《庄子集解》,北京:中华书局,2006 年。

王先谦撰,沈啸寰、王星贤点校:《荀子集解》,北京:中华书局,1997 年。

王中江:《简帛文明与古代思想世界》,北京:北京大学出版社,2011 年。

X

夏甄陶:《中国认识论思想史稿》(上卷),北京:中国人民大学出版社,1992 年。

萧汉明:《马王堆四篇古佚书与黄老思潮》,丁四新主编:《楚地出土简帛文献思想研究》(一),武汉:湖北教育出版社,2002 年。

徐复观:《先秦名学与名家》,载于《中国思想史论集续编》,上海:上海书店出版社,2004 年。

徐元诰撰,王树民、沈长云点校:《国语集解》(修订本),北京:中华书局,2002 年。

许倬云:《西周史》,北京:三联书店,1994 年。

Y

阎步克:《士大夫政治演生史稿》,北京:北京大学出版社,1996 年。

燕国材:《先秦心理思想研究》,长沙:湖南人民出版社,1980 年。

杨伯峻:《春秋左传注》(修订本),北京:中华书局,1993 年。

杨伯峻:《论语译注》,北京:中华书局,1996 年。

杨树达:《积微居小学金石论丛》,李学勤、刘国忠、王志平编校:《中国现代学术经典·余嘉锡 杨树达卷》,石家庄:河北教育出版社,1996 年。

姚中秋:《封建》,海口:海南出版社,2012 年。

叶舒宪编选:《结构主义神话学》,西安:陕西师范大学出版社,1988 年。

余纪元著,林航译:《德性之境:孔子与亚里斯多德的伦理学》,北京:中国人民大学出版社,2009 年。

于连(François Jullien)著,闫素伟译:《圣人无意——或哲学的他者》,北京:商务印书馆,2004 年。

余英时:《士与中国文化》,上海:上海人民出版社,1987 年。

余英时:《天人之际——中国古代思想的起源试探》,陈弱水主编:《中国史新论》(思想史分册),台北:联经出版事业股份有限公司,2012 年。

约翰·塞尔著,李步楼译:《心灵、语言和社会——实在世界中的哲学》,

上海:上海译文出版社,2001 年。

Z

臧克和:《汉字单位观念史考述》,上海:学林出版社,1998 年。

詹剑峰:《老子其人其书及其道论》,武汉:湖北人民出版社,1982 年。

张岱年:《中国哲学大纲》,北京:中国社会科学出版社,1997 年。

张东荪:《思想与社会》,沈阳:辽宁教育出版社,1998 年。

张光直:《中国青铜时代》,北京:三联书店,1999 年。

张光直:《美术、神话与祭祀》,沈阳:辽宁教育出版社,2002 年。

张舜徽:《周秦道论发微》,北京:中华书局,1982 年。

张文江:《〈庄子〉内七篇析义》,上海:上海人民出版社,2012 年。

章学诚著,叶瑛校注:《文史通义校注》,北京:中华书局,2000 年。

赵又春:《论语名家注读辨误》,长沙:岳麓书社,2012 年。

郑开:《德礼之间——前诸子思想史》,北京:三联书店,2009 年。

祝总斌:《两汉魏晋南北朝宰相制度研究》,北京:中国社会科学出版社,1996 年。

朱文熊:《庄子新义》,上海:华东师范大学出版社,2011 年。

邹东涛:《邹东涛讲诺思》,北京:北京大学出版社,2011 年。

附　录

附录1　《论语》中的“自我”观念探讨[1]

人之有强烈之“自我”意识，此诚“人类”之别于其他有心识活动之动物，乃至胜于所出自之灵长类者也。然人之有“自我”意识，并不意味着人对“自我”有一自觉之反思意识，会思考“自我”问题，此于具体个体之“人”为然，对宏观之种族人群亦是也。“自我”问题实是人类文化发展到一定阶段才出现的，对“自我”的反思昭示着人类文化发展进入到一个新的阶段。由于对“自我”的思考往往不是只顾狭隘地考虑自我，而是与对社会、他人乃至神的认识等普遍性问题相关联，故认知自我是“理解”世界的前提，其致思带有一种“超越性”。当然，“自我”问题虽具有一普遍性，而对“自我”的反思方式则有不同民族文化之特殊性视角，故有轻重取舍之异。早期儒家首倡“修己”之学，对“自我”问题展开了独特而深入的处理，体现了早期中国哲学特别之运思方向，其元典《论语》包含了丰富的对“自我”论述的材料，堪称世界早期哲学史上一部专申“自我”之经典，极具比较哲学分析之价值。

一

《论语》中的“自我”是“己”，这个“己”具有实在性，在“己—人”关系即自我与他人的联系中我们可把握这种实在性。换言之，这种实在性表现出“己”与“吾”、“我”之差异。后二者多少带有“自我”的涵义，但较之“己”，则更多体现出一种主观情绪化色彩。而“己”则是在与“人”的共在中凸显出来的，是一种“实在”，正如余英时先生所说，“自我在与其他人的关系中存在，也在与表达天地万物的关系中存在，此存在并非悬空孤立。因此自我的存在，一方面是外在客观世界的保证，另一方面外在客观世界的存在也保证了自我存在的真实性”。[2]《论语》中己与人常常对举，即显示出二者间的一种内在关系。如“己所不欲，勿施于人”(《颜渊篇》)、“己欲立而立人，己欲达而达人”(《雍也篇》)，相反，“吾”、“我”多是在一种主观情绪化下自我的一种表现，如“居上不宽，为礼不敬，临丧不哀，吾何以观之哉”(《八佾篇》)，又“我未见好仁者，恶不

〔1〕 原文刊于《学海》1999年第1期。
〔2〕 余英时：《中国传统思想的现代诠释》，南京：江苏人民出版社，1991年。

仁者”(《里仁篇》),最为明显的是“我不欲人之加诸我也,吾亦欲无加诸人”(《公冶长篇》),可见“吾”、“我”虽也有与“人”对举之时,但都是在一种具体情境下,“我”对事实的反应,也表明了一种对“自我”抱以实体性认识的态度,即佛家所谓的“我执”。相形之下,“己”虽是实在,但并非实体,《论语》中孔子及其弟子反对的恰恰是一种“自以为是”的实体的我,孔子即说“毋我”(《子罕篇》)。一个很有趣的语言现象说明了这一点,“吾”、“我”既可作人称代词,又可作物主代词,但“己”在《论语》中只作人称代词,也就是说,“己”作为自我不对“物”具有拥有性,“己”所有的只是“和……有关系”,如“己”与“人”。法国学者马赛即曾说,“人的本性是内在于自由的,这个本性不是属于‘有’和‘所与’的一类,而是属于‘和……有关系’的一类。我们和上帝有关系,上帝是完整的自由”。[1]“己”与“人”的关系亦是和人与上帝关系一样,是一种“和……有关系”,二者的区别在于,后者的人对上帝敞开,而前者的人对他人开放。在《论语》中,人与己一方面是一种共在关系,另一方面又是一种主位、客位关系。每一个人都具有主客二位性,从“己”角度言,“我”是“己”,他人是人;从他人的角度,他人是“己”,而“我”是人。这样,“自我”(己感)之获得恰恰是要在己—人这种关系中才成为可能。既然每个人既是“己”,又是“人”,那么“自我”的主体优先性不是体现在“惟我”,“固执己见”,而是能够“理解”他人。通过设身处地想象,自我理解了他人。正如在日常生活中,我们经常听到的“假如你在他那个位置”,或“将心比心”等等。《论语》说得好,“己所不欲,勿施于人”(《颜渊篇》),又有“夫仁者,己欲立而立人,己欲达而达人。能近取譬,可谓仁之方已”(《雍也篇》)。“己”与“人”就是这种譬喻所言的关系,由“己”出发,就能够理解他人。而“我”、“吾”则丧失了这种想象力。

二

“推己及人”在《论语》中似乎成为合情合理顺理成章之事,其推论之前提即是“己”与“人”的这种互换性,每个人都既是“己”,又是“人”。但很明显,“人”由“己”推出,“己”对“人”具有优先性,这种优先性其实便是对自我作为内在价值之源的肯定。余英时先生曾说,中国人相信价值之源内在于一己之心而外通于他人及天地万物,故强调“自省”、“自反”。自我修养不是独善其身,而是求得自我在人伦与宇宙秩序中的和谐。[2]

首先我们看到,《论语》中之“己”具有一种“自足性”,《论语》开篇即标明这一点:“人不知而不愠,不亦君子乎?”(《学而篇》)在他人不理解自我的情况

〔1〕[法]马赛:《人性的观念和现代人的焦虑》,载刘小枫主编:《20世纪西方宗教哲学文选》,上海:上海三联书店,1991年。
〔2〕余英时:《中国传统思想的现代诠释》,南京:江苏人民出版社,1991年。

下,"己"之所以能够具有这种恒定性,即在于君子并不担心或忧虑他人对"己"有所不知,"己"是有其自在的价值。故孔子曰:"君子病人无能焉,不病人不己知也。"(《卫灵公篇》)正因为"己"(自我)具有这种自在性,人在寻找价值之源时,不是外求,而是力求内省,这种内省便是"反求诸己"。《论语》说,"君子求诸己,小人求诸人"(《卫灵公篇》),又云"古之学者为己,今之学者为人"(《宪问篇》)。无论是"求诸己",还是"为己",我们都看得出"己"作为独立价值之源的真实性。当然,如上所述,"己"的价值并非是一件外在之事实,而是通过"反省"而凸显出来的,可见"己"与"反思"密切相联。"己"之所以具有这种内在价值性,即在于"己"有心,有心才能反思,孟子曾言,"心之官则思",实对此有更自觉的理论说明。需要指出的是,有心才能反思自我,但并不必然反思自我。事实上,"心"只有在通过与他人的"在"时,才幡然醒悟而反省自我,故这种思不是一种纯粹的思。夫子弟子司马牛曾问夫子何为君子,夫子回答是:"君子不忧不惧。"司马牛进一步追问:"不忧不惧,斯谓之君子已乎?"孔子于是进一步解释道:"内省不疚,夫何忧何惧。"(《颜渊篇》)那么孔子内省什么呢?《论语》中有:"见贤思齐焉,见不贤而内自省也。"(《里仁篇》)见到有贤德的人,便主动将自己与他看齐,看到德行不佳者,便反求己心,省察自我有无不妥之处。而曾子则进一步将这种"自省"条目化,他说,"吾日三省吾身——为人谋而不忠乎?与朋友交而不信乎?传不习乎?"(《学而篇》)无论是与人谋,与朋友交,还是传习,都是与他人打交道,即处理己/人关系。曾子省察"自我"在"己/人"共在中,是否是认真地对待他人,"忠"、"信"若是"己",则"己所不欲,勿施于人",这样"己"之"私"的概念即被清除。可见,恰恰是立足于"自我","反求诸己",我们才获得一种超越性的价值。在"反求诸己"的同时,便是"克己复礼"。如果说通过反求诸己,"自我"理解了他人,那么"克己复礼"则是更为主动地让自我回复到己/人的这种共在性中。但二者其实是殊途同归,都归为一个"仁"字。孔子言"仁"多矣,但其实是"吾道一以贯之","仁"便是对己/人共在性的一种理解。孔子说:"克己复礼为仁。一日克己复礼,天下归仁焉。为仁由己,而由人乎哉。"(《颜渊篇》)"克己"不是杀我,也不是无我,而是让自我回复到"己"与人共在状态中,从而懂得他人的"在",理解和爱惜他人,正所谓"仁者爱人"。

三

如果说在价值层次,(论语)提供了"己"这一自我的模式,那么在事实层次,自我又是如何的呢?这即涉及"己"与以"吾"、"我"为代表的另一类自我的关系,从《论语》我们看到二者并不协调。首先还是让我们看一看《论语》中所记载的孔子及其弟子事实性的自我存在状态。从价值角度讲,孔子确认"己"自身之价值,如"人不知而不愠","不患人之不知己",但事实上,孔子求取功名之心十分强烈，其总是试图要将自我“表达”出来，而不是甘心于“己”中。如“公山弗扰以费畔，召，子欲往”（《阳货篇》），弟子们很不理解，以为颇有饥不择食之嫌，但孔子自有理由：“夫召我者，而岂徒哉？如有用我者，吾其为东周？”这段话有点费解，但不管怎样，公山弗扰是乱臣贼子，夫子常以“危邦不居，乱邦不入”自许，而又如此看重“召我”，“用我”，这至少表明孔子在实际的行为选择中是矛盾的。这样的例子还有几个，如“佛肸召，子欲往”（《阳货篇》），佛肸是谋反者，弟子自然反对孔子前往，故孔子又说了一通理由，最后一句“吾岂瓠瓜也哉？焉能系而不食？”这句话很妙，也很值得玩味。夫子自比瓠瓜，不是被挂着作观赏物的，而是要被别人食用的，可见夫子惟恐自己只是挂在那里，没有人摘食。写到这里，我们不禁想到孔子经常告诫弟子的话“君子不器”，“器”是具有一定技能，能为人所用的“一曲之士”，孔子讥笑其过于单向度，但这一次，夫子却是自愿作了“器”。实际上，这本身涉及这样一个问题：“自我”的实现亦即外化问题。假如“己”始终处于一种“系而不食”的状态中，那么“己/人”之关在性便停留在一种“抽象”的状态中，“修己安人”的理想也就无法得以实现，“自我”终将无法真正落实。事实上，不仅在特殊情境下，孔子在日常生活中也时时有所抱怨，如“莫我知也夫！不怨天，不尤人，下学而上达，知我者其天乎！”（《宪问篇》）尽管孔子声明并不埋怨谁，但却感叹无人能用他。夫子对现实的可能性已不抱什么希望，故而将命运归结于天，这当然是一种较为极端的反应，较为温和的做法便是重新安顿自我。如“不义而富且贵，于我如浮云”（《述而篇》），“富而可求也，虽执鞭之士，吾亦为之。如不可求，从吾所好”（《述而篇》）。对于外在财富，即直接关系到日常生活状态的物产，孔子的判断、抉择显得较为从容，总的原则是“取之有道”。而在关涉自我的前程即仕途时，孔子则显得不是那么豁达。如他曾对颜渊说，“用之则行，舍之则藏，惟我与尔有是夫”（《述而篇》），对子路则说，“道不行，乘桴浮于海。从我者，其由与？”（《公冶长篇》）贫，孔子可以“饭疏食，曲肱而枕，乐亦在其中”，若“不用”，孔子的心情则不是那么平静，总是要用“藏”、“出海”等极端的方式来避世，以显示出自我存在之价值。我们能否据此而说，孔子实际对于“自我”（己）作为内在价值之源有所否定呢？

显然不能作此遽断。我们只能说，在孔子那里，“己”（自我）在价值层次的肯定与在事实层次上的确定之间存有一矛盾，其原因还是应从“己”这一概念的内涵中去寻找。“己”是在与“他人”的共在关系中确立的，“反求诸己”正是通过“见贤思齐，见不贤而内自省焉”这种与他人的交往关系才得以可能。“己”所具有的“反思”性，并非是主客对立意义上的“纯思”，这种反思性即体现在与“人”的共在中，通过“由人及己”，对自身作为一种生命发展动态过程的理解。孔子即曾用简略的言语描述“自我”的成长历程：“吾十有五而志于学，三十而立，四十而不惑，五十而知天命，六十而耳顺，七十而从心所欲，不逾矩。”(《为政篇》)“学”的目的即是要理解“己”与外在世界之关系，自我之发展即是要不断突破自我与外物的对立，最终达到“从心所欲，不逾矩”之境界。“心”及其所欲即是自我，而“矩”便是一种外在的规范性，亦即孔子常说的“礼”。“自我”的完成即是“礼”的完成，正如孔子所言“克己复礼为仁”。故《论语》中，“己”的概念不能脱离“他人”这一概念而独存，“己”的完成即是一种“中礼”，那么他人对“己”的承认便显得很重要。只有被纳入到“社会”中去，“己”才成为可能。所以孔子虽言“人不知而不愠”，但这只是从“己”的内省这一角度而言。

四

尽管“己”时时处于一种“人不知”之状态中，孔子也曾有所抱怨，但夫子及其弟子并未陷入一种绝望状态，也未转而求助于神，从而否定自我。

众所周知，中国文化相对于西方文化更强调一种人文性，儒家传统中缺乏西方意义上的宗教和终极关怀亦为多数学人认可，此亦有经典文句之佐证，如孔子言“未知生，焉知死”，又言“未能事人，焉能事鬼”，再有便是“子不语怪力乱神”。很明显，从文句本身看，孔子是极力避免谈论“死亡”、“神”等超“此世”的东西，但不谈，并不等于没有意识到这些东西，不直接谈也不意谓着就没有谈。孔子不正是通过“不语”而曲折、委婉地表达了他对于此类之事的理解吗？“神”的概念折射“人”的概念，正是“自我”主体的异化才使得“神”成为可能。所以在西方，人的主体性的高度发展正是与“上帝”概念相联系，价值之源是上帝。但对于孔子及其弟子而言，“己”作为一种自我概念不是一纯粹的反思主体概念，因为“己”既是反思者，又自身内蕴着价值之源，“反躬自省”正表明“己”不向外求价值，而是对自我的一种肯定。肯定“自我”的内在价值，亦即堵塞了求助于神的外在之路。当然“反躬自省”虽然指明了寻求价值之源的路径，但并未说明“自我”概念的全部意义。在“自我”的“日常化”之状态下，自我与他人的共在，自我不断地“克己复礼”是可以成立的。但对于“自我”的终极临界状态，“自我”的意义又如何给出呢？孔子在“未用”、“不知己”时，已经开始心绪不宁，那么面临死亡与关涉自我终极存在状态时，自我又该怎么办呢？

孔子最终还是谈到了天。如他所云，“获罪于天，无所祷也”(《八佾篇》)，“天之未丧斯文也，匡人其如予何”(《子罕篇》)，“天生德于予，桓魋其如予何”(《述而篇》)。孔子坚守自我的最后防线是“天”，即“自我”与“天”是有联系的，所谓“天生德于予”，假如保有这种“天”赋予的德性，则“自我”是自立不摧的，但这也表明“自我”在一种特殊情境下难以自保。如果说在境遇不佳、时运不济时，“自我”尚能求助于“天”，那么“自我”又是如何面对死亡呢？孔子说，“未知生，焉知死”。“生”与“死”总是和“自我”相联的，“生”便是“自我”在的状态，而“死”便是“自我”不在的状态。孔子以为，要理解“自我”的终极意义，只能从对自我“存在”状态之理解中获得。因为“在”，“自我”才成为一种可能。故理解“生”，便是理解“自我”作为精神生命的运动，意义只在这生命的历程中，正如前文所云，“七十而从心所欲，不逾矩”，到了七十岁，孔子就不再往下写了。因为再往下便是“死亡”，也正因为已经“从心所欲，不逾矩”，彻底理解了自我，了知了生命，那么由“在”进入“不在”便也显得极其自然了。这样，孔子即将对“自我”终极意义的追问转化为如何理解自我“存在”的终极意义，即“未知生，焉知死”。

孔子通过“知生”，回避了谈论“死亡”本身的问题。但“死亡”毕竟是不可避免的，而且将逐一降临到每一个人的身上，那么自我的消失（不在）是否意味着自我作为价值之源的消失呢？如果是这样的话，那么自我的“价值”将因其自身的相对性和多元化而丧失存在的合理性。孔子自然是不能容忍这种局面的出现，故他强调“生”与“死”，“在”与“不在”的联系，这种联系之中介便是“祭”。如樊迟问孝，孔子回答是：“生，事之以礼；死，葬之以礼，祭之以礼。”（《为政篇》）交通自我与父母，在父母生前是事之以“礼”，在父母死后要用葬礼安葬，用祭礼祭拜，这便是曾子所说的“慎终追远”。按照孔子的理解，“孝”不只是父母在世时“自我”的行为，还包括父母去世后，故它涵盖了“自我”（尤指成年以后）的一生。这样，“自我”始终感受着死亡，而不是无“死亡”的意识，这种“死亡”意识不是对“自我”的而是对他人的死亡意识，孔子要求在这种“慎终追远”中保持一种“敬”的态度，即祖先和去世的父母尽管不在，但同时又是“在”，即所谓“祭如在，祭神如神在”（《八佾篇》）。这样，“父在，观其志，父没，观其行”（《学而篇》），“自我”也就是父母“在”与“不在”一个样。既然自我对“死亡”的关注始终总是针对于已逝的先辈与自我的交通，而不是纯粹的单个死亡事件，那么“死亡”也就从一种特殊的唯一的临界状态，转化为普遍的平均化之日常状态，“自我”由此也因与“死亡”的日常交往而渐得习死之道，多少消解了“死亡”对自我造成的心理震荡，真是“未知生，焉知死”。

五

从以上讨论可以看出，《论语》中的“自我”概念带有非常强烈的日常交往性，这种日常交往性一方面体现在“自我”与“他人”的共在，即“自我”是一个在血缘关系、社会关系等关系网络中的概念，在《论语》中相对而言主要强调的是父子关系中的“自我”概念。另一方面，“自我”尽管处于这些关系中，但不是单纯地受制于约束，而恰恰是这些关系的主体，故能够“反求诸己”而自省。

很明显，这种“自我”（己）不是一种基于主/客对立式的思维。基于主/客对立式思维而构成的“自我”，其前提是“我思”，这种对自我的确认是通过“我思”达到的，如笛卡尔所说“我思故我在”，由“我思”推出“我在”，而由我之

“在”又推出外在世界的实在。可见，“我思”具有一优先性，但问题是，有谁保证是“我”在思呢？与此不同，《论语》中的“自我”的实在性不是通过这种“思”达到的，“己”与他人本身即处于一种共在性中，由“他人”，即确证“己”的实在。故此，不似“我”之思/在之对立，己/人的对立不是一种认识论意义上的主/客对立，而是一种“在”的主格与宾格的关系。“在”的主格即是“己”，宾格即是“人”，“己”/“人”实际上只是“人”的一体二面，不存在谁涵摄谁的问题。理解他人并不难，只要反求诸己即可。所以己/人之间不存在着认识论上的可能性问题。

但由此，“己”亦成为问题的关键。为何反求诸己即可理解他人？孟子明确提出了“心”之概念，认为“心之官则思”，虽然(论语)并未直接探讨“心”之概念，但“求诸己”、“内自省”已表明对“心”的意识。在谈到“三年丧礼”时，孔子与宰予的争论即清楚地说明了这一点。宰予说“三年之丧，期已久矣”，孔子指责他“食夫稻，衣夫锦，于汝安乎?”宰予回答“安”。于是孔子评价道：“予之不仁也！子生三年，然后免于父母之怀。夫三年之丧，天下之通丧也，予也有三年之爱于其父母乎!”(《阳货篇》)夫子以为三年之丧的心理情感基础便是“仁”，因为人皆是得到父母三年怀抱的爱护，为了回报父母的恩德，应执三年之丧礼。若守丧期间食稻衣锦，必将于心不忍。夫子在这里强调“不安”，即“不忍”。“不忍”情感之产生即是对自我反省的结果，落实之处便是“心”的是否安。孔子认为人皆有“三年免诸怀”，故都有“不安之心”，因而三年丧礼是通制。可见人与父母这种关系的先在性使得人与人之间具有共通的心理情感，反求诸己，便可理解他人。

但最终孔子未能了解弟子宰予，因为后者认为丧期一年即可，此后食稻衣锦并无于心不安。争论的焦点其实并不仅仅是丧期的时间性，因为宰予的理由是：“君子三年不为礼，礼必坏；三年不为乐，乐必崩。旧谷既没，新谷既升，期可已矣。”即宰予将守丧看作是一个“自然化”的过程，丧期长短应与自然意义上的时令原则相合。这样“自我”与父母间的关系也就自然化了，而无须“仁”这种心理情感因素作为前提，但这恰恰是孔子竭力反对的。宰予的自我与他人关系的论点也许在当时是对孔子学说的一个挑战，其将自我与他人的关系建立在自然主义立场上，让我们看到了一点后来战国杨朱学派的影子。不过，宰予虽不仁，而其所讲的也不全无道理。如宰予所言，“君子三年不为礼，礼必坏；三年不为乐，乐必崩”，如果君子真的依礼守三年之丧，结局很可能即是那样，这样个人的行为将导致整个社会陷入一种无序状态中，对于个体自身而言，亦是一种极大损害。但孔子似乎回避了这个问题，而只是问宰予“安否”，这一追问的力度显然是不够的。如此孔子面临的难题便是：由自我与他人的和谐并不必然导致自我与社会的和谐，如何在“自我”的前提下建立自我与他人、社会的共同和谐，这是早期儒家遭遇的难题。

附录2 观外在于“己”者[1]

——对先秦典籍语境中“观”概念的考察

观，即看，巴尔(H. Bahr)曾说，整个绘画史永远是一部“看”的历史。看的方式改变了，技巧就会随之改变。看的改变同人与世界的联系相关，人对这个世界抱一种什么样的态度，其便抱以这种态度来看世界。故所有的绘画史也就是哲学史，甚至可说是未写出来的哲学史。[2]若绘画史是哲学史，那么“看”的历史无疑是未写出来的哲学史。可见“看”中暗合了一种对世界的理解方式，我们可以称之为前理解。在早期汉语复杂而微妙的语境中，表达“看”之涵义的字词可谓多矣，如视、窥、望等，而“观”无疑是最具有形而上色彩的字眼，因为它立足于“看”，又超越了具体的“看”。“观”之若是在于，其是基于“己”(自我)而给出的一种看视行为，即“观”者总是藉“观”外在于“己”者而反省“自己”，故对“观”的分析必须与对“己”的理解联系起来。

一

首先，“观”是指什么？若纯粹从词源学角度出发，极易陷入一种主观臆断的猜测之中，而若从字词的比较角度入手，则更能揭示出字词的原始涵义。在《左传·庄公二十年》中有一句“是谓观国之光”，乃引自《周易·观卦》。杨伯峻先生在“观”字下的注释是：“就观卦而言观，观者，视他人之所为而非在己者也。”即“观”是一种看、注视，明确地说是注视外在于己的东西(对象)，换言之，“己”(自我)在观之对象以外，并不存在对“己”的观。为了说明这一点，我们不妨引用一下《周易·观卦》：

> 初六：童观，小人无咎，君子吝。
>
> 六二：窥观，利女贞。
>
> 六三：观我生，进退。
>
> 六四：观国之光，利用宾于王。
>
> 九五：观我生，君子无咎。

---

〔1〕 原文刊于《孔孟月刊》第38卷第1期，1999年9月。

〔2〕 巴尔(H. Bahr)：《看》，刘小枫编：《人类困境中的审美精神——哲人、诗人论美文选》，北京：知识出版社，1994年。

上九：观其生，君子无咎。

这里的“童观”、“窥观”、“观我生”、“观国之光”、“观其生”都是立足于“已”而对外在于“已”之对象的“观”，其目的是通过“观”，达到反省自我，以便利于进退取舍。在爻辞中，主体乃“观者”，即王，亦即君子，所以《彖》云“观天之神道，而四时不忒。圣人以神道设教，而天下服矣”，《象》亦云“风行地上，《观》。先王以省方观民设教”。

故据《周易》，通过“观”，外在于已者能达到反省自我的目的，那么此点又是如何成为可能的呢？这实际上便是要分析“观”之意向性结构。在“观”之行为中实隐含了三个因素：观者（已）、观（看视行为）、被观者（外在于已者），但这三个因素都统一于“观”之行为中，不可独立分开。我们首先来看一看外在于已者。并非一切外在事物均进入我们的视域，日常经验足以证明此点，更何况通过“观”，“外在于已者”能够触动自我。故《经籍籑诂》云：“常事曰视，非常曰观。”在早期汉语典籍中，被观者的种类很多，但从源初意义上分析，我们不难发现，被观者总是具有某种能够引发“观者”（已）产生一种敬畏之情的东西，这一点是由被观者所具有的某种超越性所决定的，即“被观者”中有不被“观者”所能完全把握的东西。如《周易》里的“圣人设卦观象，系辞焉明吉凶”（《系辞上》），这里的“象”实乃一先在的外在于已的模式，为已/他者所共享。所以《周易》里有“观象制器”之说，因为“象”中即已包含了器的“结构性”。清代史家章学诚云：“《易》与天地准，故能弥纶天地之道，万事万物，当其自静而动，形迹未彰而象见矣。故道不可见，人求道而恍若有见者，皆其象也”（《易教下》）。〔1〕“象”即是一被观者，事实上，“象”介于道、器之间，道不可睹而象可见，故观象而可悟道。又由于“象”先在于器，则观象可把握器（物）之走向。故“观”象并非只是看物本身，而是观在道—象—器这一序列式结构中，“物”的一种可能性或状态。可见“观”首先是立足于视觉，是一种“看”，如庄子云“不然。夫盲者无以与乎眉目颜色之好，瞽者无以与乎青黄黼黻之观”（《庄子·大宗师》）。但仅仅凭藉视觉，是难达至“观”的。因为仅仅是“看”，看到的只是给予你的，而看不到支撑现象背后的东西，这实际涉及“观”与“视”之分歧，所以《易·履卦》云：“眇能视，跛能履。”士夫瞎了一只眼睛也能看，因为“视”处理的只是一种具体的不带超越性的看。《释名·释姿容》云：“视，是也，察其是非也。”可见，“视”要解决的是现实性问题。故《论语·为政》说，“视其所以，观其所由”，观其所由便是看“物”如何被牵引出来的。而要达到这一点，“观”必须借助某一凭借以获得一种超越性。古籍中常有“以是观之”的句式，如“且礼所以观忠、信、义也”（《国语·周语上》），“轮扁

〔1〕 章学诚著，仓修良编：《文史通义新编》，上海：上海古籍出版社，1991 年。

曰，臣也以臣之事观之”（《庄子·天道》），“以道观之，物无贵贱，以物观之，自贵而相贱”（《庄子·秋水》）。可见“观”总是“依据……而观”，而这所依据的东西于观者而言无疑是具有一种先在性，这种“先在性”对于轮扁者来说是其自身的生活经验，而对于庄子来说，则是“道”，故我们可以说“观”实际上是依据一种前理解的再理解过程，正如墨子所云“知而不以五路，说在久”（《经下》），“智以目见而目以火见，而火不见。惟以五路智，久不当以目见若以火见”（《经说下》），可见《墨子》亦谈到了使“见”成为一种可能性时，前理解的重要性。如果说柏拉图的“思”是一种回忆，那么早期汉语之“观”则是一种再理解。这种基于前理解的“观”使得观“不在场者”成为可能。如庄子言孔子见老子，“子贡曰：然则人固有尸居而龙现，雷声而渊默，发动如天地者乎？赐亦可得而观乎？”（《庄子·天运》）假如子贡仅仅是依于视觉，那么他将无法像夫子那样感受到如龙般的老子。故通过“观”，恰恰是拉开了“己”与“外在于己者”之距离，这似乎凸显出一种主体与客体的对立，但实际上，距离感本身已表明“外在于己者”并未完全转化为一种“客体”而为主体把握，而是始终保持着一种“自在性”，并让“己”（自我）涌现出一种敬畏之情，不过这种敬畏不是对实体神的恐惧，而是颇有点“敬而远之”的味道。

二

如前所说，“观”实是通过对“外在于己者”的一种把握而达到反省自我的目的，即如《周易·观卦象传》所云“风行地上，《观》。先王以省方观民设教”。对此种具有强烈政治伦理色彩的“观”，我们称之为“圣人之观”。

在“圣人之观”中，“自我”（己）仍是观之主体，但自我（己）并非是目的或结果，通过观，恰恰是要摆脱一种“己”的主观性状态，从而回复到己/外在于己者的一种共在性状态中，进而达到一种反思（反省）自我的目的。在《周易》，圣人通过“观”建立一套卦象体系，“古者包羲氏之王天下也，仰则观象于天，俯则观法于地，观鸟兽之文与地之宜，近取诸身，远取诸物，于是始作八卦，以通神明之德，以类万物之情”（《系辞下》）。这样，“八卦”便将世界的统一性的基础建立起来，对“自我”行为的解释便成为可能，即具有一种可操作性。所以“八卦成列，象在其中矣，因而重之，爻在其中矣”，圣人为我们创造了八卦这一图式，那么常人只要观卦，亦观象即可。而“爻象动乎内，吉凶见乎外，功业建乎变，圣人之情见乎辞”，这样通过“观”卦，人们趋吉避凶即可建立功业。

既然圣人观象设卦，建立了世界的统一性，那么圣人之观象应无所选择性，因为万事万物皆可起卦，每一物象皆可转化为相应之卦象。但事实上，圣人仅仅观卦还不够，还是要观具体的“象”，否则的话，圣人面对的只是“符号”，而情感因素则将被忽略。事实上，圣人之“观”象极有选择性，就先秦两汉典籍看，我们注意到这种“观”往往与观政、观庙、观水、观乐等联系起来，而这些观的对象大都具有一种政治伦理意味。“观”的这种指向性恰表明，圣人之观主要还是针对一种政治行为。如“观庙”，“孔子观于鲁桓公之庙”（《荀子·宥坐》），“子贡观于鲁庙之北堂”（《荀子·宥坐》）。庙是祖灵之居所，而其中通常有“尸”即先祖之神像，多用木制，如鲁哀公问社于宰我，宰我对曰：“夏后氏以松，殷人以柏，周人以栗。曰：使民战栗。”（《论语·八佾》）立尸的原因，前人多有解释，如杜佑引《白虎通义》曰：“祭所以有尸者，鬼神听之无声，视之无形，升自阼阶，仰视榱桷，前视几筵，其器存，其人亡，虚无寂寞，思慕哀伤，无所泻泄，故座尸而食之，毁损其馔，欣然若亲之饱，尸醉若神之醉矣。”（《通典》卷四十八）可见通过“尸主”的可观性，祭者得以进入与祖灵交通共在的状态中，否则“心无所归所”。孔子讲“祭如在，祭神如神在”（《论语·八佾》），强调一个“如”字，假如没有一形象化的可观之木主或神像在那里，“如”又如何可能呢？再如“观水”，“孔子观于东流之水，子贡问于孔子曰：‘君子之所以见大水必观焉者，是何？’”（《荀子·宥坐》）孔子的解释是，大水有“德”，通过观水可以“观物戒己”。正如夫子所感叹的，“子在川上曰：‘逝者如斯夫，不舍昼夜。’”（《论语·子罕》）“观乐”也是如此，如“季札访鲁观乐”（《左传·襄公三年》）。艺术与宗教、政治，在古代尤其是上古往往结合在一起，其艺术之自在性总是与一种社会政治功能相混杂，“乐”在古代中国即十分明显地表现了这一点。当孔子在齐国听到韶乐时，夫子即赞曰“三月不知肉味”（《论语·述而》）。孔子十分强调“礼乐”，以为乐往往折射出政治，“子谓韶，尽美矣，又尽善也。谓武，尽美矣，未尽善也”（《论语·八佾》）。事实上，“乐”在先秦不是纯粹的音乐，而是与舞蹈联系在一起，具有一种宏大可视之场面效果，其目的亦在于通过此种“可观性”，以便更好地“知微见著”，正如杜佑所说：“夫乐之在耳者曰声，在目者曰容，声应乎耳可以听知，容藏于心难以貌观。故圣人假干戚羽旄以表其容，发扬蹈厉以见其意，声容选和则大乐备矣。”（《通典》卷一四五）“观”之目的如前所说，仍是要使君主（自我）处于敬畏状态中，此点西汉董仲舒言之甚详，其依据“人副天数”、“天人感应”之理论，以为“所欲所不欲者，人内以自省，宜有惩于心；外以观其事，宜有验于国。故见天意之于灾异也，畏之而不恶也，以为天欲振吾过，救吾失，故以此报我也”（《春秋繁露·必仁且智》）。灾祥均是天意之体现，观物，即可知天意，从而警省君主（自我）。这一套逻辑完全是从《周易》那里来的，只不过董氏将其伦理化而已。

三

与圣人之观相对立的是一种“流俗意义”上的观。尽管“观”的对象仍是“外在于己者”，但其指向性已缺乏一种超越意味。我们首先来看看《春秋》中的一个典型例子。《春秋·隐公五年》云“公矢鱼于棠”。《公羊》《谷梁》经均作“春,公观鱼于棠”,《左传》则云“观鱼”。关于此处“矢鱼”是作观鱼解亦作射鱼解,自古以来聚讼纷纭,目前学界较一致的看法是作“观鱼”。一个最有力的证据是,古代汉语中的“鱼”乃“渔”之假借,作动词用。若“矢”作“射”解,则“射渔”是不成立的。既已明晰了矢作观解,那么“观”在此的义蕴又是什么呢?对于隐公的“观鱼”行为,大臣臧僖伯表示反对,并讲了一大堆理由,他说“君将纳民于轨、物者也,故讲事以度轨量谓之轨,取材以章物采谓之物”,此乃君之职守。所以“若夫山林川泽之宝、器用之资,皁隶之事、官司之守,非君所及也”。不难看出,臧僖伯的意思很清楚.物各有其自性,君臣百姓亦各有自己的权限,在权限之内行事即合礼,否则便是逾礼。由此我们可以进一步引申出去:在我们的能力所及(由礼仪所规定的能力)之处曰“常”,超出能力所及处为“非常”。现在再来看看隐公观鱼,其行为明显是逾礼了,正如《谷梁·隐公五年》云:“礼,尊不亲小事,卑不尸大功。鱼,卑者之事也。公观之,非正也。”于隐公之地位而言,不亲小事是“常”,“观鱼”则是非常,因为这种观所涉及的对象是“卑者之事”,与上节的“圣人之观”一比较即可看出。“圣人之观”所观之对象多为“政”、“庙”、“水”等。此点,前人也已有所论及,如《左传正义》引刘炫旧解“人君可观猎兽,不可观捕鱼……凡此诸物(指鸟兽鱼鳖之类)不足讲习治兵,其材不足以充备器用,如此者,则君不举焉。其意言猎之坐作进退可以教战阵,兽之齿牙皮革足以充器用,人君可以观之;捕鱼不足以教战阵,鳞甲不足以备器用,人君不宜观之”。[1]可见君主之观不是满足个人的耳目口腹之欲,而是指向一种政治性行为,从这个意义上讲,其具有相当的超越性。据此而言,隐公观鱼显然是满足其个人之私欲,指向的是一世俗世界,故其观恰恰是丧失了这种超越性。

的确,相对于商周之君主,东周以来国君之行事更多的是以“自我”之膨胀为中心和落脚点,“外在于己者”已失去了神秘之意味,可以说此观较之圣人具有宗教意味的“观”带有一种感官美学意义。一个比较有名的例子是楚灵王筑章华之台,其臣子进谏曰“不闻其以观大、视侈、淫色以为明,而以察清浊为聪”,并指出什么叫真正的美,“夫美也者,上下、内外、大小、远近皆无害焉,故曰美。若周于目观则美,缩于财用则匮,是聚民利以自封而瘠民也,胡美之为”(《国语·楚语上》),灵王筑台仅仅是为了满足个人的欲望,故台子筑得很美、很高大,这与先王的做法不太一样。先王筑台,“榭度于大卒之居,台度于临观之高”,台榭并不表现出一种自在性,反倒体现出一种适度原则,因为台榭具有“功能性”:榭不过讲军实,台不过望氛祥,正因为如此,先王筑台以便观,其指向的不是一个“无限世界”,即不追求“壮观”,而是要与所观始终

〔1〕 参见杨希枚:《春秋隐公射鱼于棠说驳议》,见《文史》第二十六辑,1986年。

保持着一定的距离和限度，从而使“自我”处于“临”的状态中。但灵王不是这样，台榭服务于自我的耳目，以便能感受一种“无限”，这实是一种基于感性美学意义上的观。正因为要感知外在于自我的世界，所以“己”与“外在于己者”之间的那种神秘感消失了，自我涌现的不再是敬畏，而是一种“胜利感”。这种感觉的转变其实便是一种“祛魅”的过程，“物”身上所具有的那种“灵气”（神秘性）消失了，取而代之的则是一种随意性的处理。如“先王耀德不观兵，夫兵戢而时动，动则威，观则玩，玩则无震”（《国语·周语上》），“观兵”，用现代术语讲即检阅军队，和治兵、陈兵、陈师意思相同，都是一种示武扬威，但“观兵”犹具侵略意图或行为，所以注重阅师庄重肃穆的气氛变为对场面宏大的视觉效果本身的追求，古人云，“国之大事在祀与戎”，如此戎事成为一种随便的行为，无怪乎孔子说“《春秋》无义战”。针对这种现象，老子亦断然喊出，“是以圣人为腹不为目”。事实上，口腹之需求是有限的，而“目”之渴求则是无限的。“目”之见欲存在着危险与机遇，或者是堕入到“五色令人目盲”之地，或者是进入“观”之境界，如老子云“致虚极，守静笃。万物并作，吾以观其复”。“目”其实是具有一种超越性的可能，老子为腹去目实是针对“目”的前一种状态有感而发。

四

值得注意的是，“观”始终指向的是一种“外在于己者”，不论是强调这一对象的神秘性，还是注重“己”的美学意义上的感受，所观者乃外在于己是不变的，我们并未看到观“我”、观“己”。

提出这一点并非是无意义的，因为如前所说，“观”是通过“己”对“外在于己者”的看来反思自我。“己”的状态有赖于“观”的行为，正如《易》观卦所言，“观我生，进退”，“观国之光，利用宾于王”，“观我生，君子无咎”，“观其生，君子无咎”，通过“观”，“己”对自身目前所处的状态有了深切的了解，从而能够相应做出合宜的举措。而在《易传》里，这种“外在于己者”已抽象概括为一种“象”，通过设卦现象即可把握出自我，正所谓“是故君子居则观其象而玩其辞，动则观其变而玩其占，是以自天祐之，吉无不利”（《系辞上》）。由此可见，通过观而把握“己”实隐含了这样的前提：我们并不直接把握“自我”，若非凭藉一中间媒介，“己”将处于一种蒙昧未开，对周遭事物了无知晓的状况。可见在某种意义上讲，“观”之心理情感前提是“忧”，但忧“己”之不测，“作易者，其有忧患乎”（《系辞下》）也说明了这一点。

但为何不能观“我”呢？观之可能性即在于“己”能通过一种超越性的视觉把握“外在于已者”，而“己”自身只能成为他人眼中的“被观者”，而不能成为自我观物时的对象，这表明在“观”中，“己”并未完全客观化。在这一点上，佛教之“观”与此观有很大不同。观在佛教中是一特别重要之概念，其相应之梵语为 Vipastna,意指把心意专一起来,观照一定的对象而破其自性,达其空性,由此获得觉悟。故“观”不是单纯的认识论,而是立足于自我修行基础上的把握世界本体的方式,隋代天台智者大师以鸟之双翼、车之双轮喻止观可谓十分形象。在早期小乘禅法中,数息观、不净观等都是通过观“我”来破我执。相对于这种析空观,大乘强调体空观,尤其是宋代天台佛学山家派提出“妄心观”,即就当下一念心而观其具三千法。可见在佛学中,“自我”成为“观”之对象。

先秦典籍中之“观”不能观己,只能观“外在于己者”,这并不意味着当时缺乏对“自我”直接反思的概念,这一套运思逻辑在《论语》中体现得较为明显,孔子有“修己以敬,修己以安人”,“修己以安百姓。修己以安百姓,尧舜其犹病诸”(《论语·宪问》)。“己”成为价值之原点,恰恰是立足于“己”,才能安顿地观察及这个世界。这一运思与《易经》恰恰是相反。前引的“观我生,进退”,“观国之光,利用宾于王”,“观我生,君子无咎”,“观其生,君子无咎”,是立足于“外在于己者”,“观”是中介。如果说《论语》主要是提供一种基于人的主体性的“内圣外王”的思路,那么《周易》则更多地考虑到一种“客观性”原则,则人存在着一种时限性,但这并未导致悲观,因为“乐天知命,故不忧”。

附录3 礼与自我表达[1]

学界通识,儒释道三教为中国古代思想的主流形态,虽小异而大同也。大同者,皆言心性者也;小异者,言之深浅轻重而已。当然,三家居于不同的立场,在申述自己观点时或有取舍之分,故有厚此薄彼之嫌。据实而论,三教之异虽主要表现在体达心性之结果上,而体达心性方式之不同亦颇值得我们关注。一般而言,释教以"观"而证达实相真如,道家(教)以坐忘心斋而入玄冥之道。比较起来,儒门虽即高明道中庸,于日用人伦中体会天道,似乎未有特别之修炼法门,较诸释道二教反倒有凿空不实之感。不过通过考索儒典尤其是先秦两汉文献(包括出土简牍),则不难发现,儒家所倚重之"礼"其实不惟为一外在之规范制度,更是儒门君子日常修习之门径。藉此,儒者之心性体认、道德践履方可次第而成,确然有效。

一

修习(修炼)是针对"自我"进行的,而自我状态之设定于儒家自有特定涵义。相对于释教以五蕴皆空说我,道家以淳朴未分言己,儒家之自我似乎更具经验性与日常化之特质。以《论语》为例,孔子云"己所不欲,勿施与人"、"己欲立而立人,己欲达而达人",作为自我的"己"是在己一人对举意义上给出的,而非作为一孤立之个体或原子论意义上的实体而存在。当然己在存在上的对待性并不意味着它缺乏内涵,是空,是无,它还是有着实质性因素的,这便是"情"与"性"。

"情"在先秦文献中出现较频繁,一般有两种涵义,一为情状,一为情感。[2]作为儒家学说中的思想范畴,情作情感解,如"何谓人情,喜怒哀惧爱恶欲七者,弗学而能"(《礼记·礼运》),可见情就是指人的内心活动的状态或意向性。对于情,早期儒家异于宋明理学,并不执否定态度,而更多从正面角度予以接受,所以儒家之情其实也包含了情状之情的意义,因为情是一种实在。既然情是自我的基本心理活动,那么自我的这种源初状态也就被视为是一种"性"。性在上古通于"生",生之本义据《说文·生部》为"生,

〔1〕 原文刊于《东吴哲学》(2002年卷),合肥:安徽人民出版社。
〔2〕 李天虹:《性自命出》与传世先秦文献"情"字解诂,《中国哲学史》2001年第3期。

进也，象草木生出土上”，由此引申出人生而即有之欲望、能力即为性。[1]性因为是天生具有而成为一种自然，情由于是源初也是一种自然，从这个意义上讲，性与情是等同的，都指称一种“本然”的状态。[2]所以我们看到早期儒典中，性情连用多有互文之义。当然，如果要严格区分的话，情与性仍有不同。性偏指于自我这一源初状态的内蕴未分的一面，而情则突出这一状态的表现样式。虽有偏重，不过是体用、性相之别。[3]就此而论，早期儒家谈论“自我”并非是给出一个本质性的定义，故孔子云：“性相近，习相远”，因而自我没有被固定。当然，总的来说，夫子对于自我的向善是抱一种积极肯定的态度，“学而时习之不亦悦乎”正体现了夫子立足于自我之性，不断“学习”来提升自我。

对“自我”源初状态的突破来自孔子后学，孟子提出“性善”论，荀子反之以“性恶”论，从不同角度开掘了孔子思想之义蕴。从伦理学意义上讲，荀孟之学大相径庭，而就对“自我”源初状态的判定角度来说，二人均偏离了夫子存而不论的原则，此点可以通过分析荀子对孟子之学的批驳而归纳出来。在《荀子・非十二子篇》中，荀子对先秦诸子的学说均予以了批判，以为他们都蔽于一端，偏于一解，未得道之大全。即便对于先贤孟子，荀子也毫不客气地指出：“略法先王而不知其统，犹然而材剧志大，闻见杂博，案往旧造说，谓之五行，甚僻违而无类，幽隐而无说，闭约而无解。”荀子以为孟子虽法先王，而不知其“统”。所谓统当指统绪，一贯之道。在荀子看来，当孟子以仁义礼智信(五行)对自我的构成加以描述的时候，这是对自我的“约定”，是一种形式主义的处理方式。故荀子提出“性恶”论不是在“形式”上反对性善，而是让“性”回归到一种无规定的自然状态中，从而为他所提倡的“隆礼尊法”提供可能，这一推论自然是有文字训诂学上的依据。荀子云：“人之性恶，其善者伪也。”(《荀子・性恶篇》)杨倞注为：“伪，为也，矫也，矫其本性也。凡非天性而人作为之者，皆谓之伪。故为字‘人’傍‘为’，亦会意字也。”[4]杨氏以“矫“释伪，强调的是“恶”为人之天性、本性，故待人之后天纠正。对此，邵懿行以为不然，他指出：“性，自然也。伪，作为也。”作为一种“自然”的性当然不同于作为“天性”的性，所以“伪”仅仅是指“作为”，而非带有情感色彩的矫正。故荀

〔1〕 徐复观：《中国人性论史》(先秦篇)，第6页，上海：上海三联书店，2001年。

〔2〕 《白虎通义》卷八论“性情”云：“性情者，何谓也？性者，阳之施，情者阴之化也。人禀阴阳气而生，故内怀五性六情。”汉儒的解释显然带有浓郁的阴阳五行色彩，但将性情并置则是对的。

〔3〕 郭店楚简甚至以情出于性，如《性自命出篇》云：“道始于情，情生于性”。《语丛二》云：“情生于性”，“爱生于性”，“欲生于性”。见荆门市博物馆编：《郭店楚墓竹简》，北京：文物出版社，1998年。另参见丁四新：《郭店楚墓竹简思想研究》，北京：东方出版社，2000年。

〔4〕 王先谦：《荀子集解》，北京：中华书局，1997年。

子云:“性者,本始材朴也;伪者,文理隆盛也。无性则伪之无所加,无伪则性不能自美。”(《荀子·礼论篇》)邵懿行解释“朴”为素朴,“性本质素,礼乃加之文饰”[1]。

若性恶非指人之本性为恶,而只是一种未加修饰的源初状态,那么这种性恶其实也就等同于“情”。事实上,荀子本人已明白地表露这个意思,他说:“古者圣王以人之性恶,以为偏险而不正,悖乱而不治,是以为之起礼义,制法度,以矫饰人之情性而正之,以扰化人之情性而导之也。”(《荀子·性恶篇》)从表面上看,荀子似乎统一了性情,是对夫子的回归,但他对情性的否定态度表明他显然不是夫子的传人。所以,对于荀子的指责,孟子可能的辩护是:人心中的仁义礼智信作为善端,只是善的种子,有待于成长,故肯定自我的价值层面,并不等于认可自我的事实层面,就此而论,孟子的“性善”说仍然是将自我置于一种无规定性的状态中,只不过这突出了性的超越性一面。尽管如此,荀孟之学的差别确实超出了我们的想象。

事实上,以“五行”与“性恶”来对自我之源初性予以判断是战国中后期思想界的两种普遍模式,他们分别是由孔子的“性”与老子的“朴”发展而来的。其中前者在马王堆帛书、郭店楚墓竹简中得到验证,而后者则见于以稷下学宫为代表的黄老之学——荀子、韩非、慎到、申不害等人的思想均可纳入其中。如《郭店楚墓竹简》五行篇云:“仁行于内谓之德之行,不行于内谓之行。义行于内谓之德之行,不行于内谓之行。礼行于内谓之德之行,不行于内谓之□。□□于内谓之德之行,不行于内谓之行。圣行于内谓之德之行,不行于内谓之德之(‘德之’二字应为衍文)行。”[2]此段文字虽有缺字,但据帛书五行可以补齐,因此竹简五行为——仁、义、礼、智、圣,此与孟子案往旧造说的五行——仁、义、礼、智、信自有区别,前者强调“圣”的地位,而后者则将五行并置,事实上是凸显了仁。尽管五行有表述之异,礼始终只是五行中的一员,并无特别显要之地位。礼之地位的提升(或强化)是伴随着对自我本然状态(性)的“否定”而进行的。道家思想家首先提供了丰富的思想资源,如老子的“朴”的概念,庄子的“自然”观,强调的都是自我存在缺乏实质性因素上的规定性(这不同于夫子对这些实质性因素的肯定)。以后的黄老之学在此基础上将“情”与自我的这种无规定性结合起来,突出了礼(或法)对自我的制约。[3]

---

〔1〕 王先谦:《荀子集解》,北京:中华书局,1997年。

〔2〕 荆门市博物馆编:《郭店楚墓竹简》,北京:文物出版社,1998年。

〔3〕 金春峰云:“黄老刑名思想是由老子所提出的重自然反人文主义的基本原则运用于治国而发展出来的。它依据的基本原则就包含在《老子》的思想之中。”见金春峰:《汉代思想史》,第38页,北京:中国社会科学出版社,1997年。

二

自我不可能始终处于一种隐而不显的状态，他终归要表达。而要表达，就要有依据，这一依据在儒家看来便是“礼”。礼体现了对“自我”自然状态或未规定状态的克服，从这个意义上讲，礼相对于自我表现出一种“超己性”。

何谓礼？或者说礼之源初之义是什么？对此，学界聚讼纷纭，但大致来讲可分为两说：约神、约人。约神说由来已久，许慎《说文·示部》云：“履也，所以事神致福也。”近人王国维又据古文字考证，以为礼乃奉玉事神，故礼之本义是指事神的活动。〔1〕约人说则认为礼起源于原始的贸易交换活动，故礼为奉玉事人。〔2〕不过根据对现有古文字及考古材料的研究可以看出，早期（西周以前）的礼并非一普遍的制度或规则，而是与祭祀等宗教活动相联系，西周以后，它的涵义扩大，逐渐泛化为典礼仪式，发展出名目繁多的“礼”来〔3〕，所谓“礼始于冠，重于丧、祭，尊于朝、聘，和于射、乡”（《礼记·婚义》），这八礼涵盖了个体自我的所有公共生活。

尽管礼之门类不同，但礼之精神实质——“报”却是一致的。所谓“乐也者，施也。礼也者，报也。乐，乐其所其生；礼，反其所自始”（《礼记·乐记》）。在礼的对象中，天对于自我来讲最具有生德，故自我通过礼来表达一种敬意。所以在上古时期，礼天的“祭”成为至为隆重的祭祀活动。〔4〕天为何最具有生德呢？从文字学看，《说文》云：“天，颠也。至高无上，从一大。”段注解释：“颠者，人之顶也，以为凡高之称。始者，女之初也。”可见，天是象形字，取人之头顶为意，进而引申为人之头顶上的自然高广的天体。伴随着殷周革命，周人的天逐渐取代了殷人的“上帝”而成为至上神。它在葆有“上帝”品质的同时，更强调其对人的高高临在，故“天”相对于自我体现了自我存在的极限，因此天为自我之“本”。当然，从广义上讲，由于“礼也者，反本修古，不忘其初者”（《礼记·礼运》），所以礼有三本，“天地者，性之本也；先祖者，类之本也；君师者，治之本也。无天地焉生，无先祖焉出，无君师焉治”（《大戴礼记·礼三本》）〔5〕。天地、先祖、君师相对于自我而言都具有一种绝对的优先性或先在性，这一地位的取得不是单纯靠前三者自身的品质，而是通过他们对于自我的生发或引导作用而获致的，所谓“生”、“出”、“治”是也。因此，礼之对象相对于自我具有一种“超己性”。超己性与“超越性”有关联，又有明显之区别。

〔1〕 王国维：《观堂集林》卷六。
〔2〕 杨向奎：《宗周社会与礼乐文明》，北京：人民出版社，1997 年。
〔3〕 刘翔：《中国传统价值观诠释学》，上海：上海三联书店，1996 年。
〔4〕 关于“禘祭”所礼之对象，自古即有祭天与祭祖之争，这里对此不予更多的述评，参见黄侃：《礼学略说》，收于陈其泰、郭伟川编：《二十世纪中国礼学研究论集》，北京：学苑出版社，1998 年。
〔5〕《说文》段注云：“然则天亦可为凡颠之称。臣于君，子于父，妻于夫，民于食，皆曰天是也。”

超越是相对于被超物的凡俗、日常状态，它指向的是一个完整的、圆满的“存在”（譬如上帝）。而超己性只是相对于作为个体的“人”、“物”所体现的一种规范，它的力量不在于其自身内涵的完满性，而在于它对自我僭妄的纠偏作用。天地、先祖乃至君师的存在昭示了自我的有限性，所以礼的目的不在于让自我臣服于所礼之对象，而是通过行礼来时刻展示自我的局限，从而葆有一种敬义。所以在礼之诸条目中，“祭”最为重要，如“凡治人之道，莫急于礼。礼有五经，莫重于祭”（《礼记·祭统》）。也正因为如此，行礼（祭）强调敬，不敬则完全使祭丧失了有效性，故夫子“祭如在，祭神如神在”（《论语·八佾》）。

因此，礼之对象所展现出的超己性并不是自在的，若非通过“礼”之中介，天地、先祖在自我面前将失去意义。事实上，我们前面已经说过，自我的源始状态有待于通过“表达”加以提升，同样“天”（广义上的“天”包含先祖、君师）也有一个从自然之天抽象为伦理之天的过程。在由礼所确立的意义系统中，自我与天获得了这种对待性。从这个意义上讲，自我与天的直接交通是不可能的，而一定要有礼的参与。就此而言，春秋时期为思想界津津乐道的人道与天道其实就是自我与天的关系。

当然，问题的症结在于：设若作为超己性的“天”只有通过“礼”彰显它的意义，那么处于自在状态的天对于自我来说意味着什么呢？假如不是“天”先表现出它自身的力量，它如何可能成为礼的对象呢？所以，天虽然与礼有关，或者说自我试图通过礼把握天，但天却始终存有逃逸礼之约定的可能。天的自然性与伦理性间的张力让自我经常陷入一种矛盾之中，譬如孔子本人就是如此。一方面他强调“祭如在，祭神如神在”，体现了对神圣存在物的“敬”，但另一方面他又时常抱怨时运不济，对天抱有某种怀疑，因此《论语》中似乎有两个天：自然之天与伦理之天。〔1〕其实如果我们不是从“客观存在”的意义上来理解“自然”的话，那么我们不妨将“自然”与“伦理”理解成“天”的两种品性：可交通性与不可交通性。〔2〕一方面，通过某一中介法门（譬如礼），自我可以把握天的部分品性，这时天向我们展现出一种可理解性，它是“伦理”的；另一方面，我们无法把握天，因为它是不可捉摸的，对于自我的吁求无所回应，所谓“天命无常”，此时它是“自然”的。既然自我并非总是能与天交通，那么在把握人一天关系时就发展出两种模式：一是敬天，一是法天。敬天体现了对交通人一天的信心，法天则是有鉴于“礼”的不足（或无效）而通过自我取法

〔1〕 冯友兰先生认为孔子理解的天是主宰之天、意志之天，《易传》中的天是自然之天。见冯友兰：《孔子在中国历史中之地位》，顾颉刚编：《古史辨》（二），上海：上海古籍出版社，1982年。

〔2〕 神学中的神圣存在物（譬如上帝）总是以属人的品性出现，但这不是“神”的根本品质，“神”作为一种存在对于人来说始终是一个秘密。这里所讲的不可交通性当然部分展示了“天”的根本存在的一面，但更多地是针对“礼”的无效性而言，故不完全等同于天的不可言说。

于天来交通人一天。应该说，道家的“道法自然”与《易传》的“取法天地”代表了后一种传统。[1]

当然，《论语》展示的伦理之天与自然之天的矛盾暗示了“礼”的非必然有效性，而就一名儒者来说，“天”或许是一终极性的信仰，他尽可以通过种种方法回避这一问题，从而坚定对天的信念。儒者的思路是反身而诚，将心性与天联系起来。《中庸》云：“天命之谓性，率性之谓道，修道之谓教。”

三

礼的超己性为自我修行提供了可能。于儒家言，自我修行是一个自我表达的概念。何谓自我表达？依日常用语，“表达”被指称为一种言语行为（更多限定为口语），即将心里想说的某种意思说出来。当我们说某个人善于言说时，我们会用“表达能力强”称誉之。这并非是说他滔滔不绝，口若悬河，而是说他以合宜的方式说出了他的意思。事实上，大言若拙，大音希声。在某种特定的情境下，沉默是金，无声恰是正着，是一种强有力的表达。可见“表达”虽是一种说，但从广义上讲，与是否发声无关。在某种意义上讲，它甚至与作为表达者的“说话人”也无必然联系，也就是说它不限于一种言语行为。因为“表达”独立于“表达者”，正如语言外在于人。所以无论怎样，表达者只是让“表达”如其所是地呈现，而他本人只是助产士与成全者。即便表达者丧失了这种襄助功能，表达自身也始终如明月孤悬，天籁自取。

由此，相对于自我，表达总是表现出一种“客观性”，这种客观性不是在唯心、唯物意义上讲的，而是在自我的隐显性上说的。表达是自我的表露、展现，它既非自我漫不经心的流露，也非自我的刻意为之，而是恰到自我好处地呈现。所谓恰到好处当然不是在美学意义上的界定，而是具有神圣意味。儒者的“圣人“形象即是这一表达的典范，“所谓圣人者，知通乎大道，应变而无穷，能测万物之情性者也”（《大戴礼记・哀公问五义》）。那么如何达到这种境界，衡量这种恰到好处呢？这就要靠礼，礼既是修炼之法门，又是评判修炼层次的标尺。

强调礼的超己性并不是说修习是一个刻意为礼的过程，相反，“礼”者“履”也，礼无所不在，当下即是，故无须舍事求礼，即事为礼方为正着。所以夫子云：“不学礼，无以立。”具体而言，为礼作为一种修炼实践其实便是自我对自我之行（言行）的“修”。作为言、行的“行”对于自我之所以重要就在于，

[1] 屈原也许代表了第三种取向。刘小枫以为屈原《天问》体现了对儒家“天人合一”信念的怀疑，因为儒家之天根本就不是一个超越性的天，相对于基督教的上帝，它在价值语态上几乎等于零，故儒家道德本体之终极依据存在问题。刘小枫的论断似乎过于极端，因为儒家之天的价值不在于“超越性”，而在于“超己性”。

行是自我的表征，通过行可以了知自我的存在状态，对此，儒者有着非常清醒的认识："故目者，心之浮也；言者，行之指也，作于中则播于外也。故曰：以其见者，占其隐者。"(《大戴礼记·曾子立事》)言行是如此之重要，以至于荀子认为"君子言有坛宇，行有防表"(《荀子·儒效》)[1]。不过既然行是由心而引发的，那么对行的"修"就是对心的修，而这就要落实到"制情"，如何缘情而又饰情。如前所述，自我之源初状态为"情"，于儒家言，"礼"之基础即是"情"，故丝毫不反对情。但礼虽基于情，却不同于情的泛滥，所以儒家对情要有所束缚，有所修饰，以便使情处于一种中庸状态。

事实上，假如我们认识到"行礼"是一项复杂的修炼，一种精致的修炼的话，那么行礼就不是依照礼而行事的过程，而是一个中礼的过程。《礼记》对此有大量的描述，如"子曰：敬而不中礼谓之野，恭而不中礼谓之给，勇而不中礼谓之逆"(《礼记·仲尼燕居》)。一般而言，礼的核心是敬，故孝子事父的关键不是"养"，而是敬，事鬼神亦是如此，所谓"祭如在"。但仅仅有敬还是不够的，因为敬只是礼的一个方面，而从更高层面看，"礼"之履行有一次第，故"礼时为大，顺次之，体次之，宜次之，称次之"(《礼记·礼器》)。礼之最本质性因素实是"时中"，即恰在其时做出某种举措，从这个意义上讲，"礼"之最高境界即是中庸。其实，《中庸》虽单独成篇，但本属于《礼记》的一个章节，故二者间的内在联系是显然的。

行之中礼即达于中庸，这就要求处理好"文质"关系。夫子曾云："文胜质则史，质胜文则野，文质彬彬，然后君子。"文质不是一般意义上的形式与内容的关系，而是指自我表达的平衡问题。自我始终处于"情"之状态中，尤其是在一些具有特殊意义的场景下(如"治丧")，自我之情会不可遏止地喷泻而出，对此，儒家认为是很正常的，完全可以接受。但若任凭这种"情"无所顾及地宣泄而无所限制，尽管哭者极尽哀思，在儒家看来则是过于"野"。所以情若不以礼文饰，也是一种偏于一端的行为。当然，林放曾问礼之本于夫子，得到的回答是："大哉问！礼，与其奢也，宁俭；丧，与其易也，宁戚。"(《论语·八佾》)也就是说，夫子以为：治丧时，宁可少一些繁文缛节，多一些哀戚之情。这似乎在强调"情"的优先性。但显然，夫子讲"宁戚"是针对礼之"奢"这种特殊情况下所做出的一种选择。若从究竟意义说，夫子是提倡中庸，即平衡文质。

当然，文质彬彬不是简单地以礼节情，这不是夫子的意思，也非礼的根本精神。用礼节情，以礼饰情的目的正在于让"情"得到合宜之表达。这似乎不好理解，却又是事实。《礼记》中曾经记载过这样一个故事："子蒲卒，哭者呼

[1] 王念孙注云："坛，堂基也；宇，屋边也。言有坛宇，犹曰言有界域"，《读书》杂志，"荀子第二"。

天。子皋曰：若是野哉！哭者改之。"(《礼记·曲礼》)子皋以为，这样一种情感宣泄尽管声势浩大，颇具现场效果，但其实只是一种缺乏"技艺"的表现，他们没有哭的技艺，故为"野"。相反，儒家学者欣赏的是另一种场景："孔子在卫，有送葬者，而夫子观之，曰：'善哉为丧乎！足以为法矣。小子识之！'子贡曰：'夫子何善尔也?'曰：'其往也如慕，其反也如疑。'子贡曰：'岂若速反而虞乎?'子曰：'小子识之！我未之能行也。'"(《礼记·曲礼下》)。子贡以为"速反而虞"属于礼之常，若踯躅不去，反是对情的执着。但孔子不这样理解，因为所谓"往如慕，反如疑"依陈澔注为："此孝子不死其亲之至情也"[1]，由于孝子思亲之情不由自主，故有"反而疑"，这从形式上看与礼有违，但恰恰是最中礼。对此，《礼记·问丧》也作了解释："其往送也，望望然，汲汲然，如有追而弗及也。其反哭也，皇皇然，若有求而弗得也。故其往送也如慕，其反也如疑。"可见"情"之表达不在形式，而在实质，"情"之"至"即是礼。

当然要做到此点是需要真正把握礼之精神，同时又融会贯通于行礼之实践中。故礼会以一种看似极为荒谬的形态出现，但从儒家立场来说又是极为合理的。即以儒家所重的"三年丧期"为例，夫子弟子宰予曾质疑三年丧礼的合法性，以为"三年之丧，期已久矣。君子三年不为礼，礼必坏；三年不为乐，乐必崩。旧谷既没，新谷既升，钻燧改火，斯可已矣"(《论语·阳货》)。显然，宰予是基于一种自然主义的观点，认为一年之丧即足已，否则的话倒会生出"礼崩乐坏"的结果。夫子当然不认可宰予的观点，因为每个人从出生起即得到父母的悉心抚养，三年然后免诸怀。故至少从对等原则角度讲，也应守丧三年。在这里，宰予强调的是礼对情的节制，而夫子坚持的反倒是"情"的优先性，所以夫子反问宰予：仅仅为父母守丧一年即"食夫稻，衣夫锦"，"于女(汝)安乎"？夫子重情，似乎走向了对中庸原则的反动？其实不然，因为尽情方为礼，抑制情恰恰不是礼。儒者以三年之期来守丧，正可以逐渐抒缓父母逝去的悲痛，慢慢从郁闷的情绪中走出来。故在《礼记·三年问》中，我们看到了一段关于"三年之期"的专门探讨。

礼既是饰情又是达情，这与礼的根本精神/"报"是一致的。不过当情的表达与节制形成一合理的张力时，自我其实也处在一紧张状态之中。对于自我来讲，要控制与把握的已不单纯是一种自然情感，而是一种"伦理"情感。正是情感的这种"伦理性"使得自我获得了想象力，从而能超越于当下自我的凡俗状态，走向(或者说)投身于一种伦理生活中。孔子对礼的贡献即在于此。

我们可以具体分析一下夫子的"克己复礼"说。夫子言仁多矣，"克己复礼为仁"当为仁说之精髓，因为在此，作为孔子学说中的最重要的两个思想范

---

[1] 陈澔：《礼记集说》，北京：中国书店，1994年。

畴,礼与仁处于一种积极的对话状态中,从而有机地结合起来。当然对于“克己”与“复礼”之关系,古来即有不同之理解,罕有至为圆满之解说〔1〕,问题的核心在于如何训释“克”。一种观点以为,“克”作克服,战胜解,故克己就是克服小我、私欲,此说主要为宋儒所宗。〔2〕另一种解释是,“克”应理解为能够、承担,所以克己就是尽力开掘自我的主动性,张扬主体精神〔3〕。前者将己作为克服的对象,其实也就是视自我为复礼、成仁的阻碍。而后者不然,将自我作为复礼之前提,故要行仁。所以孔安国《论语》注云:“复,反也。身能反礼,则为仁矣。”〔4〕考虑到夫子并非是要通过否定个体来成全礼,那么将“克”释为“能”似乎更有理由。

当自我“能”(克)为礼时,这意味着什么呢?这自然是相对于“不能”(不克)为礼的情况。夫子说,“克己复礼为仁”,也就是说自我能为礼就是“为仁”。何谓“仁”,仁也是一种情感,但相对于作为七情的喜怒哀惧爱恶欲,它不是一种“心理学”意义上的情,而是伦理学意义上的情,由于它不是自我的单向度意向,而是已包含己一人的共通情感,所以我们可以把它称为“善”。当自我“复礼”时,也就是在“为仁”,在“表达”一种善的情感,这对于处于七情状态下的自我自然是一种超越。因此,从表面上,孔子以是否“安心”来质问宰予是一种缺乏力量的表现,但实质上,接受礼并且依礼行事是一种勇气,因为自我愿意过一种伦理的生活。所以在宰予出去以后,夫子感叹道:“予之不仁也!子生三年,然后免于父母之怀。夫三年之丧,天下之通丧也,予也有三年之爱于其父母乎!”(《论语·阳货》)

从对“克己复礼”的分析可以看出,夫子将礼与仁结合起来,以仁作为指导礼的原则,从而提升了礼的境界。而在礼的支撑下,仁也成为可能。因为作为一种伦理意向,仁若缺乏一定的“修行”作为基础的话,难以长久维持。只有在礼的日常熏习之下,仁才能得到涵养、滋养。因此,儒家之心性升发并非是一个高悬的道德理想主义,而是一个实在的修行体证。舍礼而言仁,则仁终归是苍白无力的。由此自我在行礼过程中也就完成了一个转化,即由“自然”转向善。所谓向善,也就是自我朝向一个更深的精神存在状态,正如孟子所描绘的“可欲之谓善,有诸己之谓信,充实之谓美,充实而有光辉之谓大,大而化之之谓圣,圣而不可知之谓神”(《孟子·尽心下》)。

---

〔1〕 金景芳、吕绍刚:《释“克己复礼为仁”》较好地处理了文字训诂与义理间的关系。见吕绍刚:《庚辰存稿》,上海:上海古籍出版社,2000年。

〔2〕 参见朱熹:《论语集注》。

〔3〕 徐复观先生以为两种解说分别对应于荀孟,见《中国人性论史》(先秦篇),上海:上海三联书店,2001年。

〔4〕 引自刘宝楠:《论语正义》。

四

从儒家自身角度言，“三年之丧”是合“情”合“礼”的，但多少也暴露了礼的不合宜性（至少从实践层面看），展示了儒家礼学的“荒谬性”一面。正因为如此，历史上（尤其是两汉直至魏晋南北朝）多有以“纯孝”而举之人，其中不乏真诚之士，亦有盗取虚名以求终南捷径之人。指出此点并不意味着从根本上批驳了礼的形式主义（或虚伪），因为对礼实践层面的批判不能代替理论层面的剖析。

事实上，礼不乏辩证，甚至在某种程度上讲，它本身就是辩证的，因为它的根本原则是“时中”。礼的辩证性可以通过两个方面得以实现，一是礼之变易与经权，二是礼的周遍而在。我们首先看第一点，礼之首要者为时，故礼与时俱进，推陈出新是其本身之要求。夫子云“殷因于夏礼，所损益可知也；周因于殷礼，所损益可知也”（《论语・八佾》），可见三代之礼相承而继，未有亘古不变之礼。当然，礼本身是抽象之概念，具体而分，又有体用、大小之分，“礼有大小，有显有微。大者不可损，小者不可益，显者不可揜，微者不可大也”（《礼记・礼器》），从根本意义上讲，变易的只是礼之文章制度，而礼之大体未尝更动，故“三代之礼一也，民共由之，或素或青。夏造殷因，周坐尸，昭侑武方，其礼一然，其道一也”（《礼记・礼器》）。所以礼之自我辨证其实就是维持礼之“大”与“小”或“体”与“用”之间的张力，由此引发的问题是：世人并非不知道抽象的变易原则，而是不知道孰为大小，孰为体用。因此最终的结果是，礼之形式虽在，而实质已荡然无存。故把握礼之辨证还需要“经权”。

经者，亘古不变者也；权者，权宜暂且之应对也。权之出现是礼维系自身经之地位的必然要求，正如科学范式之外围与内核，富有弹性的外围保护层是确保内核完好无损的前提。儒家津津乐道的一个经权之例便是“援手以救溺水之嫂”。孟子曰：“男女授受不亲，礼也；嫂溺，援之以手者，权也。”（《孟子・离娄上》）在儒家看来，男女大防为经，经是不可动摇，权不是改变了经之原则，而只是在特殊情境下的一种“变通”，如果“嫂溺不援”，则人已非人，而成为豺狼。至于这种“情境”可以特殊到什么程度，经权的更为复杂的关系，儒家的论述似未充分展开。[1]从现代的关于“人”的观念看，儒家的经权之辨十分迂腐，因为人的“存在”（诸如生命、自由、平等）是第一位的，对于此点并无讨论的必要。其实从更深层次看，儒家的思考是有价值的。自我的存在并非是一给定之事实，它其实有待于文化的润饰，这就涉及一个支配生存的基

〔1〕 佛学中的权实概念可以理解为对这一思考的继续。

本原则，它或者是道、或者是仁、或者是上帝，或者是“自由”等抽象概念。基本原则的确立是要“立人”，但这种确立本身对于自我来说又是一种否定，这不是一般理解的“异化”，而是一种“自我辨证”。

礼的辨证性还表现在礼的遍在性。礼是周遍的，如水之流淌，无有滞碍，故夫子云：“居，女（汝）三人者，使女以礼周遍，无不遍也。”（《礼记·仲尼燕居》）马一浮解释说：“此总显遍义。事无不该之谓遍。周流者，谓其运行周币而不滞也，以犹用也。日用之间，莫非是礼，故曰：‘礼乐不可须臾去身。’”〔1〕的确，礼并非局限于“祀”与“戎”这类国之大事，而是泛存于百姓日用之中，从这个意义上讲，礼是即事而在。所以针对子张的问政，夫子回答：“师，尔以为必铺几筵，升降酌献酬酢，然后谓之礼乎？尔以为必行缀兆，兴羽籥，作钟鼓，然后谓之乐乎？言而履之，礼也；行而乐之，乐也。”（《礼记·仲尼燕居》）礼的周流遍在对于自身的形式性是一种否定。

当然，礼之辨证性并不能完全保证礼始终处于切入当下实在的状态，礼的形式主义因素在不可避免地增长。礼之自我辨证的失效首先要归于一条普遍原则：任何一种法门或者是修行方式，无论它多么灵活、辩证，总有日久生蔽之可能性。此点适用于儒门之礼，佛家之修炼亦然。因此，问题的关键不在于法门本身，而是法门自身的被实现程度，礼之有效性有赖于实践礼的“真实性”（这自然不是一个“诚”字就能完全解决，而确实涉及“礼”之技艺）。当然必须承认的是，礼的形式主义倾向较诸其他修行法门来讲确乎明显，此点当与礼的形式性有关。因为尽管礼的具体形式很多，但其根本权威来自于其对自我与天关系之平衡，从这个意义上讲，礼是“艺术”。由于天对于自我的威严不在于它的圆满自足，而在于它对于人的超己性，所以天是缺乏一根本性的权威。故礼之根本目的不在让自我把握天的“全知全能”，而在于通过礼，使自我感受存在的局限，生起敬畏之情。因此确立礼的尊严就要确保天的权威，要坚定对天的信仰不是单纯通过对“天”的至上性的加固就能完成的〔2〕，而要求维系人与天的对待性，这就陷入了一个自我循环之中。

礼处于一种形式主义之中，即意味着自我表达同样处于一种僵化状态之中，对此的反抗有两种模式：或者是以老庄的清净无为与后来佛教的出世间法来消解自我表达的欲望（汉代思想史贯穿着的正是“有为”、“无为”之争），或者是坚持礼的情质性以对抗礼的虚伪性。魏晋玄学的自然与名教之争在某种意义上讲，正可视作这一争论的延续。

---

〔1〕 马一浮：《复性书院讲录》，济南：山东人民出版社，1998年。

〔2〕 金春峰以为董仲舒的神学理论就是要统一神灵之天、道德之天、自然之天。见《汉代思想史》，第143页。

附录4 “自我”的交换[1]

——人心交通与物的让度[2]

交换是自我基本的在世形式。交换的存在凸显了人心差异这一事实,设若人心同一,则己心与他心之间只需直接的传导、输送,而无有曲折交通的必要。当然,如是而说并不意味着交换仅是连接自我与他人的工具、手段,相反,交换是一个囊括自我与他者的结构,它在逻辑上优先于这一结构中的构成因素,故不是自我把持着交换,反倒是交换支撑着自我。通过交换,自我得以展现。因是之故,交换不是以此易彼(这恰是基于对自我意识自明性的肯认,即知道我缺什么),而是通过制约与平衡,从而妥当安顿差异的人心。由此,“物”的出场便是必然。事实上,无论物是否被实际给出,在交换结构中,物作为一逻辑元素的存在是给定的,因为只有借助物的直观性,隐而不显的人心才得以“碰面”,也就是说,心被物承载起来。当然,在不同社会结构与文化模式下,自我“交换”的逻辑是不同的,本文的中心旨意即是通过对人心交通与物的让度方式的考察,分析差异人心的整合,进而反思社会认同机制的形成,这一工作在日渐“人心惟危”的今天或许不无裨益。

一 理与公共让度

在“自我”交换行为中,己心、他心与物构成了一个三角形结构,由于物所具有的中介地位,故物之品性也就决定了交换结构的品性。物是一个十分模糊的概念,我们这里对物的内涵的界定是相对于心的概念而言。心总是与人的意识或无意识关联,它虚空无形,无有质碍,但这不等同于“空虚无物”,因为心具有“构造”功能(用儒家的话来讲即是“心之官则思”,用佛教的话来说就是“一切唯心所造”),它在指向(无论是自指还是指他)中得到展示。心对一个对象的指向就是让一个“形象”得以呈现,至于这个“形象”是否“实际存在”并不重要,正是这点说明了“呈”象与“呈”物的区别。心的“呈”象不等同于对“物”的呈现,因为呈象可以只在单个主体的意向活动中给出而不被“他

〔1〕 原文刊于《东吴哲学》(2005年卷),香港:香港国际学术文化资讯出版公司。曾收于《耶释合论》,合肥:黄山书社,2007年。

〔2〕 学界习惯用“让渡”,两种表述亦可通用。

者”所睹，要让他者看到，就必须呈物，也就是把“象”带到一个公共空间，从而得以展示，这样物就被让度出来。所以相对于作为呈现能力的心，物是指有形呈现本身(这里的“有形”并非指一定具有形状，而其实就是指能够被他者目睹，相对于不可目睹，前者是有形的)。根据此点，我们以为人心与物不是截然对立的，不过由于心对物的构造功能，前者较诸后者具有优先性。如果说对于“一己之心”中心的判断我们具有一种自明性的话，那么对于差异之人心，即不同的人心本身，我们该如何比较呢？在未做深入的理性分析之前，我们的判断更多是基于一种自我防护的本能(亦即我执)，以己心为中心，依据与己心关系的亲疏远近做出取舍，譬如《左传》有云：“非我族类，其心必异。”显然，这一做法缺乏合法性，从长远角度看，终究难以为继。

事实上，考虑到心之隐而不显，无有形象，我们必须承认对心本身的直接比较是不可能的，但通过对心所呈现之物的对照，我们可以“间接”地把握人心。由此，物就像我们前面所说的必然出场了，即被让度出，它充当了一个重要的交通人心的角色。当然，问题的关键也正在于此：物是怎样履行这一功能的，换言之，物是如何被让度出来的？本文以为，大致来说，我们可以从三种模式出发来理解物的中介作用：一是视物为一公共之物，对人心的判定可以转化为对人心所让度出的此种公共之物的测度，这一物的抽象发展即是货币，而公共之物的让度需要一个公共之理作为支持，故我们把此种交换称为“理”模式；二是视物为一特殊之物(礼物)，礼物的给出也就是物的灵魂(“豪”)的给出，后者要求对方必须接受礼物并给予回报，故物的这种让度是交互让度；三是考虑到物的让度的“合宜性”，故通过“礼”而给出的物是“有限的”、“合适的”，由此，人心在保持差异性中获得同一，即所谓“和而不同”，我们称之为“礼”(和)模式。

我们首先探讨理模式。理本是一个中国哲学的概念，一般有法则、依据乃至本体等多维之义，我们这里借用理的概念是为了引申之而表达一个新的涵义，即“公共性”原则。对于差异人心的克服，宋儒的天理说也提供了一套原则，所谓“人同此心，心同此理”，但其所说之“公”更多是有待彰显之自明之理，而我们这里所探讨的“公”主要是指有待达成之公意。通过对差异人心的限制，公共之理(或公意)给让度出来。事实上近代卢梭的契约论、霍布斯的利维坦甚至亚当·斯密的看不见的手——市场都可以看成是为调节人心所给出的公共平衡机制——公意。但我们必须清楚地知道，公意的让度并不意味着人心的交通，而只意味着人心之间达成的“妥协”，换言之，按照米歇尔·福柯(Michel Foucault)的说法，战争不是一发生的事件，而是始终存在于人心间的状态[1]。由此,我们就看到一个似乎愈发严峻的事实:公意的达成虽说是出于人心间的妥协,但在某种意义上讲却是扩大、加剧了人心的竞争。不过人心间战争的白热化最终没有造成妥协机制的瓦解,相反,二者间似乎形成了一良性互动关系。对此,我们的解释是:人心的确处于竞争状态,但人心不是直接遭遇,而是借助"物"在第三方交锋,设若"物"没有被耗竭,则人心间的这一游戏就没有尽头。对此,马克斯·韦伯(Max Weber)的经济理性化命题即有着很好的诠释,我们将借评析这一命题对人心竞争与公共之物的让度关系再做深入探讨。

马克斯·韦伯在《新教伦理与资本主义精神》一书中思考的出发点是:近代资本主义的起源与西方特有的理性传统间的关联,也就是人的经济行为理性化的人心基础问题。通过对西方不同地域资本主义经济发展状况的对比考察,韦伯发现经济的理性化程度与从业者的宗教信仰取向之间存有非常密切的关联(尽管他自己也否认这是一种因果关系),正如其所说:"在构成近代资本主义精神乃至整个近代文化精神的诸基本要素之中,以职业概念为基础的理性行为这一要素,正是从基督教禁欲主义中产生出来的。"[2]简言之,新教(主要指加尔文教)的选民预定教义有助于一种"理性化"的经济行为的形成。我们这里无意探讨韦伯命题的有效性[3],而更为关注其命题的叙述结构。韦伯理论的逻辑是:信徒通过让度自由意志而获得成为选民的可能,而选民身份的证明则是通过世俗功业(天职)的完成而展开的。这一逻辑同卢梭的社会契约论在原理上是一致的,其实是说明了另一种意义上的人心竞争。人心的竞争可以在多重维度上展开,有政治的、经济的,也有宗教的,但不同维度的人心竞争具有结构上的一致性,故当我们让度了自己的政治、经济自由时,其实也就意味着让度我们自我拯救的自由。

在拯救领域,人心的竞争是以"选民"形式展现的,而判断或评估"选民"所依据的公共尺度则是业绩,或更直截了当即是"财富"。[4]也就是说,尽管选民的产生是由上帝决定的,是人心完全让度出自己选择的自由、权利(其实也就是放弃自由意志)的结果,从这个意义上讲,上帝是不可"窥测"的,但最终对"选民"的证明却具有相当的确定性。需要指出的是,个体对自由意志的让度不是单纯由于自我基于对上帝的绝对信仰所做出的奉献,而其实是不同

[1] 米歇尔·福柯:《战争与历史话语》,汪民安主编:《生产》第一辑,桂林:广西师范大学出版社,2004年。

[2] 马克斯·韦伯著,于晓、陈维纲译:《新教伦理与资本主义精神》,第141页,北京:三联书店,1992年。

[3] 弗兰克·帕金对韦伯命题的有效性问题有很好的阐释,见氏著,刘东、谢维和译:《马克斯·韦伯》,成都:四川人民出版社,1987年。

[4] 见[瑞士]汉斯·昆:《作为信赖的信仰》,载于刘小枫主编:《20世纪西方宗教哲学文选》(上卷),上海:上海三联书店,1996年。

个体共同达成的一个协议,换言之:每个个体都将自由意志让度给上帝,由上帝来决定选民的产生。与此同时,由于人心对选民身份处于“无知”状态,为了确证自我选民的身份,人心间达成的另一份协议是:我们用业绩,用公度之物来比拼。

如是,我们就能清楚看到两个表述不同但结构一致的人心交通模式:一是围绕“自由意志”而展开的人人交换,二是围绕“货币”而进行的人人交换,二者通过“理性化”这一中介并存于一个个体身上。前者便是人心公共让度自由意志以凸显对上帝的绝对信仰,这决定了选民的产生。在这一结构中,自由意志从差异人心中脱逸出来成为一个公共的精神因素,由此付出的代价是,人心失去了对自由意志的控制而反被后者所决定,而上帝也就成为事实上的自由意志的代名词。对于这种自由意志的放弃,我们可以理解成是人心相互妥协的结果,因为人心在自由意志的支配下会自动走向上帝只是一理想模式,而实情是:在对心性自明性的确认下,各自人心对拯救反抱有一“依人不依主”的主观主义态度,这最终是切断了人神交换的必要,新教重建人神交换的努力正是要清算这种个体主观性的倾向。所以无论是马丁·路德的因信称义说,还是加尔文的预定论都表现对以善功蒙获恩宠思想的批判,即要申明这一原则:称义(即成为义人)是上帝的恩宠而非我们“行为”的结果,故对上帝的绝对信仰就成为必然要求。正是在此处,加尔文的教义较之路德彰显了一种更为特别的意义,因为前者的“上帝”更为“冷酷”、“无情”,他预定了人的不同命运(故一些人注定要升天堂,另一些人注定要下地狱),并不因人的“行为”而改变行为者的命运,但也正因为如此,加尔文的上帝是“理性”、“公正”的,因为人心无法改变上帝的决定这一事实说明了上帝的选择是基于自由意志,从而彻底消解了人心中潜存的巫术性心理因素,故人心最终把自我完全交托给上帝。由此,对人来说,信仰就成为人所能付出给神的惟一;对神而言,恩典则是神所能给予人的全部。信与恩典的不对等性说明恩典只是上帝单方给予人的礼物,人是无以偿报,由此表明是上帝的意志决定了我们的命运。而我们知道,正是人心的公共让度使得自由意志对象化为上帝意志,可见上帝意志实际上成为了一个“公共”之意志。

对差异人心之自由意志的让度使得对“物”的让度的理性化成为可能。同前者不同的是,后者是差异人心公共让度“自我评价”权利,并转而将货币这一普遍抽象之物作为评价人心的公共尺度,这决定了“选民的证明”。如前所说,选民的身份是基于人人让度自由意志,从而由上帝意志来决定我们的命运,故上帝对信徒的选择是前定的而不是根据现世的表现,但问题是,每一个体对自我是否为选民是无知的,亦即“选”并未自明呈现,要使得“选”得以呈现,就必须获得证据证明,这就为人心的竞争制造了一个客观形势,故对拯救的追问方式发生了转化:追求获得上帝的恩宠被获取成为选民的证据或感觉所取代。[1]这一转变是一个理性化的过程,因为用善功获得恩典乃基于一种巫术心态,而证明自己是选民则在事功本身,这就涉及与他人的现实竞争,由此人人之间以一公共之物交换就成为必要。在这一交换体系中,交通者与评判者是物,是货币,这虽与前者对上帝意志的突出截然相反,但具有逻辑上的等值。通过货币这一公共之物,人心之间得以评估,换言之,"业绩"以货币这一符号化之物的形式展现,而人成功与否也就一目了然。可见,基于对自由意志与公共之物的让度而展开的人人交换体系指向的是人与人之间的竞争,货币之物使得这一竞争理性化并具有可测度性,其结果便是人心的理性化,或更确切说是行为的理性化。正是此点,为近代西方社会的理性化奠定了人心基础。

人人交换的理性化对"物"的增长提出了要求,因为人心的竞争就是对物的竞争;但反过来,"物"的自主化又使得人心交通要屈服于"物"的流通法则,这就将人心"交换"与社会的物质"生产"联系起来。不是所有的社会形态都是围绕"生产"展开的,近代理性才催生出生产社会。按照乔质·巴塔耶(Georges Bataille)的说法,资本主义社会就是以"生产"作为社会同质性之基础,凡有利于生产的因素都可通约(或整合)进这一同质部分。[2]这里所讲的可通约性指向的是以同质化为原则的运作,一切因素可以通过纳入到可通约性的计算而获得同质性,否则便被排斥在这一同质性外,成为异质性因素。人心亦然,故此我们也就知道了勤俭、禁欲等个人品质与资本的扩张在气势上适成相反,但从可通约性原则看,恰恰是一可被兼容的气质。由是我们也不难理解精神与物质的配适是结构意义上的,而不是总量意义上的。因此,当韦伯将新教伦理纳入到资本主义社会财富生产机制时,他的思考不是单向的因果论,而是结构性,亦可言,人心参与或通约到"生产"这一系统中。所以即便新教伦理未必成为一激发资本主义起源的精神动力因素,但它也不是另类(异质性因素),韦伯所讲的宗教的去魅、理性化应可作如是解释。

二 "豪"与交互让度

人心交通的"理性化"要求对公共之物予以让度,这让人心的竞争得以公度形式展示,而且使得"生产"成为一种意识形态以支撑整个社会的理性化。但正如上文所说的,"生产"对人心的规约其实使得人心之间始终处于紧张竞争状态,而交换的理性化难以掩盖人心间缺乏真正的有效交流的事实,因为

〔1〕 弗兰克·帕金以为,加尔文教徒为消解拯救不确定性的忧虑转而试图通过"工作"(天职)来求得成为义人的迹象与证据只是韦伯的预感、推断,它的有效性依赖于韦伯的"移情"的理解社会学方法。见《马克斯·韦伯》。

〔2〕 汪民安编:《色情、耗费与普遍经济——乔治·巴塔耶文选》,长春:吉林人民出版社,2003 年。

让度之物的公共性使得人心的差异性在质上消解了，取而代之的只是人心在“量”上的高下差别，所以人心面对的只是评估、测算。韦伯理论中的形式理性与实质理性的紧张正展示了这种焦虑。[1]事实上，以公共之物的让度来交通人心这一交换形式并非具有普遍性，它只是在近代西方社会理性化的背景下发展出来的，在其他文化模式下，交换可以藉一种“非理性化”的形式进行，我们下面要讨论的正是原始部落的交换形式——赠礼。

我们依然是从人心与物的关系入手。法国著名人类学家马塞尔·莫斯（马塞尔·毛斯，Marcel Mauss）在其传世名作《礼物——古式社会中交换的形式与理由》中对现代原始部落中的交换形式——赠礼作了精辟的考察，并由此阐发了其对社会认同原则的理解。莫斯以为，同现代经济学家所设想的不同，原始部落的赠礼并非是人类经济形态的初级形式——物物交换，而是调和人心，整合社会秩序的一种制度。原始人的非理性经济行为，譬如通过盛大的“夸富宴”短时间内消耗大量财富的做法其实并非基于纯粹的慷慨、大方，而是与他人竞争，因为这逼迫对手必须回赠，否则后者将因“失礼”而名声扫地，一败涂地。从现代文明社会的效率、经济观看，这种消耗显然是非理性的，反映了原始部落处于较低的心智状态。但莫斯以为，这种赠礼式经济行为相对于近代才发展起来的经济理性、功利计算未必就是不好，因为对个体目的的一味追求（即所谓的利益最大化）有害于整体之目的与平和，最终也不利于个体自身。

莫斯对赠礼的剖析其实就是对原始部落交换行为的理解，也就是他对差异人心如何平衡所做出的反思。同韦伯理论将人心与物完全分开、隔绝，从而以公共之物——货币测度人心不同，莫斯指出原始部落的人心交通是通过特殊之物——礼物而展开的，而“豪”（Hau）在其中起到了关键的作用。“豪”是毛利人的观念，指的是事物中的灵力（Espirt），尤其是丛林及林中猎物的灵力。这一观念支配了毛利的交换行为，即“在被接受和被交换的礼物中，导致回礼义务的，是接受者所收到的某种灵活而不凝滞的东西。即使礼物已被送出，这种东西仍然属于送礼者”[2]。“豪”就是这一物中的灵性因素，它总是想要回到它的出生处，它的主人那里，因此，在交换行为中若一方只是接受而不回赠，他将会有致命的危险。故在“豪”的支配下，交换得以展开，一种赠送要求对手必须以物予以回应，并基于“对等性”（互惠）的原则，若未能遵循这一原则，对手将因“失礼”而被比拼下去，故莫斯说送礼的义务、收礼的义务、

〔1〕苏国勋以为，近代西方世界最明显的事实是：形式的合理性与实质的非理性。见氏著：《马克斯·韦伯与“资本主义精神”》，载甘阳主编：《文化：中国与世界》（第一辑），北京：三联书店，1987年。

〔2〕[法]马塞尔·莫斯：《礼物——古式社会交换的形式与理由》，第20页，上海：上海人民出版社，2002年。

还礼的义务构成了“夸富宴”的本质。[1]可见礼物不是一般的物，也非公共之物，而是带有“灵魂”的特殊之物，交换礼物也就是在交换人心，正如莫斯所说：“因为事物本身即有灵魂，而且出自灵魂。由是观之，馈赠某物给某人，即是呈现某种自我。”因此，赠礼其实也是一种激烈的人心的竞争，它所展现的现场性、观赏性都是基于货币的人心竞争所不能比拟的。而更为重要的是，我们以为莫斯的研究对象尽管是现代原始部落人的心灵方式，但这种心灵方式其实同样存在于现代人的头脑中，只不过现代人的“理性”思维将之遮掩而已，结构人类学家列维·斯特劳斯(Claude Lévi Strauss)在《野性的思维》一书中所阐述的两种“逻辑”思维的观点很可以给我们启示。基于以上阐述，我们不妨说赠礼其实并非是缺乏理性的人心交通，而是一种不同于韦伯所讲的理性交换(交易)的模式，即如莫斯所说的是一种“整体性呈赠”，其特质在于：由于礼物具有不可让度性，作为交换的赠礼所遵循的是“对等性”原则，这要求交换双方必须“对等”地拿出自己的东西给对方，否则的话赠礼就将因失去平衡而难以为继。显然，这一“对等性”原则与平衡感在理性交换模式中并不存在，毋宁说后者遵循的是“平等性”原则，这一原则只规范交换过程，并不考虑交换结果的差异——差异性其实正是这种交换的逻辑要求。[2]可见赠礼式交换展示了人心交通的必要性，尽管这一必要性是在“豪”的原则的逼迫下以对等性展开的。

当我们要“对等”地拿出物给对方时，这并不意味着我们所“给出”的物必须是“一样”的，因为如果是这样的话，那等同于我们其实什么也没拿出来，因为你给出的正是别人给你的，这样，你只是将别人给你的物“原封不动”地退回而并未给出自己的东西，这也就意味着你拒绝“交换”，不愿“给出”，所以“对等”不等同于“一样”。当然我们不能由此走向另一个极端，以为“对等”就是拿出一个完全不同的东西，但这一东西并不为对方所需，设若这样，你还是没有拿出自己的东西，因为你的东西是不被他人接受的东西，从而也就是拿不出手的东西。可见所谓的“对等”要求我们给出的是“既同又异”的东西，也就是同中有异，正是“同中有异”之物的给出保证了我们进行交换的意义，也

[1] 对莫斯以“豪”原则来理解赠礼，一些人类学家如马塞尔·萨林斯并不同意，并转以“互惠”原则解释之。其实，莫斯原著同时阐释了“豪”与“互惠”原则，只是两个原则侧重点不同：前者说明赠礼“为何”有效，后者说明赠礼“如何”有效，对此，《礼物》一书的两个汉译本在介绍莫斯思想时有不同取舍。不过最近有学者以礼物的“不可让度性”发展了莫斯的礼物交换理论，即礼物在给予同时又被保留。见阎云翔著，李放春、刘瑜译：《礼物的流动——一个中国村庄中的互惠原则与社会网络》，上海：上海人民出版社，2000 年。

[2] 马塞尔·萨林斯曾以竞技比赛与仪式游戏说明两种交换模式，前者是要达到社会性的分离，后者则是将反对称、彼此分离联结起来。见氏著，赵丙祥、张宏明译：《文化与实践理性》，上海：上海人民出版社，2002 年。

确保了交换的平衡。比如按列维・斯特劳斯对原始亲属制度的分析,乱伦禁忌正是通婚(交换妇女)制度的要求,因为只有各自让度出本族的妇女,才能得到对方的妇女。[1]在这里,妇女很显然成为这样一种“同中有异”的“物”:性别决定了她的“同”,族属规定了她的异。所以交换妇女是一种非常典型的对等性交换。交换之物的这种同一与差异的统一使得“礼”物可以在赠礼式交换中扮演“交通者”的角色,因为纯粹的同一或纯粹的差异之物都是不可以交通的,故物的“流动”维系着赠礼式交换。我们这里可以对礼“物”与“资本”做一比较,同样是“物”,礼“物”的流动不同于“资本”的流通,因为赠物的给出并不等同于赠送者失去了对物的控制,相反,正是在被给出时,赠物体现了它的所属性。而资本的流通则要求摆脱所有者的控制,它的本质要求居无定所,故是非人格的,一旦资本停止流通,资本就被否定了。

当然,“对等性”不仅是赠礼所依据的原则,其实也是莫斯社会学方法论的精髓,因为莫斯主张:交换的存在是因为对等性的存在,而对等性的存在又是因为交换的存在,这样,“从本质上看,社会之所以成为社会乃是因为有交换”[2]。显然,这样一种社会不是“生产”型社会,从资本主义经济“成本”原则看,赠礼式交换是一种非理性经济行为,无论从实际经济行为本身还是从社会伦理角度看都是不可取的,因为赠礼过程白白耗费了大量的财富,而这些财富本是可以通过纳入到“资本生产”机制而增值,故赠礼双方从中博得的只是虚名而已。所以,资本家要为财富未通约到乔质・巴塔耶所说的同一性的“生产”中而扼腕叹息。诚然,从“生产”原则看,赠礼的确是非理性的,但这也要看所依据的标尺,因为普遍的理性本身就不存在。就以韦伯所描绘的具有资本主义精神气质的资本家为例,勤俭、禁欲是一种美德,这自然是有助于资本的积累、扩大再生产,但就其自身的生命而言这是否是理性的呢,韦伯自己在《新教伦理与资本主义精神》一书中就指出过这点。而且正如莫斯所讲的,从整个社会生产本身来看,每个个体的过于理性的行为对于全社会的生产未必一定有益,也就是说一加一不一定大于二。事实上,根据莫斯的研究,在一个给定的区域内,人们对赠礼的履行所获得的好名声并非只是徒有其表,而是有实在的利益,这同资本主义经济条件下一个实业家对银行贷款的偿还原理是一致的。

基于这样一种社会认同观,莫斯创造性地提出这样的观点:原始部落懂

〔1〕 当然,列维・斯特劳斯是将乱伦禁忌建立在妇女交换之基础上,故其将妇女交换看作是最重要的一种交换形式,这不同于莫斯只是将之视为众多交换形式的一种。见 Christopher Johnson: Claude Lévi－Strauss: The Formative Years, P. 41, Cambridge University Press, 2003.

〔2〕 C.R.巴德考克著,尹大贻、赵修义译:《莱维・斯特劳斯:结构主义和社会学理论》,第 37 页,上海:复旦大学出版社,1988 年。

得以赠礼来交换,所以才成功地以联盟、赠礼和贸易取代了战争、隔绝与萧条。所以,他充满情感地写道:“只要社会、社会中的次群体及至社会中个体,能够使他们的关系稳定下来,知道给予、接受和回报,社会就能进步。”[1]可见在莫斯看来,合理的社会应是懂得赠礼式交换的社会,换言之,一个社会通过“赠礼”合理化起来,显然,这是对韦伯的合理化概念的批判。在本文看来,对合理化的不同判析的根源在于:韦伯是以人人交换的不对等性支撑整个社会的理性化,而莫斯则以人人交换的对等性(即投之以桃,报之以李)保证整个社会的合理性。

三 礼与合宜让度

人心差异性的统一最终是涉及对同一性、差异性问题的理解,在当代思想语境下,这一问题也就表述为如何对待“他者”或“异者”。由于“同一性”这一形而上的概念奠定了欧洲文明的基础,后现代思想家对“他者”的包容,对“同一性”的解构可以说是击中了欧洲文明的要害。

而在西方反思自身现代性的同时,中国社会却在努力地寻求同一,积累着现代性。这样一种情形的存在自然不意味着我们对中国社会现代性的批判反思是无意义的或者是无病呻吟,相反我们必须认识到:所谓的后现代思想与现代性思想在思想上并非对立,而是一脉相承,因为对现代性的批判反思正是他们共同的任务。从这个意义上讲,中国思想的独特视角所贡献的差异性思路不应理解成对文化保守主义或文化相对主义的辩护,而应看成是对现代文明的普遍反思,这就引出了我们下面要探讨的主题:和而不同,这既不同于公共让度,亦不同于交互让度,而是通过“礼”进行合宜让度。

对同异问题,古代中国思想家很早就有极为深邃的思考,最为典型的便是西周末年史官史伯提出的“和实生物”说。史伯是在应对郑桓公为政之道之问时提出这一观点的,他说道:“夫和实生物,同则无继,以它平它谓之和,故能丰长而物归之;若以同裨同,尽乃弃矣。故先王以土与金木水火杂,以成百物。”(《国语·郑语》)和实生物即是和而不同的原则,为了达到“物”之丰长、繁殖之目的,必须将差异之物杂以和之,而不可弃异求同。音乐、烹饪等人类实践行为正说明了这一原理。必须加以说明的是,在这里否定的“同”只是作为单一手段、单一元素的“同”,而并不等同于放弃对作为人类实践活动指向的同的追求,事实上,通过“和”,最终是为了达到“可食”这一“同”的目的,后面这个同具有包容性,即所谓“求同存异”。可见,“和”的价值不在于其自身,而在于它的转化功能,即将“异”转化为“同”,或可言将“不可食”转变为

---

[1] [法]马塞尔·莫斯:《礼物——古式社会交换的形式与理由》,第209页,上海:上海人民出版社,2002年。

"可食"。故对于和来说,异恰恰是其得以成立的前提。由此,我们自然可以说和实生物具有包容心,这一判定在一定范围内自然是有效的,但不可无所限制。因为"和"的合目的性要求表明,"和"不是无限的,而是在一个给定范围内展开的,易言之,"和"只能"和"能够"被和"的差异性因素,即后者必须能被纳入到可通约的范围,若逾此界限,则差异性因素即成异质性因素,这时,和也是无以为继的,譬如我们不能将沙子掺入米中烧煮。当然即便如此,和的概念仍给我们以极大启发,因为和之有效性不在于预设一个"同"而排斥差异性因素,而是让差异性因素相杂,于此互相让度,用晏婴的话来讲便是:"宰夫和之,齐之以味,济其不及,以泄其过。"(《左传・昭公二十年》)在烹饪过程中,诸差异性因素均有所贡献(付出),又所自持(守性),故得以成就可口食物。由是,差异性(不可食)也就转化为同一性(可食)。可见,"和"是通过平衡差异性而获得同一,这是中国古代思想对同异问题的独特理解。

烹饪(音乐)实践其实隐喻着人心的转化,"和"将不可食转化为可食,同样"和"把异心转化为同心,在此,礼扮演了"和"的角色。礼是中国思想的独特概念,它的基本原则即是对差异性的确认,实即对差异人心存在的认可。为了安顿、平衡差异人心,必须约之以礼,而不可"等"而视之,否则虽欲大同,反倒崩坏。当然礼强调差异性,并不排斥同一,所谓"礼之用,和为贵"正说明礼的操作遵循的是差异性原则,而结果却是和谐一致。所以礼重差异,乐重和谐,虽有不同,但礼乐却是统一的。这种统一性是结构性的,即礼突出了这一结构中差异因素的对待性,乐则是表明整个结构的整体性、和谐性。故从这个意义上讲,礼为结构之体,乐为结构之用,由有此体,方有此用。

基于"礼"这一结构性思维,人心的差异不仅被视为一个事实,而且被认为是个必须,假若没有人心的横亘,则礼的"艺术"也就失去了展示的舞台。而交通差异人心则是"礼"的施用,这其间包含了礼仪与礼物。我们注意到了,相对于莫斯所考察的原始部落的赠礼,作为中国思想概念的礼则具有更多丰富的内涵。原始人的赠礼主要是通过物的交换来交通他者人心,这种交换是在"豪"的支配下以对等形式展开的,从这个意义上讲,人心的交换带有强迫性、被动性,也可说人心尚处于一种粗疏状态。而礼乐之"礼"则在表达丰富复杂的人心,通过对心智情绪的有效展露,对言行的适当选择,对匹配自我角色的装饰、器物的妥当设置,自我得到了有效或合宜地表达。事实上,我们说礼乐之"礼"更具有丰富内涵就在于"礼"对"物"的让度,因为在礼的施用中不仅有合礼之物品的给出,更有合礼之"人身"的给出,正是"人身"这一充满"灵性"之物的出场使得人心间的交换处于持续不断的状态,从而也就将己人关系当下性地展示出来。由于人身让度具有自然性(即便离群索居也是一种让度),故让度的"被迫性"被消解,这就对让度的"技艺"提出了要求。

很明显,在让度中,"他者"是给定的,正是考虑到了他者的存在,故自我表达不是私语、独白，而是“交互叙说”，有效地叙说使叙说者的形象相对客观化、距离化，这有助于他者之心生起“敬”意。当然更为重要的是，我们说礼是一自我表达艺术，但表达的有效并非在“技巧”本身，而在“诚”的心理支撑，没有后者，礼只是形式。事实上，正是“诚”标识了礼之向度，这也使得差异人心的平衡、安顿不是为了应付差事，而是欲交通人心。己心、他心的各自有效表达才是礼的完成。[1]所以夫子云：“己欲立而立人，己欲达而达人。”诚哉斯言。

当然，正如前文所说，和对差异性的整合是有一定限度的，同样，礼也是如此，我们非常熟悉的“刑不上大夫，礼不下庶人”之说正体现了礼的局限性。礼的这种局限指向了一种非常明确的阶层区别意识，因为行礼者必须具备相应的物质基础和心性保证，缺乏这些“资粮”，行礼就成为奢侈。不宁惟是，礼对差异人心的平衡还受到“异心”之异的程度影响，设若此“异心”是一完全陌生之心、一不可通约的他者之心，则礼无有功用。所以，礼可以应对古代的“夷人”，但在遭遇近代的“夷人”时则显示了它的局限。从这个意义上讲，礼仪之争是人心之力的竞争。在此背景下，富国强兵，也就是对“物”的追求成为必然，因为对“人身”的让度(即所谓修炼)必须让位于对公共之“物”的让度(生产)。礼与物的关系是二元的：一方面，先王以“礼”和实生物，繁殖万物，这体现了礼的功利目的(工具性)；另一方面，礼以表达自我，出人身来平衡人心，这显示了礼的非功利性(表达性)。但不管是生器物还是出人身，物的出场是合宜的，这是礼式交换对物的独特态度。

社会认同之基础在于不同自我间的“交换”，而要使得差异人心得以“交通”，“物”的给出是必须的。本文考察了三种不同的人心“交通”与物之“让度”模式，特别突出了中国思想“礼”式之“自我”交换模式的“二元性”，予其以特别之价值。自然，这种考察还是比较宽泛的，既未穷尽全部的“交换”模式(比如佛教菩萨行中的“布施”)，也未处理各自模式的“演化”形态，故更进一步的研究要求我们必须将某一自我交换模式置于一特定时空条件下，对其作一实证性分析，进而处理不同模式之间的竞争、调停关系。

---

〔1〕 礼式交换包含了对人情的重视，即合礼的必是合情的，故戴震云“礼之设所以治天下之情”，并以为“体民之情，遂民之欲为得理”，这是对宋儒自明之理的反动。

附录5 从士人到释子[1]

——晋宋士人的身份新赋予与其心智的扩展

作为一知识阶层,古代中国士人具有一特殊性:其既是社会政治实践的承担者,又是哲学叙述的主体。士人的社会政治实践性表现在,士人"总是"具有一"身份",从而据有某一"职守",个别士人的职守状态——待征或隐逸并不改变这一基本格局。由于身份/职守的限定,士人的哲学思考不是无前提的,其理论体系的给出及其合理化的过程受制于一制度框架。当然,思想的制度限定不纯是消极的,也有其积极意义,因为在取得相应之身份形式后,思想的维系、发展才获得了保证。本文即围绕晋宋士人的身份职守状态之转化,探讨新的身份形式的赋予与晋宋佛学勃兴间的关系[2],以期说明士人的心智扩展必须诉求新的身份职守形式。

一 身份与职守

学界一般认为,魏晋士人的个体意识获得了某种程度上的自觉[3],士人玄远的清谈与任诞的举止所展示的魏晋"风度"表达了这种个体性。"风度"自然指示了个体精神状态的某种自由性,因为头脑处于自由状态下方可在见诸于外的言/行举措中制造某种"不落俗套"、"出其不意"的美学效应,这并非是俗人的东施效颦所能勉强的。不过魏晋士人的自我"艺术"实践虽有其特别之韵味,但并不充分,比照同期汉译佛典《维摩诘经》展现的菩萨"自在游戏",其境界显然未及。士人自我美学化实践的有限性缘于他们既有身份职守形式的有限,士人并未给出与其艺术实践相应的新的身份/职守形式,他们还是在既有身份/职守状态下进行自我艺术实践,故未充分"艺术化"。为此,

〔1〕 原文刊于《禅学研究》(第九辑),南京:江苏人民出版社,2011年。

〔2〕 赵峰先生已指出,玄学的超越非是真正彻底的超越,其对现实有限性的否定并不彻底,而般若学通过对现象性存在的全面彻底否定,达到了对本真存在完全而彻底的肯定。据此我们可以理解作者乃是基于存在论对玄佛转换内在理路的理解,本文则试图在此基础上进一步探讨存在论的思考与自我知识之间的关系。见氏著:《〈朱熹的终极关怀〉:导论》,国际儒学联合会编:《国际儒学研究》(第二辑),北京:中国社会科学出版社,1996年。

〔3〕 如余英时先生于《汉晋之际之新自觉与新思潮》一文中提出"士之群体自觉"、"士之个体自觉"的概念,见氏著:《士与中国文化》,上海:上海人民出版社,1987年。

我们首先有必要对所引入的身份/职守概念予以说明。

身份(Identity),一般指个体自我的角色确认。至于职守,亦可表述为“职分”,主要指基于社会分工而形成的职务岗位。在现代思想语境下,身份与职守概念虽有关系,但语义维度有别,身份指向“我是什么”,职守则指向“我做什么”。相形之下,在古代尤其是古典时代(这里指西周至春秋的封建时代)的思想语境中,身份与职守概念结合紧密,二者具有某种对应关系。就先秦文献来看,指称职守概念的主要有“官”与“业”两词,二者有关联,但亦有层次上的差别。“官”主要是指主管或执行某一“事物”的特殊性“官职”,所谓“物有其官”,如主山林池沼养护之兽虞、水虞,掌乐教之瞽师,进行卜筮祭祀的巫史等。由于“官”之职守对专门化知识、技能的特殊要求,其任职者主要是由贵族知识阶层充任。除此专业化职守之外,庶民百姓由于都从事某项工作,故是有“业”者,也具有对应之“职守”,所谓“庶人、工、商各守其业”。不难看出,“官”与“业”之层次之分对应于古典时代贵族/庶人的阶层差别,正表示了职守的身份认同/社会分工之差别意义。古典时代的贵族,其职业(官)与其身份归属(氏)是结合在一起的,有官即有氏,“以官为氏”正是前轴心时代的“命氏”原则之一,至于庶人,则是“无氏”。[1]由于官氏的结合性,贵族对“职守”的履行不仅仅是基于社会分工的考虑,更有对作为身份归属的“氏”的维护,只有“守其官职”,才不会“亡氏”,从而“保族宜家”(《左传·襄公三十一年》)。在此情形下,贵族知识阶层的人格自我但隶属于一“非人格”的职守[2],其自身未突出表现。

世守其官既将职守与身份认同结合起来,则贵族知识阶层也就垄断了特殊性知识的传承,从而“制度性”地在“知识”与“职守”间建立起关联,学/官一致的格局就此形成。[3]可见,对“职守”独立、自治性的坚持,其实也就是对知识阶层独立性的确保。封建时代知识阶层的独立性不仅有其制度上的保证,也得到了传统礼制习俗的限度原则支持,尽管礼制对不同职守有其具体之规定,但礼制强调的正是不同职守的“权限”,并不特别地服务于“王”这一特权职守,而是施用于所有职守,故具有一“普遍性”。这样,认同职守,也要求认同礼制,在此意义上讲,知识阶层恰恰是礼制的坚持者。在守护“职守”之位的基础上,我们才能谈到对某一职守的履行,也就是恪守问题,这要求“朝夕恪动,守以敦笃”,“不敢怠业”。显然,在职守之守护与职守之恪守/履行关系

---

〔1〕 参见郑开:《德礼之间:前诸子时期的思想史》,第219页,北京:三联书店,2009年。

〔2〕 从古代姓氏制度可以看出,命氏的原因在于“贵功德”,以便“闻其氏即可知其德”,以官命氏正反映了对自我认同的前提在对其职守的认同。见《白虎通·姓名》。

〔3〕 对于知识学术与官守间的制度关系,学界已有论述,见章学诚:《文史通义·原学》、刘师培:《古学出于官守论》(《刘师培史学论著选集》,上海:上海古籍出版社,2006年)等。

上,前者优先于后者,具体的职守规范乃是从属于普遍性的"礼制"限度原则。不过我们注意到,随着春秋末期以来"时王"力量的扩展,封建时代职守与礼制的统一关系受到冲击,职守的"权限"出现了危机。在《国语》《左传》等先秦文献中,我们看到了大量关于职守问题的论述,其核心乃是:时王不依"古训",僭越其"职守",从而使得"事物"之管理失序,导致万物不育。这种僭越一方面表现在时王逾越了"礼制"(古训)对其生活世界规模的规定,另一方面则体现在超出其"权限"而干预或参与其他职守的事务中,如鲁隐公"观矢于棠"即是一典型之例。王的僭越礼制虽然被视为不当之举,但正说明了传统礼制对职守规范力的下降,其实质乃是作为"王"的"自我"试图更多表达其个人意志,扩大其职守之权限。

对职守权限的僭越反映了职守与身份紧密结合关系的破坏。随着"职守"之"位"的不断丧失,"职守"的给出越来越多的是基于以王为中心的现实行政管理体制的需要,其"行政化"色彩愈发突出,这反映在思想领域就是:职守的"权限"义——"官"逐渐淡化或被遮蔽,而职守的"履行"义——"业"则更为凸显。如是,在"世守其官"那里所表现出来的职业与身份认同的统一关系被打破。不过伴随着"世守其官"的不再,也产生了一个对知识阶层来说是积极性的因素,即由于"官失其守",知识阶层与职守的"制度性"关联切断,专业性知识、技能也就有可能从对"职守"的隶属状态中摆脱出来而表现其自主性,这客观上造就了一个相对独立的知识阶层——"士"和自治的知识领域。士是脱离了"族"性认同的个体自我,其无有世袭之"职守",亦无庶民之业,为维持自我之再生产,其通过以知识与权力交换的方式"获得"职守,但在获得职守的同时,士的独立性也面临着丧失的危险,士人由此陷于一种尴尬。对此职守困境,先秦儒家的应对乃是:以一普遍的"士"作为身份认同,以抽象的"求道"作为士之根本职守(所谓"朝闻道,夕死可矣"、"士志于道")。这样,儒家也就区分了士/志于道、人/特定的社会职守,将士之"己任"的实现——"成己"落实于对特定的社会职守的承担中。依此思路,则士人自我实有从一个基本职守进一步扩展到其他层次职守的可能[1],而对应于此的则是不同层次的职守之义——名教[2]。当然,由于士之根本职守在于"志于道",故履行种种特定之社会职守的规范原则——名教,最终还是隶从于根本性的"忠恕之道",这实际上就将士之"身份"置于一更优先的地位,显示了先秦士人对独

---

[1] 杜维明先生以为儒家之"自我"不只是一个社会学概念,还是一个宗教伦理概念,故自我乃是"一个精神发展的动态过程",是对他人的开放系统。见氏著:《自我与他人:儒家思想中的父子关系》,载于《儒家思想新论——创造性转换的自我》,南京:江苏人民出版社,1991年。

[2] 徐复观先生已指出孔子"正名"之义在于,由对"位"之"礼制"规定,转向对"位"的价值要求。见氏著:《先秦名学与名家》,载于《中国思想史论集续编》,第210页,上海:上海书店出版社,2004年。

立意识的葆有。

二 名教与自然

对比先秦士人身份与职守的连接模式，汉代士人身份与职守有一制度性的再结合，不过同封建时代官/学一致模式不同，身份与职守的这一再结合乃是以“格式化”的自我实践作为前提，对“职守”的履行成为士人自我实践的必要环节，其特别表现在《大学》等经典将普遍抽象的自我职守与社会政治性职守相整合的倾向。

从《大学》著名的八条目看，诚意正心直至治国平天下说的乃是自我在不同层次上的“实践”，即对自我在不同层面上“职守”的履行，其中又可再下分为两个层次：一是内/外层次，正意、诚心、格物、致知属于自我内在认知的层面，而修身、齐家、治国、平天下则为自我外在化的实践举措；二是家/国层次，这是在“外”层次下作出的区分，主要是根据自我“归属域”之不同而给出，“家”是依据血缘认同而建立起来的，而“国”则是依从地缘认同而组成。无论是从内在认识到外在实践还是从齐家到治国，自我实践在层次上均有很大之转换，前后并非是一顺承关系，存在着对立与冲突。但从八条目的给出看，其显然要将这些不同层次的自我实践予以“一以贯之”地处理，以为：自我的内在的心性修养与外在的社会化举措、齐家与治国乃是自我实践的前后环节、次第展开，无有对立、冲突。显然，《大学》的旨归是指向一套符合汉帝国的政治哲学，即试图将士人自我整合为一个政治体制的自觉认同者与有效实施者，但八条目的次第给出本身又说明，《大学》作者也很清楚：要达到这样的目的，必须考虑到自我职守的不同层次，忽略这些层次上的差异是不可取的。由此，《大学》给出的处理策略是：不遗漏不同层次的自我职守，但又以同一逻辑来统摄这些不同层次，这样，不同层次的职守被隐喻地看成是同一职守在不同层面上的表现，不同层次的职守自身无有其独立、自足之价值，其最终是指向一个宏大政治层面上的职守。[1]当不同层次的职守化约为一个职守时，也就意味着与不同层次职守对应的规范同样化约为一种规范。质实而言，《大学》乃是以“治国”之职守统摄“齐家”之职守，将“齐家”之规范——孝“同化”于“治国”之规范——忠，汉代的察举制度的“举孝廉”正是对此理念的实施。[2]

---

〔1〕《大学》的理论设计虽指向政治，但要求修身等中间环节，而在汉代的实际历史进程中，修身的重要性愈发淡化，金春峰先生在分析西汉经学的没落时即指出，“儒学的经师博士则越来越完全以政治为经学的轴心与焦点了”。见氏著：《汉代思想史》，第 478 页，北京：中国社会科学出版社，1997 年。

〔2〕任继愈先生指出：“孝廉”，既是一种道德品质，同时又是一种做官进仕的条件。见氏著：《论儒教的形成》，载于《任继愈学术论著自选集》，北京：北京师范学院出版社，1991 年。

相对于《大学》中自我职守的政治性“同化”，我们看到魏晋士人对自我职守的“政治伦理”维度予以限制，突出了“名教/自然”之辩。魏晋名教指涉了狭义的“官长君臣之义”和普遍的“人伦秩序”[1]，当时对名教问题的讨论乃是基于对“职官”施设有效性的反思[2]，隐含了对作为职守规范的名教——孝/忠合法性的质疑，其实质乃是：不欲将自我最终落实为一名政治主题的实践者。不过魏晋士人虽深受老庄思想影响，但其身份是“士人”，乃是有“职守”/职位者，故还是在君臣之制内表达其自我的自主性，无论是以一荒诞的做法还是通过所谓高明而中庸的形式。即以出言“越名教而任自然”的阮籍而言，其言行是颇为放荡不拘的，某些做法其实已非是否恪守礼法问题，而是从常情讲也是难以理喻的。对此，鲁迅先生以为阮、嵇乃是不满虚伪之礼教，实为礼教的真心拥护者，也是具有真性情者。而牟宗山先生则认为阮之做法不可取，非是真性情之表现，非达礼法。[3]其实不管是真心拥护礼教还是未达礼教之义，事实是，“名教”的合法性被怀疑。但否定名教不等同于否定职守，故我们可以看到，即便是任诞派如何讽刺“惟法是修，惟礼是克”的君子，其不可能抛弃父子关系，也不会否定君臣之制。自然，士人也有不应征辟之举、酒酣为常之行，但这只是对职守的选择或履行态度，非是否定职守本身。如是而言，则士人之否定名教乃是否定现行的对职守的履行、实施方式、态度，非是否定职守。缘此，在否定名教的同时，他们也给出了另一种履行职守之态度：自然。何谓“自然”，那就是不拘礼法之常套，而从心灵之自由状态来应事，“越名教而任自然”之激进性应在这个意义上理解。自然既然是相对于名教，当然表现出对名教的否定，但未尝不可以说是给出了另一种原则规范的“名教”，此名教有其对应的“职守”：自我心灵的美趣与智悟本身。[4]魏晋士人试图将此职守的名教规范从心灵之域普遍推广到社会政治领域，以此取代现有“名教”之地位。从形式上看，魏晋士人的做法与《大学》之图式相反，《大学》是要以“自我”的社会政治职守来统摄自我各个层面(尤其是“家”)的职守，而玄学(尤指任诞派)则是反其道而行之，以“自我”的心灵自由境界之职守来涵盖包括社会政治职守在内的自我其他层面的职守，二者方向相反而

〔1〕 如余英时先生指出，名教概念存在着狭义的政治性解释——“官长君臣之义”与更广泛的人伦秩序的理解之别，其以为魏晋名教实乃包括了父子之伦(家族秩序)与君臣之伦(政治秩序)的整个人伦秩序，且前者随着门第势力的扩大，尤超乎后者之上。见氏著：《名教思想与魏晋士风的演变》，载于《士与中国文化》，第403页。

〔2〕 汤用彤先生以为，魏晋“名教”讨论基于当时北方的“形名之学”(名学)，而后者根源于汉代的政治思想，即人君的任务主要有二：设官分职、量才授官。君“体”自然，故有名教之用。见《魏晋玄学论稿》，《汤用彤全集》(第四卷)，2001年。

〔3〕 见牟宗三：《才性与玄理》，桂林：广西师范大学出版社，2006年。

〔4〕 牟宗三先生即以境界形态的形而上学理解玄学之理，见《才性与玄理》。

逻辑似乎是一致的。

名教与自然既然只是对待职守的两种态度,则舍此而取彼不是否定隶从于士人身份下的职守本身,而是否定对职守的"惟礼是克"的态度。批判名教而不否定职守,这就使得魏晋激进派士人的"不拘礼教"做法虽有批判礼教虚伪的积极意义,但也表现出某种"矫情",较诸先秦庄子的"逍遥"、"无待",其实有某种"作秀"的成分。当然,魏晋士人的"任诞"作为并非是个体主观使然,而是受制一"制度性"的行为机制,因为不同于先秦庄学人士,无论是身在庙堂还是偏处山林,魏晋士人已经被整合进权力体制下,故他们乃是有着社会性"职守"的人士,是有"名分"、"职位"的人,他们可以"任逸"、"放诞",但无从"隐逸"。士人既据有社会性职守而不可逃避,则要避免任何来自权力的戕害只有对之以"任诞"[1],因为对"职守"的"玩忽"才能达到"不否定"职守而同时又"不有效"执行职守的目的。对社会性职守的这种态度反映了魏晋个体试图摆脱权力但又无法摆脱权力的尴尬,其根源在于,魏晋士人对自我职守的不同层次虽有一个倒转性的处理,即将社会性职守的统摄性转为自我内心自由境界的主导性,但并未对汉代确立的"自我"职守模式本身进行批判性反思。

根据《大学》八条目,自我之职守总体可表现于心智活动/外部社会、家/国两个层次上,其逻辑递进关系是:心智活动指向外部的社会实践,更私人化的齐家同化于更宏大叙事的治国安邦。魏晋士人虽批判了对自我职守的政治伦理规范,但并未对自我职守予以批判地反思,这样说,当然不是指消极地取消职守,而是指要对职守本身的"权限"进行反思:自我职守的限度及其根本所在。若无此反思,只在对职守的"态度"上做文章,而对自我职守的现有格局不欲做变更,则自我对权力的依附性无从改变,这可以理解玄学激进派最后为调和形态的郭象取代。因此,也许某一个个体(如嵇康)的人格、境界令人仰慕不已,但魏晋士人自我的自主性难以制度性地确立、表达。对职守的有效反思最终必须落实于对自我身份的思考,即要追问"我"的价值归属。

三 出家与出世

名教/自然矛盾难以解决的症结在于:魏晋士人受制于既有之身份,故对"自我"职守无有反思批判,也就无法给出新的职守。这样,士人但有"态度"上的"风度",而生命无有实际的"收益"与新的拓展。要解决自我生命的困顿,自我精神必须获得新的"身份",从而走出既有之"职守",而不仅仅是"逸出"名教之限。从这个意义上讲,佛学于晋宋的崛起正在于士人将自我之既

[1] 金春峰先生曾指出,魏晋名士的清谈、远离政治与汉代党锢之祸有关。见氏著:《汉代思想史》,第608页。

有身份予以权限化，为困顿的自我给出了更高层次之“职守”，从而开拓了士人生命更大的可能性。士人新的身份即是“方外之人”（释子），其职守，从内在心智活动来看，即是确立了“心”的独立自主之域的地位，从而将“修心/洗心”作为最内在根本的自我职守所在，相对于玄学的“无心”智悟，这在新的层次上肯定了道德修为的价值。而从外在制度层面看，自我既以方外人自居，故以“出家”之形式让度了家/国之职守，从而得以自由个体的身份而结盟为解脱共同体——僧伽。

我们首先看“出家”。谈出家，首先必须谈家。人类学家与社会学家对家有种种不同的定义，但基本说来，家（亦称家族、家庭）可以定义为“以婚姻与血缘关系结合的社会单位”[1]。家的这一定义将婚姻与血缘关系并置为家庭的构成要素，其针对的乃是家庭的基本类型——“核心家族”，即由一对已婚夫妇及其未婚子女组成的“个体家庭”。不过事实上，在家的早期形态中，血缘关系具有优先性，而婚姻关系并不构成家的组成要素。上古时代，“人民但知母，不知父”，子女出生后，血缘认同依于母亲，亦居于母亲所在之氏族，至于父亲则仍居于自己原先所在之氏族，故早期人类的家庭形态乃是母系家庭[2]，主要体现了母/子女间的血缘关系。既只知母不知父，则虽有男女之事而无夫妻关系，可见婚姻关系非是“家”的基本构成，乃是后来而起的。人类婚姻制度缘于个体自我的“非自足性”，即自我存在着“自然”属性上男女之别，故有结合的需要。对此，《易传》有一段话讲得很好：“有天地然后有万物，有万物然后有男女，有男女然后有夫妇，有夫妇然后有父子”，天地/男女/夫妇之表述不同，其轨一也，即阴阳之别。阴阳是一种自然差别，但也正因为这种差别，阴阳才有结合的必要与可能。在此交换过程中，阴阳各自克服了“纯阴”、“纯阳”的倾向，让度了自身的“自守”性。阴阳交换本身只是为克服自我的非自足性，这并不必然要求某种婚姻关系的存在，只是随着文明的进化，遂有对男女耦合行为的限定，其初因只在本族内通婚，故论行辈，后则异族通婚，强调同姓不婚。同姓不婚之禁的目的在于“附远厚别”，即可防止同姓之黩，又有收亲附异姓之功。[3]从人类学的角度说，这便是通过婚姻进行女性交换而达到氏族联盟的目的。[4]婚姻关系的形成是新的基于父系“血缘”认同关系确立的基础，《易传》接着夫妇关系而讲的即是“有夫妇然后有父子”，可见其突出是父系血缘关系认同。

---

[1] 参见朱凤瀚：《商周家族形态研究》（增订本），第7页，天津：天津古籍出版社，2004年。

[2] 从古代姓氏制度看，姓氏有别，姓表女系，氏表男系，而姓为正姓，氏为庶姓，由此也可反映早期家庭的形态。

[3] 见吕思勉著：《中国制度史》，第256页，上海：上海教育出版社，2002年。

[4] 列维·斯特劳斯的结构人类学即强调“联合”的意义。

由父系血缘认同的确立，家的形态发生了变化，血缘关系仍是基本构成，但婚姻关系纳入进来。从新的家形态的构成可以看出，其既具有公共性，又有私己性：男女从各自的“族”——原始的“大家”走出来而组建新家，这具有一公共性；而当“家”成为父家长的“私我”之域，妻沦落为其财产。家的公共性与私己性对应的正是阴阳原则与血缘关系的认同，没有阴阳原则自然没有男女的结合，也就谈不上父子关系的产生，故从发生的时序看，阴阳关系优先于血缘关系认同。但从逻辑上讲，只有待新的血缘关系认同得以确立后，家才得以真正形成，父子关系才得以成立。[1]不过当父子关系成立后，阴阳关系却“制度”性地被纳为家的构成因素，其优先性地位已被前者取代。换言之，阴阳关系在“家”组建后被“压缩”到一个较次要的位置，而凸显出来的则是父子关系。从“自我”角度看，阴阳关系表现的是自我的“可交换性”，父子关系指向的则是自我的“再生产性”，新的家形态的形成实将后者置于前者之上。虽然如此，“家”作为自我之基本职守所在，内涵了自我之“可交换性”与“再生产性”两个意旨。故此我们可以看到，佛教传入前的中土思想界，“家”并不表现为一负面价值，不同学派之间对家的观点或有不同，但也只是对家之构成原则的取舍不同，并未否定家本身。试以儒道二家为例子：儒家重视“家”构成中的“父子”关系，突出了“孝子”的角色意识，而当孝子角色与公务职责发生冲突时，则有舜携瞽父而逃之举、“亲亲互隐”之说。较诸儒家，道家对家似乎不那么重视，尤其是像庄子在妻子去世后“鼓盆而歌”，其荒诞之举常令人误解为对家的否定。其实，庄子既然有妻，自然在实践中是不否定家的，至于不示之以哀情，乃是依循其自然哲学：即个体自我乃是气之生化之产物，故生死当顺应之，并不以其为妻就违反这一原则。故从理论上讲，道家则是强调“家”构成中的“阴阳”关系，父子关系维度则不见考虑。

对家之构成的讨论乃是为我们思考魏晋士人对家之态度作一铺垫。如果说先秦时期，对家之构成原则尚有一个轻重取舍之不同的话，那么自汉代始，儒家对“家”的理解逐渐成为主流，对“孝”的提倡将“家”的父子关系维度进一步突出。[2]表面上看来，阴阳思维指导汉人的精神世界，但阴阳已从一对等之交换关系转化为一不对等之尊卑关系，《白虎通》甚至以三纲形式将之制度化。如果联系起前面所讲的《大学》“八条目”中齐家与治国之关系，则我们可以认为：在士人自我的“齐家”之职守同化于“治国”之职守的同时，“家”之构成原则自身有一大的变化，即父子关系压倒性地成为家的构成原则。缘

〔1〕吕思勉先生曾云：“人类之知有统系，率先母而后父。以知父必待夫妇制既立以后。”见氏著：《中国制度史》，第 292 页。

〔2〕但同汉代理论上的倡议不同，学者已指出汉代亲属制度中母系因素仍有其相当重要。见阎爱民：《汉晋家族研究》，上海：上海人民出版社，2005 年。

于此，自我之“齐家”职守便单纯表现为“孝”，是致力于自我的再生产。相对于先秦儒家以舜携瞽父而逃而展示孝/忠的紧张，汉以来对孝的提倡与忠之原则并不冲突，因为君臣关系作为三纲之首已将“忠”置于先于“孝”之地位。如果说，在先秦儒家那里，齐家之职守不必“同化”于治国之职守，故可以“去”治国之职守而维护齐家之职守的话，那么汉代士人面临的问题是：必须“自觉”地将“齐家”之职守“同化”于“治国”之职守，由此，家与国就制度化地“同构”起来。汉代的察举、征辟之选拔人才制度正是将士人自我的“进阶”与“孝”之名声联系起来，将“齐家”之职守整合进“治国”之职守。由于齐家/治国职守制度性地同构，家之父子关系/孝的原则凸显的实是国之“忠”原则的表达，先秦忠/孝不能两全的二难实在汉代最终转化为孝对忠的同化。

相对于汉人以忠/孝之同化整合治国/齐家职守，魏晋士人虽执于名教/自然之辩，但没有否定治国/齐家之职守，其批判的乃是执行职守的“礼教”态度。魏晋士人的这一处理是有其社会史的背景，据学者研究，东汉以降，宗族自身的族权系统在增强，族权与君权的分离完成，族权与家长权实现了再整合。〔1〕因此，可以说，较诸两汉，魏晋之“家”与“国”的结合呈松散倾向，表现出更多的自主性。据此，我们可以解释魏晋士人在履行齐家之职守时表现出的矛盾性：一方面，他们强化了“齐家”之职守，但另一方面，他们又不认同现行的履行“齐家”之职守的“孝”原则。如是，“孝”的表达也就“逸出”了“礼教”的范围，而表现为“不依礼法”，阮籍母丧，“不崇礼曲”便是一个典型。不依礼而履行齐家之职守，这是士人以自然原则取代名教原则后所付出的代价，因为既然崇尚虚无而不依礼法履行公务，则要求你也必须将此原则贯彻落实到“家”务，否则无法自圆其说。显然，魏晋士人并未旷达到如庄子那样“鼓盆而歌”之境界，并未根本改变作为“孝子”的身份格局，这样名教/自然冲突在“家”务层次上的表现必然将置士人于不堪之境地。如何解决自我这一困境呢？大致来说，或有三种应对方式：一是更突出“家”的独立、自主性，不将家务同化于政务，由此，“孝”的表达要求建立一套更为复杂的“家”法制度，此为儒家所为；二是基于阴阳交换原则，将“家”组织为个体自我之修行之所，此为道教所为；三是让度出自我的家之职分，以“出家”之形式调停了家/国的矛盾，这种做法正是佛教之举措。

出家修行本是诸种高级宗教共有的一种实践方式与制度形式，就印度而言，沙门思潮时期发展出了出家修行这样一种“专门化”的宗教实践，以否定拘于种姓制度的在家修行，作为沙门思潮之一的佛教无须为其合法性进行辩护。而当佛教入华，且在晋宋时期勃然而兴之时，“出家”则成为释子与本土

〔1〕 参见阎爱民：《汉晋家族研究》，第364—365页。

思想家论辩的一个重要议题。[1]“出家”显然关联到“在家”，而实质指向自我与王权的关系。其时，作为东晋佛学领袖的庐山慧远针对世俗之沙门应行世俗礼法而著《沙门不敬王者论》，申诉释子之豁免权之理由。慧远首先提出世间法/出世间法分别，所谓“法”，其实就是广义之“礼法”之义，世间法也就是指规范世俗之人的礼法，至于出世间法则是修行清净解脱者的礼法。这样，慧远其实在对礼法予以层次的划分的同时，也就一般性地肯定了“礼法”的价值[2]，即礼法是必要的，而不是可以忽略的。就世俗之人（包括在家居士），他们必须恪守礼法，原因在于，世俗之人乃是顺化之民，故求“厚身存身”，既处“自然”状态，则父母双亲之恩爱、君王人主之资养不可忘，自然未可“受其德而遣其礼，沾其惠而废其敬”。显然，慧远确认了世俗自我的齐家/治国职守，同时也认同了对此职守的履行方式——奉亲而敬君。奉亲就是以“孝子”身份养亲，敬君则以臣子名分礼君，无论何者，均在世俗礼法/名教范围内。较诸魏晋名士的不拘礼教，作为方外之人的慧远倒是确立了职守与名教的对应关系，重新恢复了名教的合法性。至于出世间法，也就是作为方外之宾的职守原则，则不同于世俗之人，实不应限于世俗礼教。因为出家人乃是“遁世以求其志，变俗以达其道”，非是顺化之人，故不贵厚生，不重运通。释子身份不同世俗身份，其职守但在于息患达道，故其不得同礼世典。在此我们必须清楚，虽然出家者不服世法，慧远并没有否定职守/名教之对应关系，恰恰是严格地恪守对应原则。如是，出世间法在层次上要高于世间法，但从逻辑上肯定了自我职守需要以名教规范的意义。出家修行者虽然让度了自我的齐家之职守，从而连带让度了自我的治国之职守，其并非“一无所有”，因为通过让度，其又为自我给出了一个更高的职守——自我解脱。而这一职守并非是不拘礼教，而是应之出世间之礼教。如是，通过出家而求解脱，慧远在更高层面调停了玄学思维中的自我困顿。

四　洗心与无心

士人将自我的家务与政事之职守让度出去，获得了新的身份——释子，其相应地将自我职守扩展到一个新的层次，这就是“解脱”之务的给出。但解脱之务如何有其独立于世间事务的可能呢？换言之，个体追求解脱的合法性在哪里？对此，慧远设定了心神/情识的对立，以此将“自我”区分成超人格的

---

〔1〕 出家制度在汉地的出现显然要早于对出家合法性的探讨，至于具体时间学界一般以为当在汉魏之后，亦有主汉代说，见余嘉锡先生著：《牟子理惑论检讨》，载于《余嘉锡文史论集》，长沙：岳麓书社，1997年。

〔2〕 在此，我们颇可对比法国人类学家路易·杜蒙以“等级人”的概念对早期基督教“等级”的价值世界的分析。见氏著，谷方译：《论个体主义——对现代意识形态的人类学观点》，上海：上海人民出版社，2003年。

意识自我/人格自我,由此突出了"心"的概念。这样,不同于既往以个体人格自我统摄职守的模式,佛教以"超人格"的意识自我——心神来统摄职守,故修心作为自我内在职守的独立自主价值就挺立出来。

在《大学》八条目框架下,诚意正心等修心活动只是构成整个自我政治伦理实践的某一环节,其本身无有独立存在的价值,如果可以把八条目简单归纳为修心/修身的话,那么前者乃是服务于后者的。修心的非自足性缘于,在本土思想语境下,"心"非是一个独立自主之域,其更多意指为一种"功能"、"认知能力"或"境界",如"心之官则思"、"心能知道"、大清明心的"虚一而静"。无论是功能、能力还是境界,"心"并不独立于"具身"的人格"自我",故修心的自主性无法确立。在魏晋士人那里,"心"的自足、自主性获得了相当程度的发展,故心灵的审美与智悟两方面得到了特别的表现,因而人格品鉴与名理最为玄学家擅长。不过,魏晋士人虽然充分展示了心灵之自由境界,并未正面处理"心"的道德价值意义,如前所说,牟宗三先生即指出:玄学之道乃是"冲虚之玄德",此即"自然",非是存有形态之实物。牟先生基于其道德形上学的立场,指出了玄学"空虚"之弊,以为佛教般若学颇能接续玄学"智悟",至于道德本体的重建则有待于宋代新儒学。

牟先生的论断有其卓识,但似乎也有可商榷之处,因为佛学除了接续玄学智悟外,亦拓展了在玄学家那里陷入困顿的道德实践。事实上,玄学对"心"之道德自律方面的忽略乃在于,"心"的自主自足之域的地位并未有客观化的把握,而只是一种"主观"上的体认,这样,士人们只是由着"心"的"自由/自然境界"而创造赏鉴之美、思辩之趣,而不能就着"心"自身的自主自足性而进行道德实践,一但其将"自由/自然境界"应用于道德实践活动,便会出现"不以礼曲"处之的任诞表现。从魏晋玄学到晋宋佛学,"心"由一自由/自然之境界转化为一自主自足之域,在某种意义上讲,后者的自由程度不如前者,因为"心"不再是"向外",而是对自身的存在作出一种约束,使其限定在一定之域,但也正是这种"自拘",心获得了独立自主之地位。

心之独立之域的挺立首先表现在晋宋思想界中的形/神之辩,其根本点在于是否承认"神"的独立、不依待形。〔1〕尽管学界一般认为汉语佛教思想家对"神"之独立性的强调乃是偏离了印度佛教的基本教义"无我"说,附会了本土思想中的灵魂观,故对之不予高的评价,但我们必须承认:形/神之分乃是对本土"气"一元论思维的否定,其将神/心表述为独立于"形"之域,从而真正确立了一个"超越"的精神世界。神的独立性体现在,其乃是"精极而为灵者",故不同于"形"之有生化之有限,神乃是"不化"的,所谓"形朽而神不化"。神既

〔1〕 汉代黄老之学已对形/神关系予以论述,强调神的独立、不化性。参见金春峰著:《汉代思想史》,第608页。不过需要指出的是,"神"仍是在"气"的意义上给出的,非指精神意识。

不化,则为一独立自足之域。神虽异于形之生化,显示其超越性,但其既为“灵”,则又通过“感应”而与“形”建立起关系:“神也者,圆应无生,妙尽无名,感物而动,假数而行。感物而非物,故物化而不灭;假数而非数,故数尽而不穷。”心神之本来状态是“寂然无感”的,这里讲神之感物非是指其本来状态,而是指心神之“情识”层次,因为,当心神“堕落”为“情识”,方有分别,故有所感。有所感,故四大方结而成形,于是彼我有分,贪怨则起,由是造业无穷,轮回不已。轮回不断,即是“形”之生化不断,断此情识,方尽生化。显然,在慧远看来:有形之域是变化的,形之生化不断乃是自我生命之“苦”的表现;无形之神则是无化的,证达无感之心神即所谓“体极”,方是自我生命之安顿。对形/神之化/不化的划分,也就区别出一个绝对的超越世界/一个无常的有限世界,联系起同期北方僧肇于《物不迁论》所阐发的“即动而静”的动静观,我们不难认识到:晋宋佛学要超越本土《周易》的“变”的思维,建立一个不变的绝对世界,相对于僧肇的“立处即真”,慧远更强调绝对世界/有限世界的二元对立性。

形/神之分对应了绝对世界/有限世界的对立,也指示了自我职守的二元性:“形”乃是自我在“有形”世俗世界之“职守”所在,神则为自我在“无形”超越世界之“职守”所在,前者之职守乃是有限的、暂时的,而后者则是绝对的、终极的,且前者恰恰是后者“职守”未守(所谓不守自性)下的产物,换言之,前者本不该是自我之职守,而是自我在迷失状态下“误以为是”地将其认为职守。若此,我们似乎应该完全“否定”有形世界的自我职守,而专注于超越世界的自我职守,但慧远的做法是:对自我“有形”之职守予以批判反思,从而将“有形”职守的基础建立于“无形”职守之下,就此揭示了“修心”独立自足之意义。

慧远于此的工作是从对“报应”问题的处理开始。自我在“形”层面上的职守(我们可以统称为“修身”)关联到世俗的道德价值评价体系,即所谓善恶。善恶之行或道德实践的有效保证在哪呢?就民间大众来说,一般对之以“福善祸淫”,即以报应说来鼓励善行。虽然善恶有报不乏其例子,但报应无徵亦非个别事实,故此说无法确保道德行为与福报间的必然关系。为此,先秦儒家给出了另一套解释,即以“命定”说将之归于无可奈何,同时又以“为仁由己”而坚定自我的道德实践。这样,先秦儒家使自我处于一未反思的道德实践下:命运非我之行为所招致,但自我仍可坚持为仁,乐以处之。自然,我们不能说这种儒家式的积极人生态度不可取,但这似乎还不够。理由有二:其一,对于儒者自我而言,这也许是清高之举,但也回避了对自我的反思问题:自我之行与“命”毫无干系吗?若此,则自我福德的统一性终未予以圆满说明。其二,在大众或公共社会层面,命定说的宣扬实际上是强化了对现实秩序的认同,鼓励“权力”意志,实质指向了价值虚无主义。针对世俗质疑报应的有效性，慧远以释子之身份，“明报应论”，非“命”同时非“不验”，坚持世俗道德实践的有效性。

慧远认为，心为报应之主，因为报应之运作即是心之感应的发生。从宏观可睹之“有形”层面看，报应的徵验是有效的，以其可见诸于耳目视听之范围，故可作为“形”而被“观”。但此宏观层面上的报应发生实有一“微观”层面的作用机制，即“心”之感应，所谓“受之无主，必由于心；心无定司，感事而应”（《释三报论》）。又云：“是故心以善恶为形声，报以罪福为影响。本以情感而应自来，岂有幽司？由御失其道也。然则罪福气之应，唯其所感，感之而然，故谓之自然。自然者，即我之影响耳。于夫主宰，复何功哉？”（《明报应论》）“报应”的微观作用机制在于：由心“感”善恶而身“应”罪福，善恶乃是在“心”之幽隐不睹层面上表现的，而罪福则体现为可睹之客观形象，从无形到有形，其沟通的关键在于：心本无感，寂然无形，待心之感善恶，则心自身即有一情想之动，故四大结成，彼我有封，罪福自来。用慧远的话来说便是：由于心之职守“御失其道”，情感善恶，故有见之于身的罪福之报。这是一因果关系，但是就着心自身的感应而展开，故对宏观可睹层面上的报应发生的思考也就从局限于有形之自我修行职守层次推进到幽隐之心的感应作用机制，修心就此成为一种必要，其成为自我根本的职守。

无形之心如何而修呢？佛教自有一套专门的禅定技术用以“观”心。就慧远而言，其在深究般若空理的同时，对禅定之学极为关注，因为其希望藉佛教的自我技术为自我更高层次上的道德实践提供保障。慧远之修心乃是“洗心”，其屡言之：“推此以观，则知有方外之宾，服膺妙法，洗心法门，一诣之感，超登上位”（《释三报论》），又有“然后练神达思，水镜六府，洗心净，拟迹圣门”（《阿毗昙心序》），“于是振锡趣足者，仰玄风而高蹈；禅思入微者，挹清流而洗心”（《三法度经序》）。洗心意味着对心的反思，此不同于玄学家的“无心”、“自然”态度。

晋宋士人以“出家”让度自我之齐家/治国之职，自绝世典俗礼，故在身份上由士人转为释子。相应于身份的转变，释子权限化了士人之职守，但又将自我之职守扩展到“心”之层次，以“修心/洗心”作为自我根本职责所在。洗心是个体自我道德自觉的要求，其在超越的心性层面恢复了职守与礼教的对应关系。较诸魏晋的“任性”的个体主义，晋宋佛学乃是“自律”的个体主义。